抗日战争档案汇编

抗战时期国民政府军政部兵工署第五十工厂档案汇编

2

重庆市档案馆 编

中華書局

本册目录

一、机构概况

二、章则办法

一、机构概况

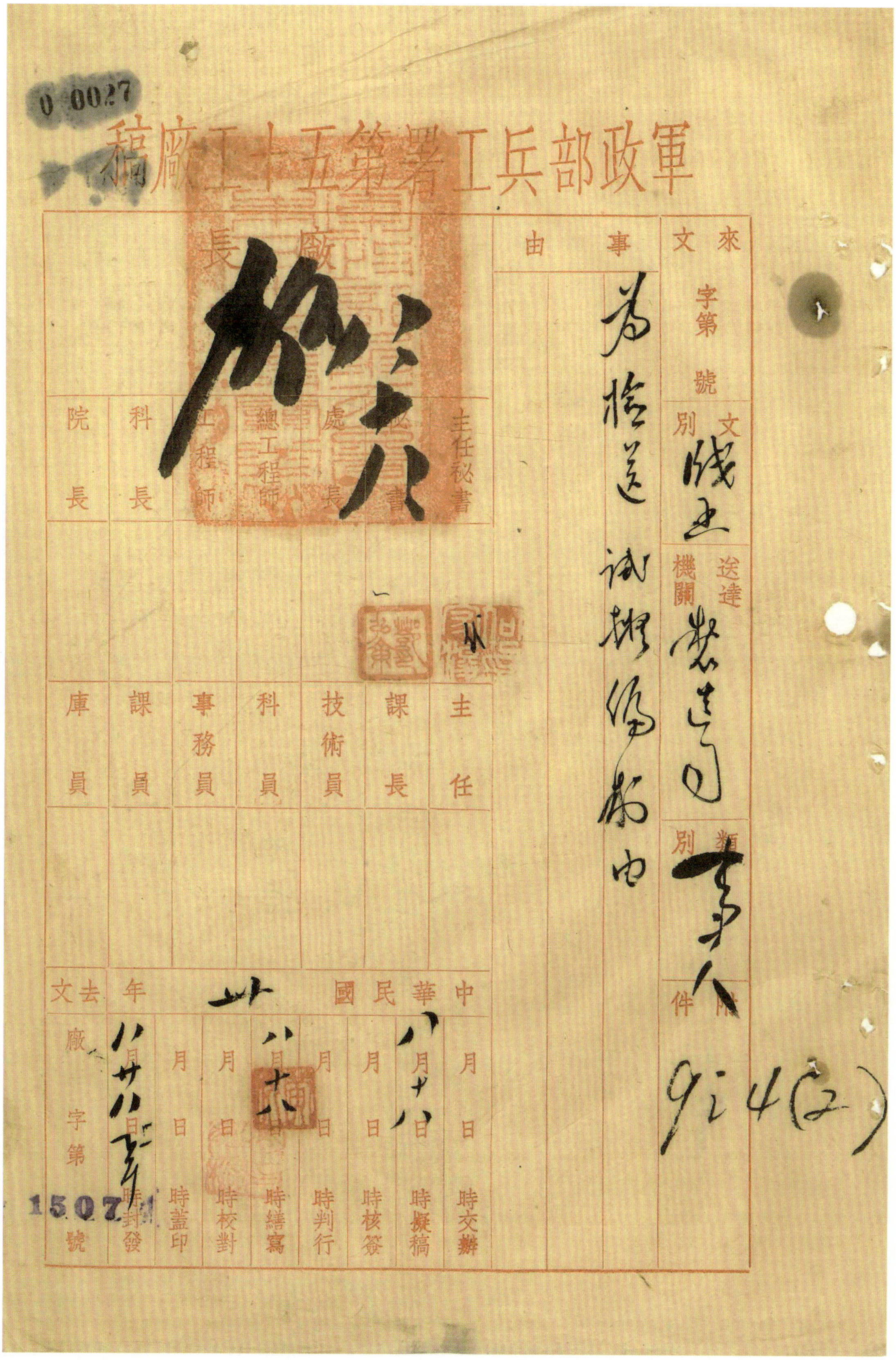
0 0027

軍政部兵工署第五十工廠稿

來文字第　號

文別　箋函

送達機關　製造司

事由　為檢送試擬編制由

廠長

主任秘書　秘書　處長　總工程師　工程師　科長　院長

主任　課長　技術員　科員　事務員　課員　庫員

中華民國卅年

月日時交辦　八月十八日時擬稿　月日時核簽　月日時判行　八月十八日時繕寫　月日時校對　月日時蓋印　八月廿八日時封發

廠字第15071號

军政部兵工署第五十工厂为报送试拟本厂编制致兵工署制造司的笺函（一九四一年八月二十八日）

27-1

戬书

奉悉

贵厂寄发（卅）甲字第6830号及第7154号笺函，嘱将自行试制保护器送司審核等由，兹特将本厂试制保护器一件送请

查收審核为荷

此致

业务处司

（签戳）啟

八月十六日

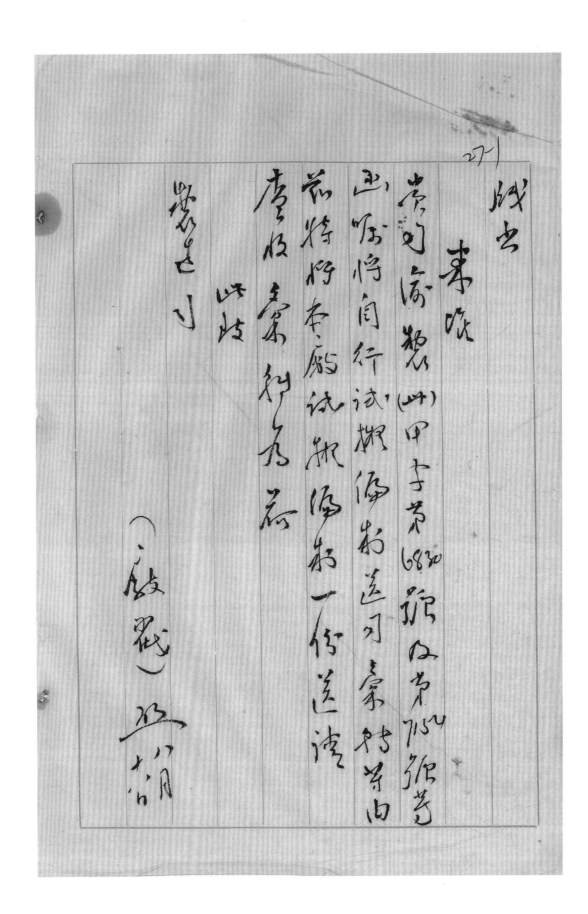

0 0053

軍政部兵工署第五十工廠擬訂編制表

軍政部兵工署第五十工廠擬訂編制表

職別		階級	員額	備攷
廠長		簡五—簡三	一	
廠長辦公廳				
	主任秘書	薦三—簡六	一	
	秘書	薦四—薦一	二	
	秘書	薦六—薦四	二	
	事務員	委三—委一 委八—委四	二 二	
文	課長	薦六—薦三	一	秉承廠長主任秘書命令主持本課一切事宜
	課員	委四—委一	五	一典守印信、二擬撰文稿、一掌管卷檔、一收發文件．

541

課別	職別	官等	人數	職掌
書課	課員	委六——委三	三	一收發文件、一譯發文電兼校對、 一打字員、
	司書	委十二——委十		
出納課	課長	薦六——薦三	一	
	課員	委四——委一	二	
	課員	委六——委三	二	
	事務員	委十——委七	二	
	司書	委十二——委九	三	
庶	課長	薦六——薦三	一	承廠長命令主持本課一切事務
	課員	委四——委一	一	辦理交際應接事宜
	課員	委八——委三	二	辦理保管器俱、訓練傳達公役及長工並收遞郵電公文等事宜

課別	單位	職別	官等	人數	職掌
務		司書	委十二—委九	二	辦理招待繕寫事宜
	文具庫	主任課員	委四—委一	一	承課長指示綜掌本庫一切事務
		課員	委八—委三	一	辦理文具驗查保管報銷及登記事宜
		課員	委十二—委九	一	辦理文具收發及繕寫
	雜物庫	主任課員	委四—委一	一	承課長指示綜掌本庫一切事務
		課員	委八—委三	一	辦理雜物驗收保管報銷登記事宜
		課員	委十二—委九		辦理雜物收發繕寫事宜
課	印刷所	主任技術員	委四—委一	一	承課長指示綜掌本所一切事務
		技術員	委八—委三	一	辦理印刷校對保管報銷驗收公文等事宜
		司書	委十二 委九	二	辦理繕寫事宜

七—1

營繕課	課長	薦六—薦三	一	主理全課一切事宜
	課員	委十—委四	二	1辦理一切文書收發及保管事宜 1辦理一切器材收發保管及工人登記
	司書	委十二—委八	一	繕寫一切文件
	技術員	委三—薦六	一	辦理一切營繕工程技術事宜
	技術員	委八—委二	二	同右
	製圖員	委十—委五	二	印製一切工程圖表事宜
	製圖員	委十二—委八	二	保管及印製一切工程圖表事宜
運	課長	薦六—薦三	一	秉承廠長命令綜理全廠運輸事宜
	課員	委四—薦六	一	協助課長辦理廠內外運輸之攷核及工人監督事宜
	課員	委五—委一	一	撰擬稿件收發公文保管案卷并兼司本課週轉金之出納事宜

輸課		司書	委十二—委七	二—三	
輸課	廠區運輸股	課員（股長）	委四—荐六	一	掌管廠區運輸及運輸工之管訓革補考勤支配工作及雇用包工費用報銷等
輸課	廠區運輸股	課員	委九—委五	一—二	辦理廠區運輸登記及運輸工具之領發保管事宜
輸課	廠區運輸股	課員	委十二—委七	二—三	一、掌管運輸工人工作之派遣及監工等 一、辦理碼頭出入船隻及起卸材料登記等
輸課	廠外運輸股	課員（股長）	委四—荐六	一	掌管廠外運輸及雇用船費報銷等一切事宜
輸課	廠外運輸股	課員	委九—委五	一	辦理運入運出材料成品之登記及會同各有關部份辦理驗收器材事宜
輸課	廠外運輸股	課員（監運員）	委十二—委四	十二—二十	監運器材解繳成品及一切外勤事宜
輸課	交通股	課員（股長）	委四—荐六	一	管理水陸交通工具及船員水手司機等革補考核等事宜
輸課	交通股	管理員	委九—委四	二	一、辦理汽車油料領發保管登記等事宜 一、辦理輪船木划木駁等燃料用具事宜
成庫		長	荐六—荐四	一	督促全庫人員辦理收發及保管事宜

職別	職名	階級	人數	職掌
品	技術員	委四—委一	一	協助庫長管理一切技術上事宜
	庫員	委八—委五	三	(一)登記賬册編制表格 (二)收發成品
庫	庫員	委十一—委八	二	繕寫
	主任	上校	一	職掌(一)綜理本室一切事務 (二)兼負本廠防空之責
	內勤股長	上尉	一	職掌(一)人事情況之查報 (二)工人離廠到廠名册之造報 (三)本室文件之擬辦及登記 (四)草證之領發及保管 (五)廠區户籍人口異動之調查登記及延違之處理
	內勤稽查員	中少尉	二	
稽	報工股長	上尉	一	職掌(一)各份部工人每日逐次到工缺工之彙繕及查報 (二)工人到廠離廠及調撥工作之登記 (三)到工單之編發 (四)工人曠假之登記 (五)職員每月遲到公缺公之查報 (六)職員每日曠假登記
	報工稽查員	中少尉	二	
	偵緝股長	上尉(少校)	一	職掌(一)敵探間諜奸宄之偵緝防止 (二)盜竊煙賭娼妓之捕拿查禁
	偵緝稽查員	中少尉	二	(三)逃工案犯之查緝

查	執法股股長	少(中)校	一	職掌(一)奸宄盜竊案犯之訊辦(二)違犯廠紀廠規懲罰之執行
	執法股股員	上尉	一	
	稽查員	中尉	一	
	司書	准尉	二	
	第一稽查所所長	上尉	一	職掌(一)職員工人逐次到工缺工之查報(二)上下班打卯之監視(三)人員物品進出廠門之查驗(四)奸宄盜竊之防範查緝(五)所轄區內火災之消防(六)區內安寧秩序之維持(七)區內地方之清潔(八)區內戶口之查察
	第一稽查所稽查員	中尉	一	
		少尉	二	
	第二稽查所所長	上尉	一	職掌同第一稽查所
	第二稽查所稽查員	中尉	一	
		少尉	二	
室	第三稽查所所長	上尉	一	職掌同第一稽查所
	第三稽查所稽查員	中尉	一	
		少尉	二	
	第四稽查所所長	上尉	一	職掌(一)至(八)項同第一稽查所(九)起卸碼頭器材物品進出之查驗

571

職別	階級	員額	備考
第四稽查所	中尉	三	
稽查員	少尉	三	(十)沱內船隻停泊及開行之檢查
第五稽查所所長	上尉	一	職掌(一)區內奸宄盜匪之防範查緝(二)區內安寧秩序之維持(三)區內火災之消防(四)區內地方之清潔(五)區內戶口異動之登記及查報(六)區內廠房庫房宿舍之巡邏(七)商業區事務之處理(八)鐵路碼頭船隻之檢查
第五稽查所稽查員	中尉	一	

警衛隊

本署警衛稽查處警衛總隊部另擬有各廠統一編制，本廠警衛隊即擬遵照改編，不另擬訂編制。

職工福利處

單位	職別	等級	人數	職掌
處	長	薦五—薦二	一	職掌全處事宜
訓育課	課長	委二—薦四	一	職掌全課事宜
	課員	委六—委三	三	辦理(一)軍事政治訓練(二)教育統計指導(三)體育指導(四)編審擬及宣傳等事宜
	課員	委九—委七	二	辦理娛樂圖書閱覽及保管等事宜
	司書	委十二—委十	三	辦理登記調製圖表保管及繕寫事宜
供應課	課長	委二—薦四	一	職掌全課事宜
	課員	委六—委三	十四	辦理合作社管理職工宿舍及住宅事宜及一切職工供應事宜
	課員	委九—委七	十六	辦理食米分配登記造冊事宜管理各食堂伙食事宜及一切職工福利事宜
	司書	委十二—委十	六	繕寫各項清冊表格

387

衛生課	課長	委二——薦四	一	職掌全課事宜
	課員	委六——委三	二	辦理工廠衛生事宜
	課員	委九——委七	四	辦理一切公共衛生事宜
	司書	委十二——委十	二	繕寫表格文件
農場	主任	委三——薦五	一	職掌全場事宜
	技術員	委七——委三	六	辦理本廠種植事宜
	司書	委十二——委十	一	繕寫文件表冊等事宜
子弟	校長	廠長兼任	一	
	教務主任	月薪六十元至百廿元	一	
	級任教員			員額視學生多寡而定

0 0059

學校	學科任教員			同右
	事務員		一	
醫院	院長	荐五—荐一	一	
	醫師	荐六—荐二	五	
	醫師	委四—荐六	四	
	藥劑師	委十—委四	一	
	司藥	委十二—委六	三	
	護士長	委十—委三	一	
	護士	委十二—委五	八	
	助產士	委十—委四	二	

591

事務員	委十—委四	一	
司書	委十二—委八	一	
購置科			
科長	薦四—薦一	一	
科員	委六—薦六	三	「分登記統計調查賬務跑街送貨三部份」
科員	委九—委三	六	
司書	委十二—委十	三	
人事科			
科長	薦五—薦一	一	秉承廠長處理本廠人事事項
審核股股長	委二—薦五	一	審核全廠職員人事

0 0060

科員	委三—委二	二	一辦理職員任免及銓敍事項 一辦理職員奬懲事項
科員	委五—委三	一	辦理職員休假及撫卹事項
事務員	委七—委五	二	襄助股長及科員辦理本股職掌事項
事務員	委八—委七	一	同前
司書	委十一—委八	二	
司書	委十二—委九	一	
考工股股長	委二—薦五	一	考查全廠工人人事
科員	委三—委二	二	辦理工人考驗及奬懲事項
科員	委五—委三	三	辦理工人休假及撫卹事項
事務員	委七—委五	一	襄助股長及科員辦理本股職掌事項

607

事務員	委八——委七	一	同前
司書	委十一——委八	一	
司書	委十二——委九	一	

攷核室

主任	薦三——薦一	一	秉承廠長命處理本室一切事宜
專員	薦六——薦二	二	司編訂章則法規及編造統計表冊等
事務員	委四——委一	二	協助編訂章則法規及編造統計表冊等
事務員	委六——委四	二	同前
事務員	委十——委六	四	同前
司書	委十二——委八	四	

會計處

單位	職別	官等	人數	職掌
處	處長	薦五—簡六	一	職掌全處事宜
處	專員	薦六—薦二	二	補助處長研究調查及設計各項事宜辦理處內外重要文案
簿記課	課長	委一—薦二	一	職掌全課事宜
簿記課	課員	委四—委一	二	編造各種經費預算與概算整理單據編造支出計算暨查帳事項
簿記課	課員	委六—委三	二	支出傳票收入傳票及轉帳傳票之編製編造資產負債表及損益計算[illegible]
簿記課	課員	委八—委五	三	登記現金日記帳登記分類帳登記分戶帳
簿記課	課員	委十—委七	三	管理財產登記編造收支日報表及其他各種表冊
簿記課	司書	委十二—委十	三	登記繕寫
審	課長	委一—薦二	一	職掌全課事宜

課別	職別	官等	人數	職掌
核課	課員	委四—委一	二	核發建築工程款審核購置料單據
	課員	委六—委三	二	審核旗運費單據及其他雜項單據
	課員	委八—委五	三	審查帳簿及傳票各項經費預概算各項收支支報表
	課員	委十—委七	三	驗收事宜發核薪餉工資盤點庫存現金
	司書	委十二—委十	三	登記繕寫
工薪計算	課長	委一—荐二	一	職掌全課事宜
	課員	委四—委一	二	計算職員薪俸
	課員	委六—委三	二	辦理單人儲金及工人保証金
	課員	委八—委五	四	計算工資計算士兵伕役餉項
	課員	委十—委七	四	登記工作登記表計算人工成本單暨人工分析表

0 0062

課	成本計算課		
司書	委十二——委十	四	抄寫各種清册及收據
課長	委一——薦二	一	職掌全課事宜
課員	委四——委一	二	登記製造費用分配表及明細分類帳及成品(或成件)明細分類帳
課員	委六——委三	二	登記裝配及零件成本匯記片製造費用攤派表
課員	委八——委五	四	登記材料及辦公用品帳
課員	委十——委七	四	登記直接材料與間接材料月發分户匯寄表暨辦公用品月發分户匯寄表
司書	委十二——委十	四	抄寫收發文件

附註：

本處編制原係在滬時按廠組織而釐訂迨遷川後廠組織擴大並設立成都分廠本處事務倍加原有編制人員不敷應用茲依據原編制略予修改其要點：

(一)處中工作增多各課雖有人員負責但處長職責太重事務繁雜常感一人精力不足以顧及全處事務更以業貴精事貴專須於各課固定工作人員之外添設專員研究或派員赴外調查以資改進故擬設會計專員名額二名以補此缺點。

(二)四課課長階級原為委任二級至薦任六級參照各處課長階級似乎較低會計人員極不容易羅致且辦理會計事務須人員固定工作年代愈久者愈精明為安定終身事業計故擬改為委任一級至薦任二級

(三)本處工作日與俱增原有編制缺額無多故擬將各課課員名額略為增加

0 0063

工務處

處	長	薦二—簡六	一	
支配課	課長	薦四—薦二	一	
	技術員	薦五—薦三	一	協助課長辦理本課一切事宜
	技術員	委三—薦五	三	支配工作、机器安裝調查登記、
	技術員	委八—委三	三	支配工作、出品統計、
	課員	委二—薦五	一	辦稿、記錄、
	課員	委四—委一	三	文件收發、工作單收發及工時記錄、報工及襍務、
	課員	委八—委四	三	同右
	司書	委十—委六	四	抄錄工作單及一切繕寫工作、

準備課

職別	官等	人數	職掌
課長	薦四—薦二	一	
技術員	薦五—薦三	一	主持件工制事宜
技術員	委三—薦五	三	預估工時二、預估材料一、
技術員	委五—委一	六	預估工時二、管理圖樣一、預估材料二、監時一、
技術員	委八—委三	五	預估工時二、管理圖樣一、預估材料一、監時一、
課員	委四—委一	一	辦稿
課員	委八—委四	三	收發一、樣務一、對外接洽一、
司書	委十—委	六	繕寫定料表包工單等

單位	職別	官等	人數	職務
物料庫	庫長	委一—薦四	一	
	技術員	委三—薦五	三	主持分庫
	技術員	委八—委三	三	
	庫員	委五—委二	五	記帳
	庫員	委八—委五	五	記帳造冊月報驗收過秤等
	司書	委十—委六	五	同右
技工學	教務主任	委三—薦五	一	
	技術員	委三—薦六	四	授課及實習指導
	事務主任	委五—委二	一	
	事務員	委八—委五	二	宿舍管理、伙食及雜務、

64-1

單位	職別	官等	人數	備考
校	司書	委十—委六	一	
第一製造所（製砲所）	主任	薦四—薦一	一	
	技術員	委一—薦三	六	廠務管理
	技術員	委四—薦六	三	所本部工作
	技術員	委八—委三	二	半成品檢驗
	事務員	委六—委三	四	所本部及零件庫
	事務員	委十—委六	四	同右
第二（彈夾）	主任	薦四—薦一	一	
	技術員	委一—薦三	二	彈体部一、銅壳部一、
	技術員	委四—薦六	二	所本部

製造所（所	技術員	委八—委三	一	半成品檢驗
	事務員	委六—委三	二	所本部雜務及登記材料半成品等賬
	事務員	委十—委六	二	同右
第三製造所（引信所）	主任	薦四—薦一	一	
	技術員	委一—薦三	一	自動機部一、
	技術員	委四—薦六	一	六角車床部一、
	技術員	委八—委三	一	半成品檢驗
	事務員	委六—委三	二	所本部襍務及登記材料半成品等賬
	事務員	委十—委六	一	同右
第	主任	薦四—薦一	一	

651

製造所	職別	官等	人數	職掌
第四製造所（鍛工所）	技術員	委一—薦三	二	鍛工部一 淬火調質部一
	技術員	委四—薦六	二	同右
	技術員	委八—委三	一	半成品檢驗
	事務員	委六—委三	二	所本部庶務及登記材料半成品等賬目
	事務員	委十—委六	一	同右
第五製造所（木工所）	主任	薦五—薦三	一	
	技術員	委四—薦六	一	木模
	技術員	委八—委三	一	製箱及裝箱
	事務員	委六—委三	一	
	事務員	委十—委六	一	

該所將來尚須補充砲筒調質部份故擬定技術員如上數

第六製造所（工具所附工具樣板室）	主任	薦四——薦一	一	
	技術員	委一——薦三	五	机工鉗工、工具淬火、各所机器修理所本部各一人。
	技術員	委四——薦六	二	工具總室一、所本部一、
	技術員	委八——委三	四	管理各所工具室
	事務員	委六——委三	二	所本部及工具室棧務及登帳等
	事務員	委十——委六	三	同右
第七製（鑄）工	主任	薦四——薦一	一	
	技術員	委一——薦三	一	管理試驗室及研究工作、
	技術員	委四——薦六	二	鑄銅鑄鉄各一、
	技術員	委八——委三	二	所本部試驗室各一、

661

單位	職別	官等	人數	職掌
造所（所）	事務員	委六—委三	二	所本部及試驗室襍務登賬
	事務員	委十—委六	一	同右
第八製造所（水電所）	主任	荐四—荐一	一	
	技術員	委一—荐三	二	管理透平机柴油机
	技術員	委四—荐六	四	透平机值班（必要時本廠或須晝夜供給他廠電力）三人、修理廠一人、
	技術員	委八—委三	五	管理電灯、電話、馬達、配電間、供水各一人、
	事務員	委六—委三	二	所本部登記材料及襍務
	事務員	委十—委六	一	同右
第（火）	主任	荐四—荐一	一	
	技術員	委一—荐三	三	白藥、砲彈裝配、引信底火裝配各一人、

0 0007

[第]九製造所（工具所）	技術員	委四—荐六	二	所本部及檢驗各一人
	技術員	委八—委三	二	廢品處理及檢驗各一人
	事務員	委六—委三	二	零件收發材料收發及各項雜務
	事務員	委十—委六	二	同右
第十製造所（樣板所）	主任	荐四—荐一	一	
	技術員	委一—荐三	三	製造、測量、研究各一人、
	技術員	委四—荐六	四	分管机工、鉗工、測量、訓練等、
	技術員	委八—委三	四	同右
	事務員	委六—委三	二	登記材料工具成品及雜務等
	事務員	委十—委六	二	同右

工程師室

總工程師室	總工程師	薦二—簡六	一
	技術員	委五—委三	一
	事務員	委八—委六	一
	司書	委十—委七	一
檢驗課	工程師兼課長	薦三—薦一	一
	事務員	委八—委六	一
成品	工程師兼組長	薦四—薦二	一
	工程師	薦六—薦四	二
	技術員	委三—委一	一

287

檢驗組	技術員	委五—委三	二
	技術員	委八—委六	三
	事務員	委十—委七	一
	司書	委十一—委八	一
材料檢驗組	工程師兼組長	薦四—薦二	一
	工程師	薦六—薦四	二
	技術員	委三—委一	一
	技術員	委五—委三	一
	技術員	委八—委六	一
	事務員	委十—委七	一

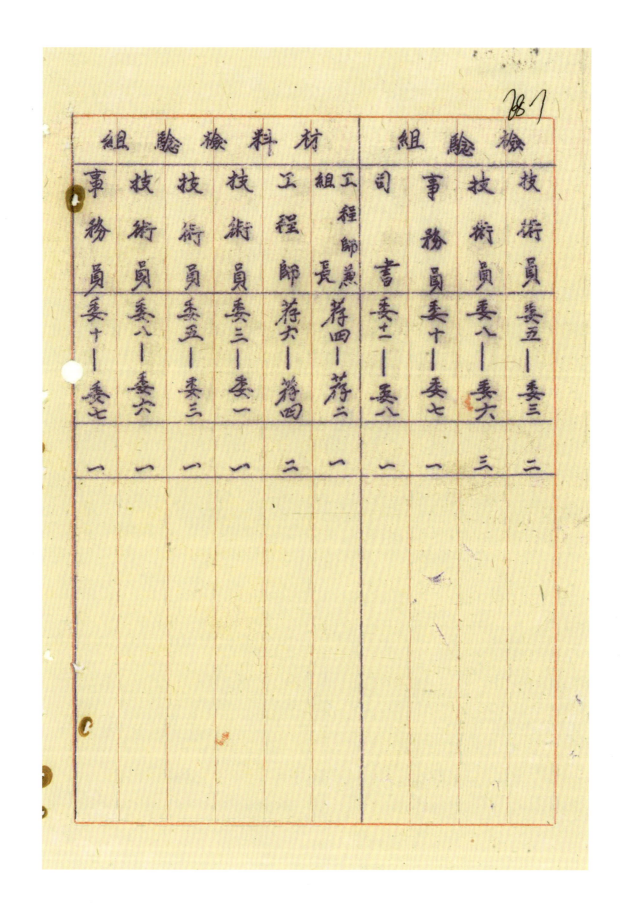

0 0059

單位	職別	官等	員額
精雕研究組	工程師兼組長	薦四—薦二	一
	工程師	薦六—薦四	二
	技術員	委三—委一	一
	技術員	委五—委三	二
	技術員	委八—委六	二
	事務員	委十—委七	一
計劃室	工程師兼主任	薦三—薦一	一
	事務員	委十—委七	一
兵	工程師兼組長	薦四—薦二	一
	工程師	薦六—薦四	二

29-8

器設計組	技術員	委三—委一	二
	技術員	委五—委三	二
	技術員	委八—委六	二
	繪圖員	委十一—委八	四
普通機械設計組	工程師兼組長	薦四—薦二	一
	工程師	薦六—薦四	二
	技術員	委三—委一	二
	技術員	委五—委三	二
	技術員	委八—委六	二
	繪圖員	委十一—委八	四

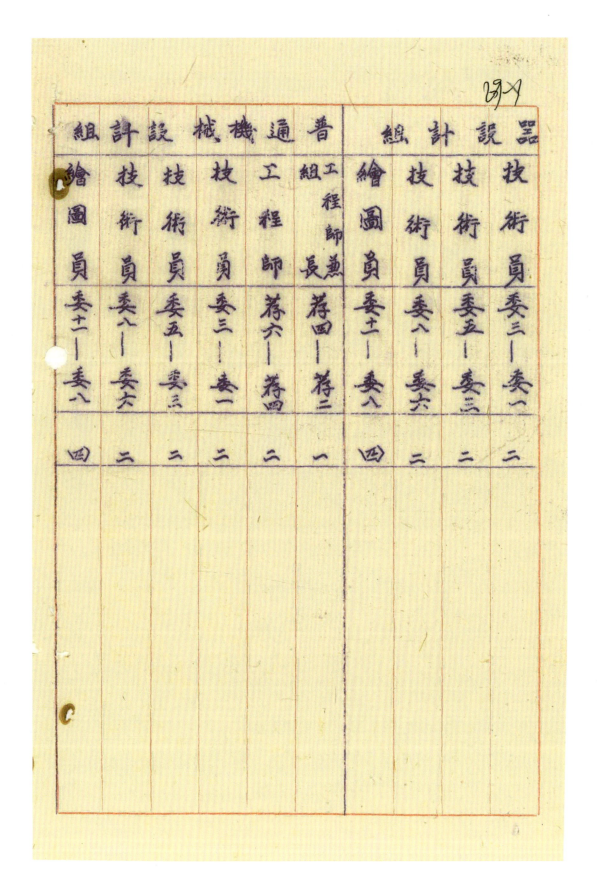

0 0070

圖樣圖書管理組	組長	委三—委一	一
	管理員	委五—委三	二
	事務員	委十—委七	二
	司書	委十一—委八	一
試驗	工程師兼主任	薦三—薦一	一
	工程師	薦四—薦二	一
	工程師	薦六—薦四	二
	技術員	委三—委一	一
	技術員	委五—委三	一
	技術員	委八—委六	一

201

所事務員	委十一—委七	二

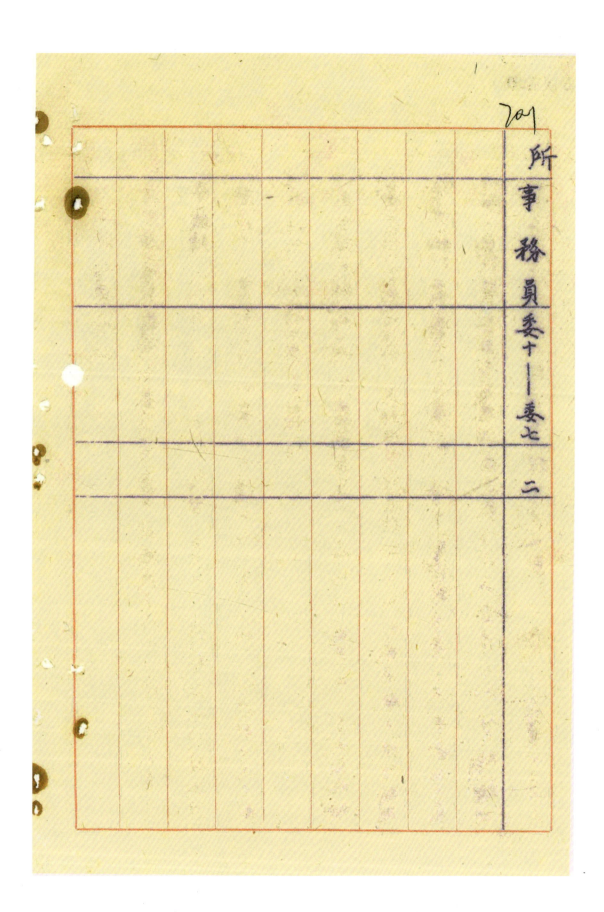

工程師室附註

(一)本廠製造新式大砲須應用盡善之設備及工作方法始能達到高度效率故技術上與製造上之問題繁多且至複雜爲分明技術及製造責任起見工程師室似有獨立之必要(按歐美規模較大之工廠均分技術業務工務三大部份)

(二)按本廠現行編制工程師室職員廿五人檢驗科職員卅一人(半成品檢驗室職員尚不在內)共計五十六人惟工程師室在組織系統上(現行編制)雖分設計圖樣保管及試驗工場三部份然事實上本室全体人員均從事於設計及繪圖工作尚不敷分配今製造司擬訂之統一編制中又增加試驗所一部份故工程師室人數擬由五十六人增至七十六人。

71-1

（三）按本廠現行編制精確研究組係屬於檢驗科惟因檢驗科未曾成立故暫時歸劃於工務處查製造司擬訂之統一編制似有永久性質而非戰時編制故該組似仍宜屬於檢驗課至該組組長目前似可由樣板所主任兼任以免作上之糾紛戰後則可將一部份儀器撥歸樣板所應用而由精確研究組再補充新型儀器云云

U 6072

中華民國三十年八月　日

廠長丁天雄

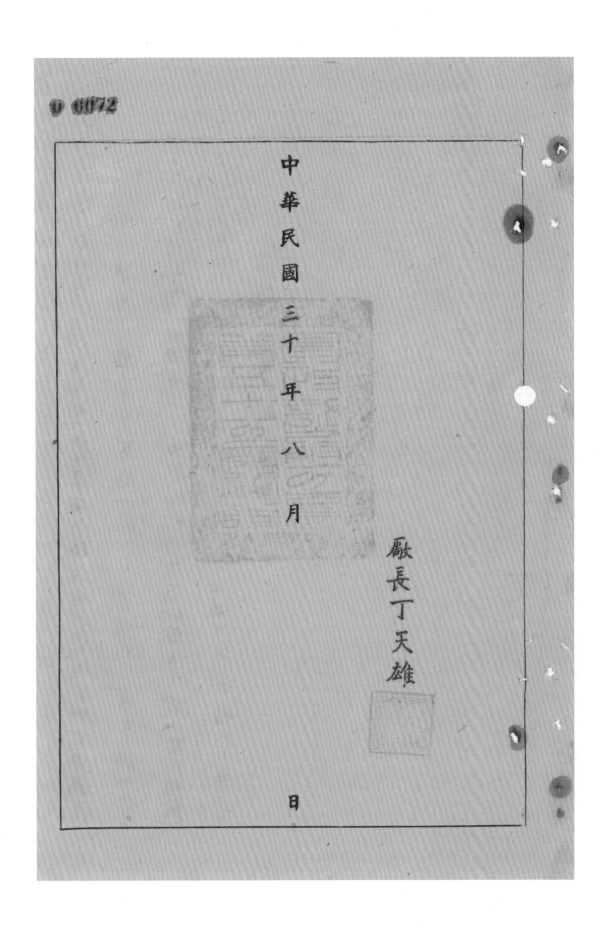

军政部兵工署关于成都分厂编制准予试办给第五十工厂的训令（一九四一年十月二十六日）

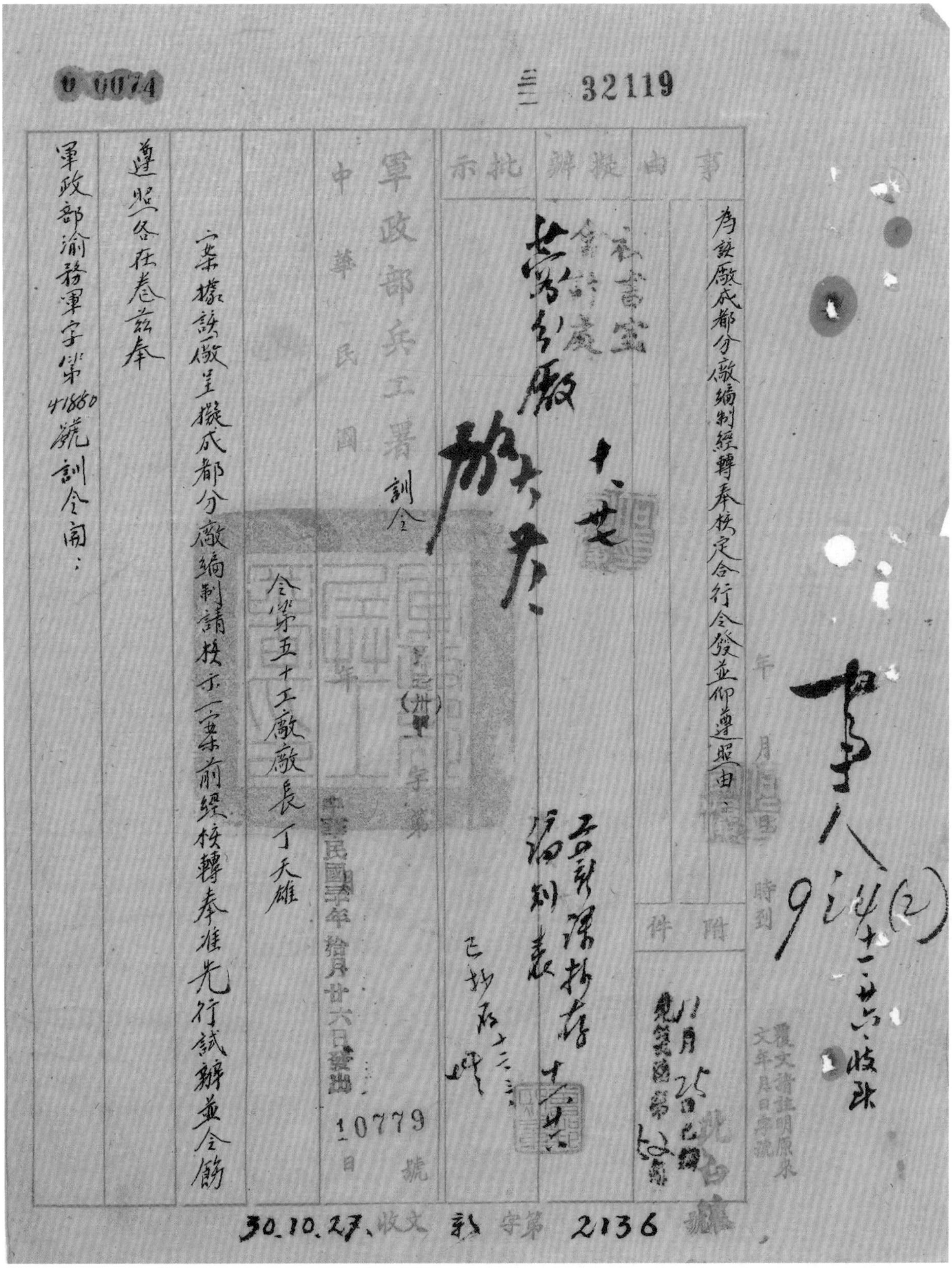
0074

32119

事由：为该厂成都分厂编制经转奉核定令行令发并仰遵照（由）

军政部兵工署训令

中华民国三十年拾月廿六日发出

令第五十工厂厂长丁天雄

案据该厂呈拟成都分厂编制请核示一案前经核转奉准先行试办并令饬

遵照各在卷兹奉

军政部渝务军字第41880号训令開：

30.10.27 收文 字第 2136 號

744

「案據該署長前呈擬五十工廠擬具該廠成都分廠組織系統表及編制表一案經本年七月以渝務軍字89744號指令除警衛隊應由該署警衛稽查處統籌核辦外准照原呈編制先行試辦併轉呈軍委會核示各在案茲奉軍委會本年九月辦制渝字3138號指令開「呈表均悉准予試辦除飭知銓敘廳外仰即知照」等因奉此除將該廠分廠編制表頒行外合行印發該分廠編制表一份令仰遵照此令」

等因合行令發核定編制仰轉飭遵照。

此令。

附抄發第五十工廠成都分廠修正編制表一份。

署長俞大維

校對 牢伯和

軍政部兵工署第五十工廠成都分廠修正編制表（卅年九月渝製業字第四八八〇號訓令核准）

職別		階級	員額	說明
分廠主任		薦三至簡六	一	秉承總廠長之命令處理分廠一切事宜
秘書		薦六至薦二	一	襄助分廠主任處理廠務
總務科	科長	薦六至薦二	一	
文書股	股長	少（中）校	一	辦理文書收發擬稿管理檔卷兵夫守衛及人事等事項
	股員	上（少校）尉	一	
		中（上）尉	二	
	司書	同准（少）尉	二	
庶務股	股長	少（中）校	一	辦理庶務用品之保管收發分發及劃撥支配及修繕工具之管理及交際雜務等事項
	股員	上（少校）尉	一	
		中（上）尉	一	
	司書	同准（少）尉	一	

251

科	股	職別	官階	員額	職掌
務	營繕股	股長	委三至薦五	一	職掌營房、倉庫、道路、溝渠之設計、包修、理[illegible]
		股員	委五至薦六	一	
			委十至委三	三	
		司書	同准（少）尉	一	
	成品庫	庫長	少校	一	職掌各種成品之收發保管及運輸等事項
		庫員	中（上）尉	二	
		司書	同准（上）尉	一	
	出納股	股長	少（中）校	一	職掌分庫現金出納事宜
		股員	上（少）校　中（上）尉	[illegible]	
		司書	同准（少）尉	一	
	稽查股				由本署督察處[illegible]兼[illegible]
福利科		科長	薦六至薦二	一	
	事[illegible]股	股長	少（中）校	一	職掌全[illegible]

U 0076

（福）利科

單位	職別	階級/待遇	員額	備考
（事）業股	股員	上（少）尉 中（上）尉	二 二	
	司書	准（少）尉	一	
醫務股	股長	薦六至薦二	一	
	醫師	委四至薦四	二	係李金庸合[illegible]
	助理醫師	委十至委四	一	
	藥劑師	委十至委四	一	
	看護長	僱用月薪六〇至八〇元	一	
	看護士	僱用月薪四〇至六〇元	三	
	司書	同准（少）尉	一	
第二十五子弟學校	校長			由分廠主任兼
	教務主任	聘任	一	
	教員	聘任		視學生多寡酌聘
	事務員	中（上）尉	二	

工科

職別	官等	員額	職掌
科長	薦六至薦一	一	職掌全廠[illegible]製造事宜
主任	薦六至薦一	一	職掌全廠有關設計製圖及[illegible]工作之主要事項
工程師室			
工程師	薦六至薦三	二	
技術員	委六至委三	二	
繪圖員	委八至委四	二	
司書	同准尉至少尉	一	
工作準備股			
股長	委二至薦四	一	職掌各部工作上需用材料、[illegible]文[illegible]及外來之[illegible]件之[illegible]保管及各廠[illegible]等事項
股員	委四至薦六	一	
	委六至委三	二	
司書	同准尉（少尉）	二	
工作支配			
股長	委二至薦四	一	職掌各廠工作之[illegible]、[illegible]工作[illegible]
股員	委四至委六	二	
	委六至委一	二	

檢驗股	司書	同准（少）尉	一	
	股長	委二至薦四	一	掌出品之試驗檢驗等事項
	股員	委四至薦六	二	
		委十至委三	一	
	司書	同准（少）尉	一	
工政股	股長	少（中）校	一	執掌工人之管訓進退獎懲撫卹案件及其他雜務事項
	股員	上（少）尉	一	
		中（上）尉	二	
	司書	同准（少）尉	一	
第一校	校長		一	總理全校校務
	教育主任		一	分掌全校教務
	教務組長	薦三至薦六	一	[illegible]
	組員	委六至委二	二	[illegible]

771

務

文課	書記	中（上）尉	二	
	司書	少（中）尉	三	
	訓育主任	中校	一	職掌學生之德育體育培養等項
	訓育員	少校	三	
		上尉	九	
校	學生		一六八四	
第一製造所	主任	委六至薦三	一	製造[illegible]
	技術員	委六至薦一	八	
		委十至委五	四	
	事務員	少（中）尉	四	
第二製	主任	委五至薦三	一	製造雷管火帽炸藥及裝藥等項
	技術員	委六至委一	五	
		委十至委五	三	

造所	事務員	少（中）尉	二	
	司書	同准（少）尉	一	
第三製造所	主任	委二至荐三	一	負責所內[illegible]
	技術員	委六至委一	六	
	事務員	委六至委十二	三	
	司書	同准（少）尉	一	
會科				
科	科長	荐六至荐六	一	職掌全廠會計統計事宜
會計科	會計科專員	荐六至荐三	一	
簿記股	股長	委一至荐五	一	職掌[illegible]之統計等事項
	股員	委四至委一	三	
		委十至委十五	一	
成本計算股	股長	委三至荐五	一	職掌各種成品[illegible]成本計算[illegible]事項
	股員	委四至委一	三	

781

公役	購置科				成本計算股				審核股			股
役	司書		科員	科長	司書		股員	股長		股員	股長	
二〇 等	同准尉	中（上）尉 委四至委八	委一至薦四	薦六至薦二	同准尉	委十至委五	委四至委一	委三至薦五	委十至一委	委四至委八	委三至薦五	委十至委五
四二二	一	一 二	六	一	二	一	二	一	一	六	一	一
供全分廠之用				辦理全廠所需物料之購置事宜				辦理全廠關於一切作業經費事人工材料費之[illegible]成本[illegible]事項			辦理[illegible]及[illegible]各[illegible]決算[illegible]及[illegible]編製各種統計[illegible]事項	

公役	二五四等	九七六	同右
炊事兵	二八六等	八四	同右
合計	官	一六七	
	兵	五一	

附註

（一）警衛大隊由該署警衛稽查處統籌撥選

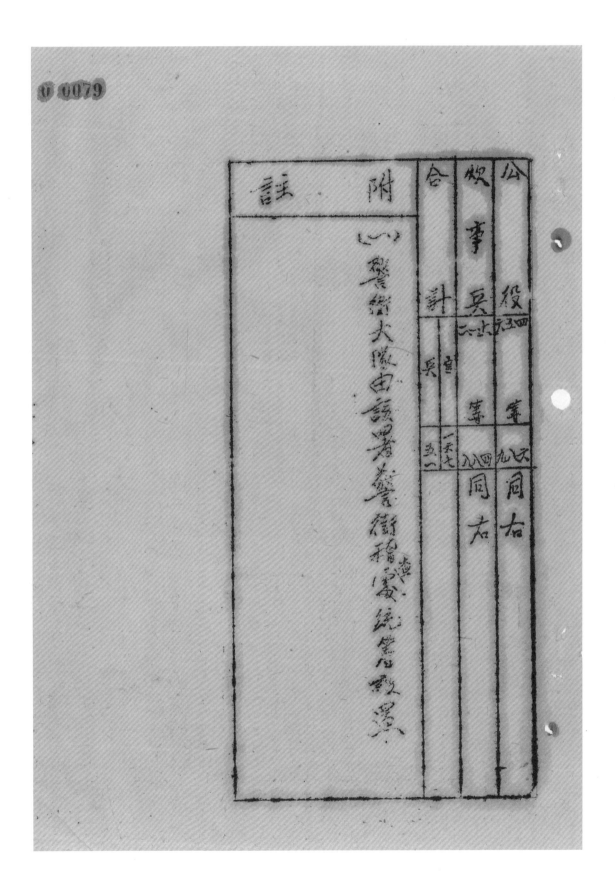

14

軍政部兵工署第五十二廠報告書

一、成立大概及現在組織：

本廠原爲廣東第二兵器製造廠之遷址，原擬於（在粵之琶江口建築廠房，後因省）英德縣二十二年七月動工興築，前第四路總部主辦，至二十五年十一月始由中央接管，組設接收委員會，辦理接收事宜。二十六年六月接收完竣後，易名爲廣東第二兵器製造廠，並呈奉核頒編制，分設廠長辦公廳（下置秘書、出納、庶務、稽查等四室）及會計、工務、職工福利等三處，材物保管、檢驗、稽核、購地之屋等四科，警衛隊一大隊，等職司，

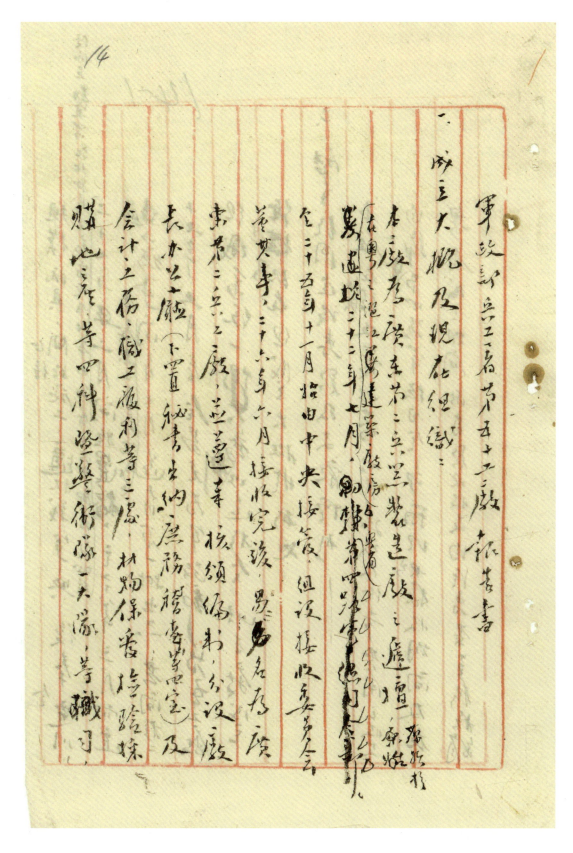

14-1

規模既具，經派員勘定四川江北縣屬之郭家沱及附近西彭鄉之大興鄉為廠址，正待開始施工，適抗戰軍興，復奉令遷川。二十七年二月開始遷移，至二十八年三月而遷建竣事，廠房未盡有一部完成，同年七月遂有第一批出品。其間於二十七年五月奉令易名為軍政部兵工署第五十工廠，組織系統一仍其舊，以迄於今。此本廠成立經過及現在組織之大概情形也。

二、歷年經用建設專款及支銷情形

本廠在接收以前所有建設及行政費用之收支，均歸前中央軍校……依月令部辦理，嗣接收期間及在粵省成立期間所有款項收支均係專案呈報核銷

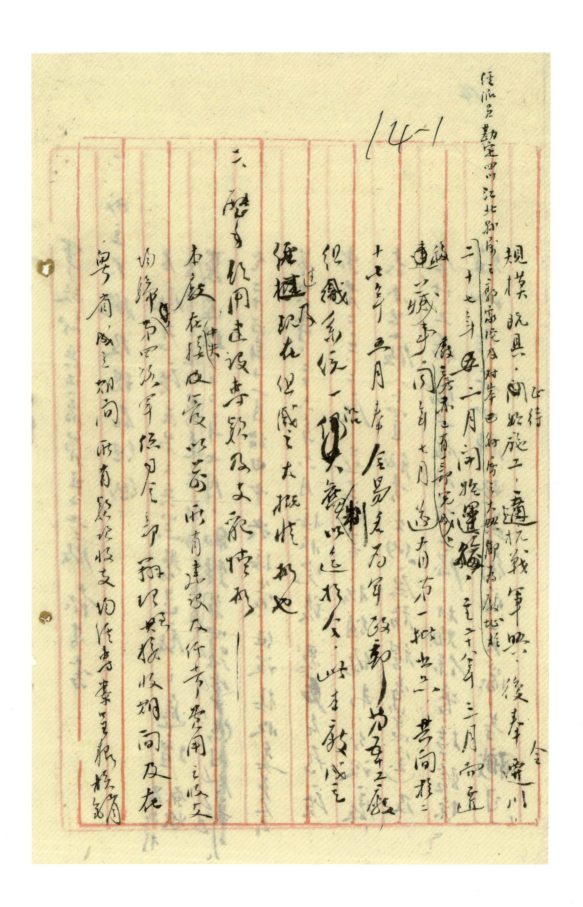

查案還川以後計二十七年度經用建設經費一百二十三萬餘元
二十八年度經用二百七十五萬餘元 二十九年度經用二百四十萬元
三十年度（截至九月三十日止）經用七百五十九萬餘元 共計（連同利息收入共計一千三百四十六萬餘元）
二十七年度支付一百零三十三萬餘元 二十八年度支付一百八十二萬餘元
二十九年度支付二百一十二萬餘元 三十年度支付五百零三萬餘
元（總計經費收入一千三百四十六萬餘元）總共支付壹千〇〇一萬餘元 餘存三百四十六萬餘元
支出方面自以建築工程為大宗 而所列數目亦
大部份為各項建築工程保固費 經驗收後即給付與承
建商者 附遷建委員會 前蔣處長收支細目列
表以明之（見附表1）

三、警示设备情形、

15-1

甲、厂房部份

本厂在吴家院所建厂房仓库以及一般建筑，系自

华仑建设公司等承造，华蓥山坑道（[illegible]由各矿承包赶造）、

惟自建设以后，一方面因急于开工赶造，一方面限于经费，

故除特别重要部门外，均系采取暂时性质，

永久性之建筑，实计建成厂房仓库、宿舍、住

宅、竹棚等共二百五十座，共占四万八千五百六十七平方尺，

开辟马路便道共合二万八千三百九十平方公尺，

凿空山洞共合一千〇二十五平方公尺（[illegible]附表）

16

（甲）其留在遵义中及搬加甲者，为首各山洞厂房之搭建及码头等设备，从略，列表以明之（见附表2）

六、机器部份

本厂机器以来部向英美之德江区集约三千余由（经委员）六百吨，运川后由研究室（及技术）机器一部份及前百水厂研究所机器一部份（现在标准所及精密研究室，全机器）现计有各种车床一百零九部，铣床四十八部，钻床三十三部，磨床二十六部，截料机十四部，冲剪床十部，水压及气锤机十三部，熔炉烧炉等廿二座，锻模焊等五具，附设机八具，柴油发电机

16-1

七十五匹马力者一部，四百四十匹马力者一部，透平发电机1250瓩及2000瓩发电机各一部，此外如木工设备、锻工设备及其他杂项机器约一百四十余部（其详细名称规格性能及购置年月均详见清册）（见附件3）

（四）历年生产情形

本厂在琶江时代曾装配一〇五粍山榴炮二门，七五山炮二门，迁川后初期则担任修理前线送修各种火炮，结後以本厂设计改造之十五公分重迫击炮解送前线应用，并著绩效，又奉令大量增造，计已解缴六十余门

17.

解放今年應用之六公分新迫擊砲和試製成功之大管
製造計已續成砲筒門，修廢砲架如須友，接多合作
只將裝成兩門，中後於廢品中配成七五山砲六門，至廿九年冬
向後研購三七戰車防禦砲壹六門之材料，陸續
到達即開始施工，至三十年二月初首裝成一門
費，曾經數千里之行程，於抵式時，則以為太岳製
造，將首所經艱獲準繩，不可謂非國造火砲之新紀
元也
此外去年東敵砲彈亦為本廠主要製造產品
製，砲彈以七五山野砲彈十五公分迫擊砲彈為

17-1

间有廿九年七五步枪弹七五芬炸弹等及其他数种炮弹等仿为数

又近期兵工署令本厂试制八二迫击炮弹，亦已成

功，月约生产二四万发。

此外如为各厂托制之迫击炮弹及手榴弹引信（适合钢琴丝）

等，制造亦为数甚多，于生产方面亦有相当成绩，此本厂生产下大

概情形也。

五、历年产品缴库或运销情形

本厂制成产品均依兵工署署令填具军械收入

节令缴交本署军械司所属各库，至如何

分发前线各军领用，则由各库核令各库办理。

兹附入本厂历年产品缴解概况表一份（见附表二）以资参考。致

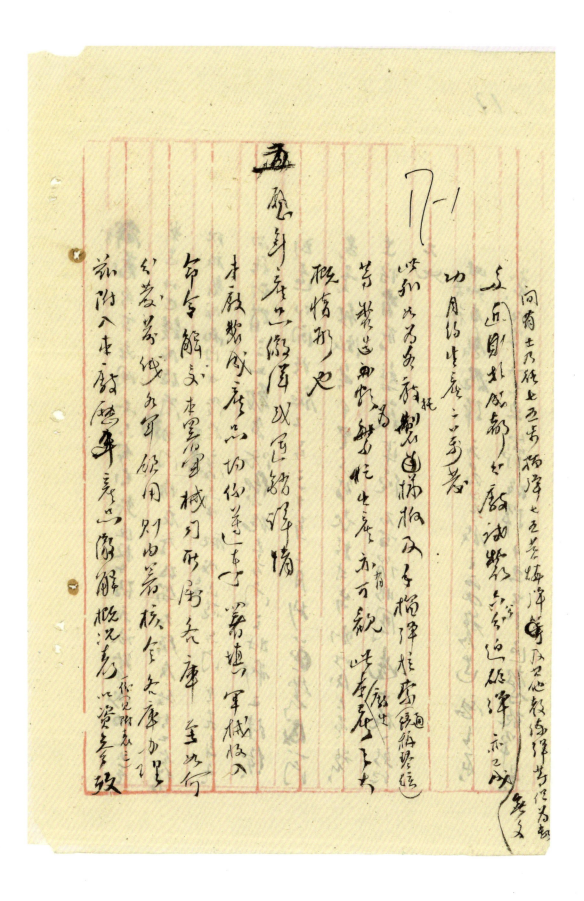

18

六、現用原料種類與來源

本廠製造大砲砲彈、砲管、工具等所用之鋼料，多由國外購入，生鐵則由鋼鐵廠遷建會及鋼鐵廠附近之合作社。銅係以購自外國者為多，鋼板則由各廠代軋。錫、鋁、鉛、鋅等雜金則向內省購發，液體燃料多由動力部料廠供給，煤炭則在此地採購。藥料如TNT、發射藥等向內省購發。木料以在市上購得者為多，至電料則多在香港購買，詳細數目附入詳表，以作參考。

七、近因物價高漲，每月所需材料與工資共若干元

現時物價飛騰，銅定多更必以萬金，材料來源缺乏者

18-1

为邑所需各料因外汇及运输种种关系价亦无从估计，校阅于材料用零件款至不一律，实难依列（目前预算开列）。至现时工资每月共付壹拾万〇五千二百六十六元有奇，此数目和非固定，月有增减，实对本厂技工良缺为多，惟因本厂平利该殷，一时难补充也。

八、现在职工数目及薪资比例

本厂现有职员三百六十一人，月薪总数三万一千一百一十七元（八角五分），每员平均薪资为八十六元二角弱。工人共一千四百三十四人，全月工资总数一十万〇五千二百六十六元，每用平均工资为七十三元四角强。

九、設計自足及自給時期

本廠原在粵省陣廠水陸運輸均極方便故原擬計劃設備大都偏重於配製方面今（因抗戰）而材料遭沿海岸封鎖故一切製造原料之供給備感困難例如製造原以鋼鐵為主而本廠無煉鋼煉鐵諸般設備是以自足自給時根本無從設計

十、當前製造困難及其解決辦法

屬於器材製造方面者：

（甲）材料缺乏之（大宗）產品原料如製造刀具工具之鋼料原均仰給於外國現在東路阻塞訂購困難若

應急計祇得一一訂代鋼料於友廠或商廠代
製炸材料品質差異致廢品增多產量低減
(二)機器設備不切實用
本廠在粵設廠時所有設備均係照原定製品
配置現因適應軍需製品多要原定計劃
相差甚遠故機器與製品配合不當之轄
法采遂成供不應求或求過於供之弊
殊感浪費迭經設法增添機件現已陸續擴充
(四)技工缺少熟練者尤人因當之廠相繼而起
難敷應配添工人又因工資有限不易覓得
此種情形在本廠亦已感覺困難殊感情形作用

五、房租经济方面者

（丙）建设费逾少因物价高涨——

本厂建设资款定应分五且时照不能以期支领，以现时物价上涨极为激烈，一时殷采购亦迫出建筑工程物料多以现款交易为原则（原因一）

昆明食米价格飞涨，上年平价本厂全体员工及其眷属食米，以每市斗（市价）约三十元之价购入，以三元之价售出，面粉购价每袋八十元售价每袋九元，本厂每月销售食米约一万市斗，面粉约三百袋，每月亏损约三十万元

20-1

四、报销手续繁多，一时未易核准归垫，自本
月将挪用款目渐大，原因一
本厂所部分厂段于本年春添设，近行政之开始施工，路线
每月去处发代近施工等费，并另购置材料等项所需
均由于试制作[illegible]该厂每月所需建筑费用
此项费用每月须由本厂经费挪垫八十万元以资
维持，原因二
且本厂本身经济极形拮据，原因三
有此原因，一切建设制造进行益感经费无
不敷使用，拟恳准予指拨，以便随时调度备
挪用款

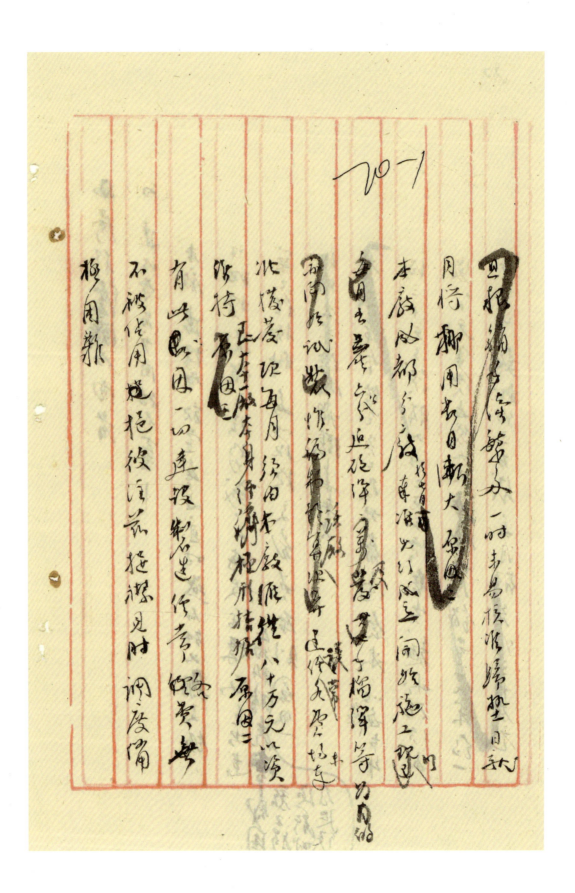

關於人事方面者：

（丁）員工去職過多，補充困難

本廠員工待遇原極低微，比來生活高昂，雖有增加薪及生活補助金，稍事調劑，然與物價增高比例相差甚遠，前營各廠因有厚利可圖，遂乘價羅致，員工迫於生活，遂多捨此他移，欲予補充，雖登報、張貼招致，而應者寥寥，此其一。在職員工或因以多年服務，不忍言離，或以感情所關，暫安於位，然道義相維，究不敵饑寒交迫，且以生活艱難，難期安定，遂難激發工作効

21-1

能，人心浮动，莫甚於此时。此其二

本厂由粤迁川，员工以客籍为多，当时既努力坚留同来，现在又须抓紧联系，而切实其眷属不在本地者不能享受平价米等待遇，以有限之薪资，维持两处之生活，体衡其艰难，且谋求共温饱，是以人多求去，另图生路。此其三。

克服办法：

(甲)材料补充：

(1)向外国订购材料，已到达仰光、昆明及滇缅路

22

俄者應儘先採運以應急需並預防不測

(二)儘量尋求代用材料 在技術上力求改進以期不減損產量及性能為原則

(乙)機器調整

(一)極力設法利用原有機力 並與署局各廠統籌分工合作加緊

(二)統籌民營工廠機力 在國防第一原則下使儘量為國防工業協製配件

(三)加強運輸組織 使向蘇美訂購機件迅速到達

22-1

(丙) 盈餘費經濟運用問題

(一) 加增建設及整造費款，以期運用裕如

(二) 依照撥發建築費，以期周轉靈活

(丁) 員工補充及安定生活

(一) 提高員工待遇，適應物價指數，最少使能維持生活。

(二) 單身員工，應設法使享受眷屬生活，俾能待遇與一般公務員支領眷屬平價米或代金等，以示均衡。

(三)本年度施工計劃書

本廠產品有火炮與炮彈二種，茲將本年度施工計劃陳述於后：

甲、火炮：製造三七平射炮及六公分迫擊炮爲主，修理損壞火炮爲副。

(一)三七平射炮：製造此項火炮在國內尚屬首次，本廠原有機器設備大部都不適用，上年起即改造刀具夾具工具等，俾作製造上之應用，本年上半年度試造一門，幸告完成，擬再改良工具夾具并加緊訓練工人技能，以備大量出品。原料方面係向德國訂購

23-1

欧战肇始後，雖經搶運，仍有一部未能由德輸出，擬在不損及本来性能條件下，設法改用他种材料藉資代替，預計在本年下半年度内能有三十门之出品，惟以技工招募困難，恐難達預定之數量。

(二)六公分迫擊砲：此砲性能優良，運動便捷，極合乎前方作戰之要求，曾照法国布郎德式仿造两门，已告完成，现正趕造工具、樣板等，準備託友廠大批製造砲架（支柱、底座等）。

(三)修理舊砲：前方部隊送修之火砲既多且急，惟限于機力人力，時有難以應命之感，擬在不妨碍正式出

24

品之零件下儘速趕修。

（五）砲彈：有15公分迫擊砲彈及七五山野砲彈三種，其彈體均採用鑄鐵，惟鑄工部份僅有二噸及一噸半熔鐵爐各一座，經常產量不敷，額定數量甚巨，已添裝三噸半熔鐵爐一座，並擬增建廠房，招致技工，以事擴充，將來每月出產砲彈以八千顆為標準。

內有兵站

並可在成都兵工廠製造六公分迫擊砲彈

丙 預期每月出產數量

七五山野砲彈　四千發

十五公分迫擊砲彈　一千發

三七平射砲　二門

24-1

六公分迫擊砲　五十門

如材料充足及員工充足產量可增加一倍

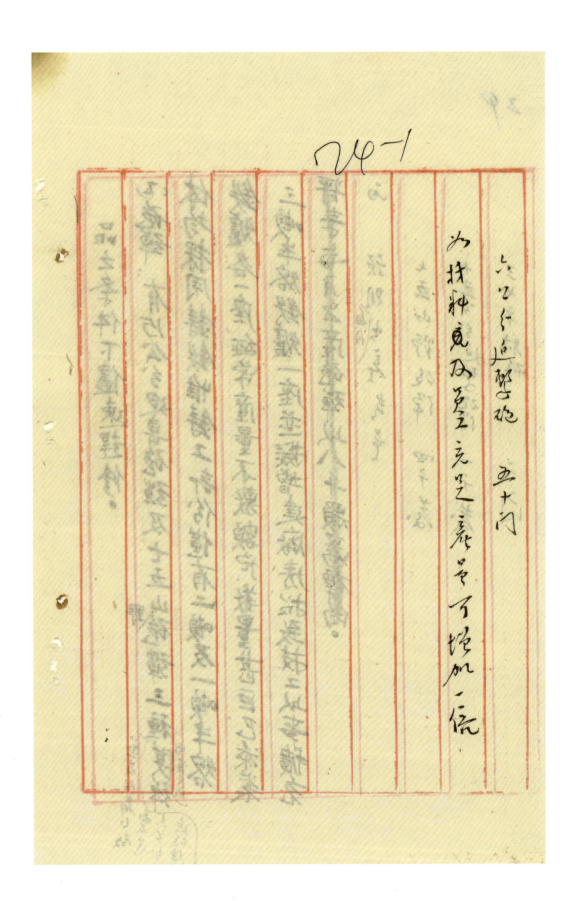

25

建設經費——

本年度奉准核定為（國幣）一千一百萬元

共分配支額如左

(一)廠屋設備費　八百六十九万三千三百九十四元

(二)機件設備費　一百三十万零六千六百零六元

(三)準備費　一百萬元　此係奉准添加一百万元以為係各項設備之用

製造經費——

本年度製造費截至十月份止

共（為國幣）八百八十五萬七千五百元（詳細項目見附表5）

加造費　係隨時奉令加造其（兩種）數量及單價撥款

25-1

預估、

修械費　情形与加造費相同亦難預估

樣品單價

三七平射砲　每门核定價格　十万元

十五公分迫擊砲彈每發　三百二十元

七五公分十年式山砲彈　每發　一百五十元

七五公分三八式野砲彈　每發　二百零五元　六月份以前定價

六公分迫擊砲彈　每發　三十八元

琴信（手榴彈柄索）每公斤　一百元

26

生產情形

（詳見附表6）

建設未完成之廠及分期進度

（詳見附表7）

材料處理情形

(1)籌備補充—根據各項出品之需要編造預算分別訂購或收購

(2)保　管—爆炸及易燃品均存放山洞，其他材料亦以疏散存儲為原則

(3)收　發—(甲)收購：採購料根據請購單購辦送廠，經檢驗合格後由保管料會同會計處驗收入庫

(乙)發料：工務處根據製造令計算實際需用材料，填造定料單送保管料，定料後再發交各所填單領用，庫房須與定料表核對後備齊送交各所。

28

兵工署第五十工廠會計制度情形

本廠現有經費計分遷建費與製造費兩種此兩種經費之來源與用途各不相同故其簿記組織亦適應此事實而劃分為二即一為遷建費部份一為製造費部份各部份之帳簿均自成一系統分別登記不相混淆

各系統之簿記組織均依照會計法規先備有記帳憑證（傳票）序時帳簿分類帳簿及明細帳簿惟其處理手續則略有不同遷建費係依照普通官廳會計程序辦理至製造費則係參照兵工署頒佈之兵工會計規程草案辦理此為本廠會計制度之大概情形

動力　現有445匹馬力柴油机二部自行供給動力尚有255KVA及2000KVA透平發電机各一部刻正建築山洞廠房約下年年底可以裝置發電。

技工　平均而論能及於技能之水準者不多。

工資計薪標準　按工計薪準備施行件工制（按出品計薪）以增產量。

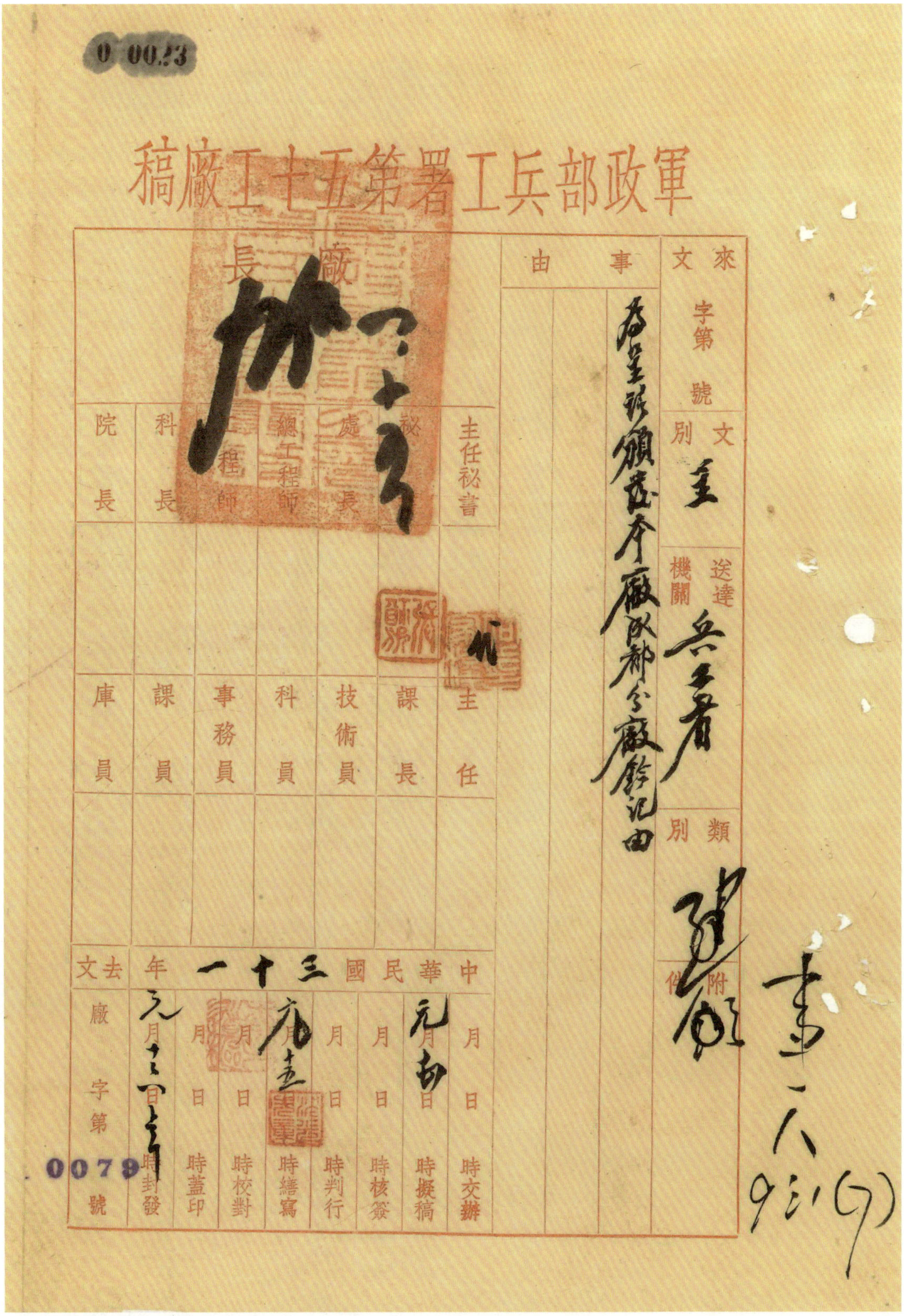

軍政部兵工署第五十工廠稿

來文字第　號

文別　呈

送達機關　兵工署

類別

附件

事由　為呈請頒發本廠成都分廠鈐記由

廠長

主任秘書　秘書　處長　總工程師　工程師　科長　院長

主任　課長　技術員　科員　事務員　課員　庫員

中華民國三十一年

月 日 時交辦　月 日 時擬稿　月 日 時核簽　月 日 時判行　月 日 時繕寫　月 日 時校對　月 日 時蓋印　月 日 時封發

去文廠字第　號

0079

军政部兵工署第五十工厂为请颁发该厂成都分厂钤记致兵工署的呈（一九四二年一月十六日）

郑主任原拟须发关防，似以请发钤记为宜，当否仍祈钧核！！

231

查本厂成都分厂，成立已逾半载，平时对外行使公文，仍系借用前第一技工学校钤记，拟请

钧署赐予颁发该分厂钤记一颗，文曰军政部兵工署第五十工厂成都分厂钤记，以便启用，理合备文呈明，仰祈

鉴核示遵！！

谨呈

署长俞

第五十工厂厂长丁〇〇

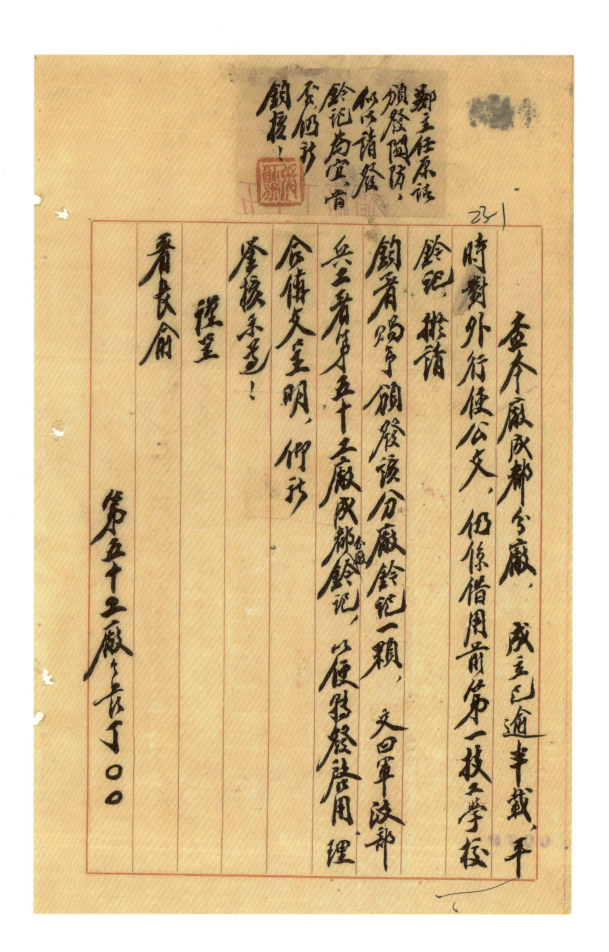

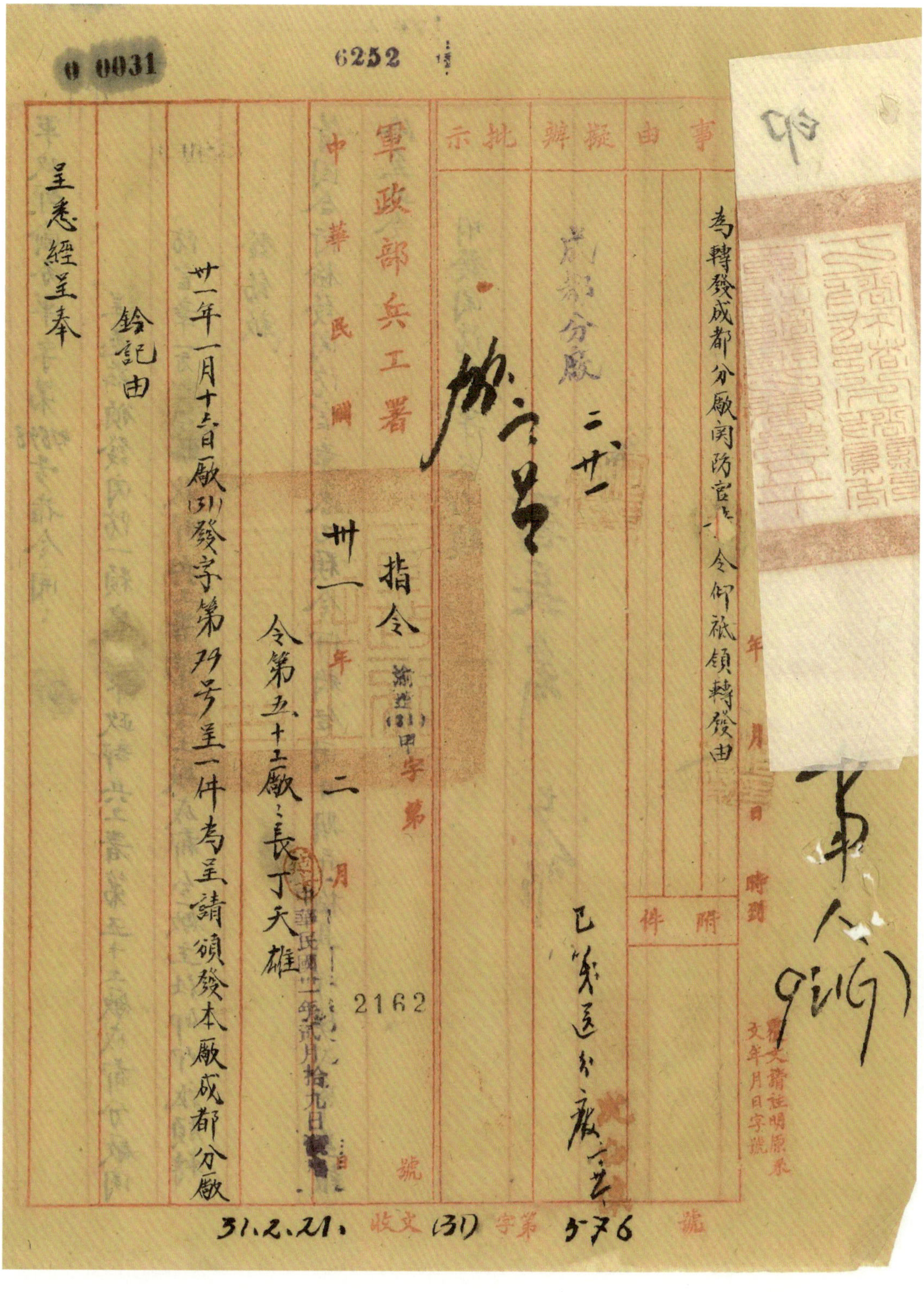

0 0031
6252
事由
為轉發成都分廠關防官章一令仰祗領轉發由
擬辦
成都分廠
二廿一
批示
附件
軍政部兵工署
指令
中華民國
卅一年
二月
字第
號
令第五十工廠廠長丁天雄
卅一年一月十六日廠(31)發字第79号呈一件為呈請頒發本廠成都分廠
鈐記由
呈悉經呈奉
2162
31.2.21.
收文
(31)
字第
576
號

军政部兵工署为颁发第五十工厂成都分厂关防官章的指令（一九四二年二月十九日）

軍政部渝务軍字第47848号指令開：

「呈悉茲頒發関防一顆文 軍政部兵工署第五十工廠成都分廠関防官章一方文曰軍政部兵工署第五十工廠成都分廠主任仰即祇領轉發飭報」

等因合行檢發関防官章各乙顆令仰將啓用日期并檢具印模式兩呈報備查。此令

附發関防官章各乙顆

署長 俞大維

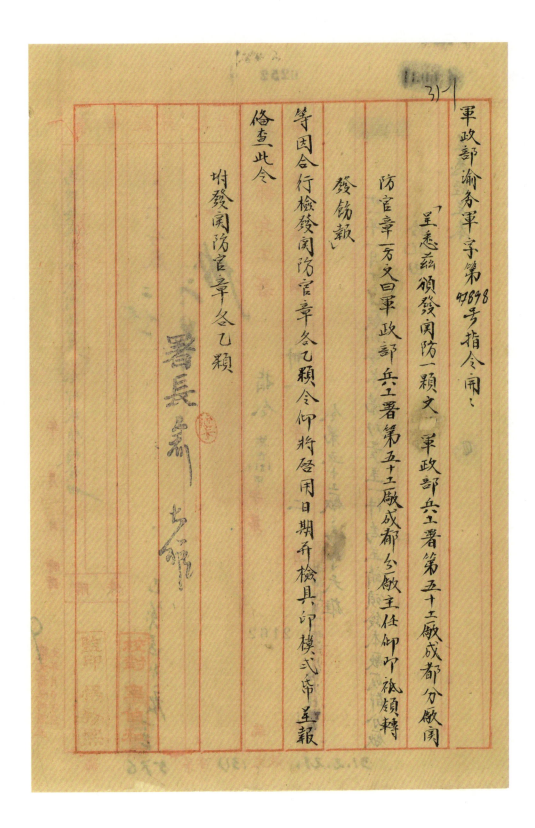

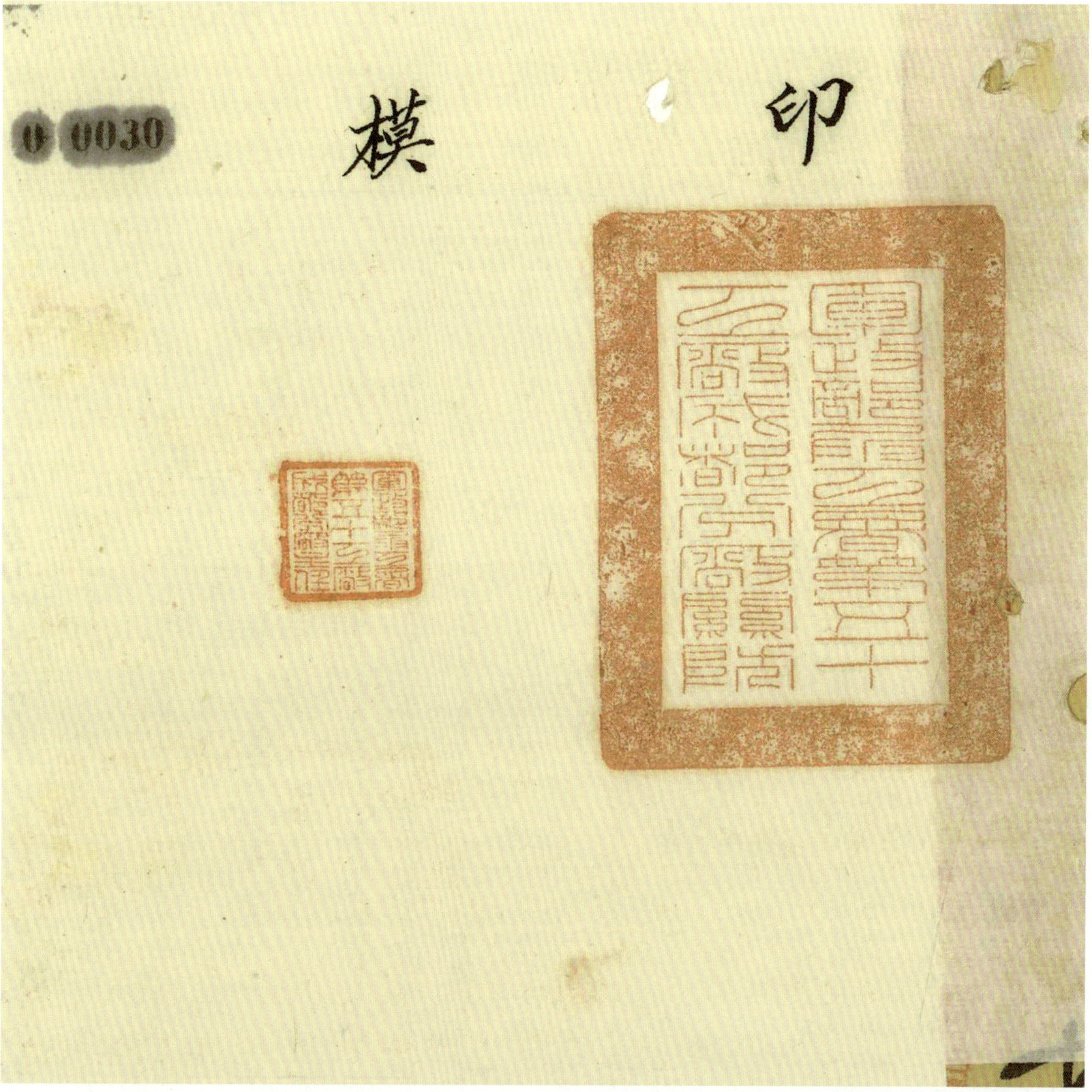
0 0030
印模

郑大强为启用成都分厂关防官章日期致丁天雄的签呈（一九四二年三月二十三日）

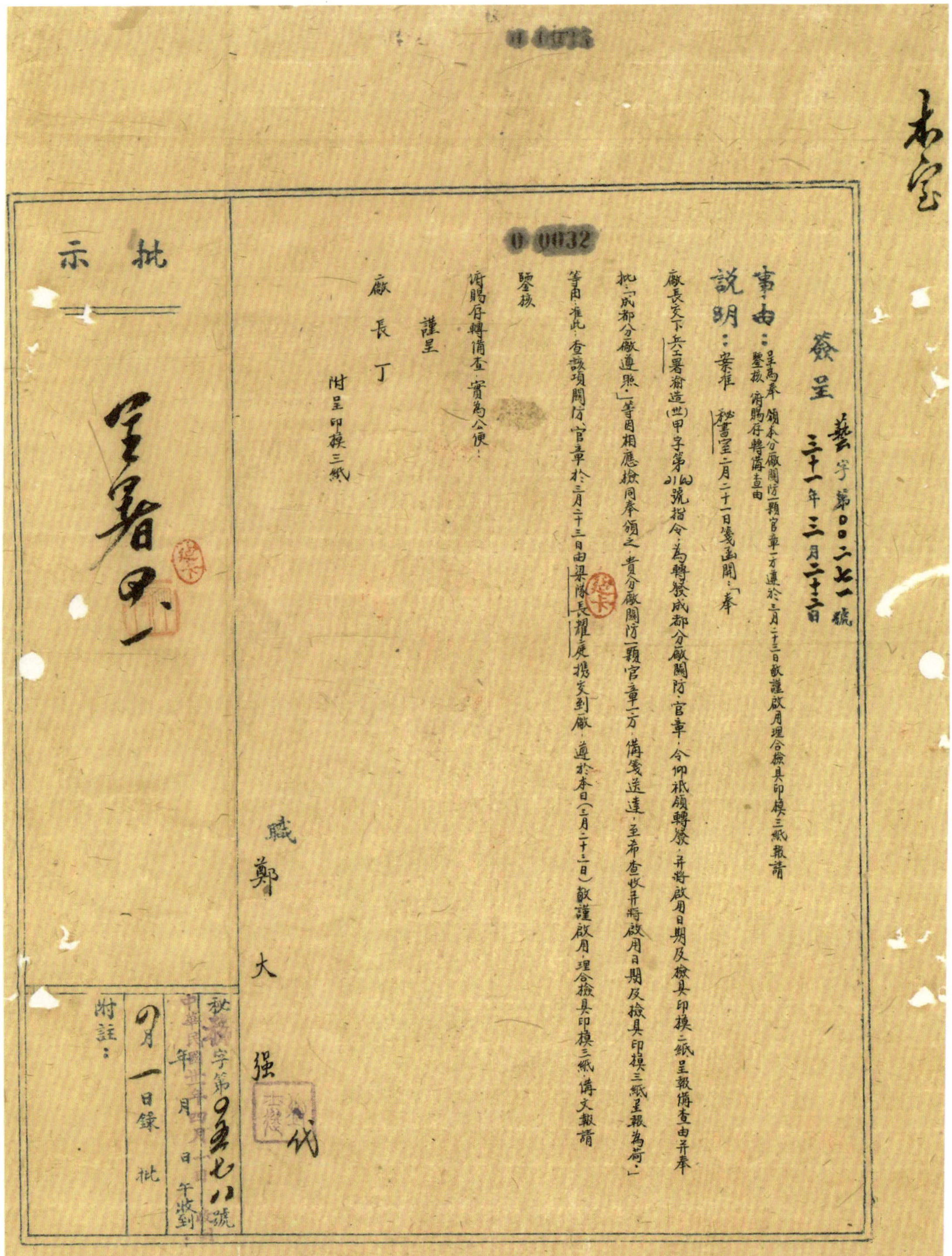

0 0032

簽呈　藝字第〇〇二七一號　三十一年三月二十三日

事由：呈為奉頒本分廠關防一顆、官章一方，遵於三月二十三日敬謹啟用，理合檢具印模三紙報請鑒核，俯賜存轉備查由

說明：案准秘書室二月二十一日箋函開：「奉廠長交下兵工署渝造（卅）甲字第2162號指令，為轉發成都分廠關防、官章，令仰祗領轉發，并將啟用日期及檢具印模二紙呈報備查由，并奉批：『成都分廠遵照』，等因，相應檢同奉頒之貴分廠關防一顆、官章一方，備箋送達，至希查收，并將啟用日期及檢具印模三紙呈報為荷」等由，准此。查該項關防、官章於三月二十三日由梁隊長耀庭攜交到廠，遵於本日（三月二十三日）敬謹啟用，理合檢具印模三紙，備文報請

鑒核，俯賜存轉備查，實為公便。

謹呈

廠長丁

附呈印模三紙

職鄭大强

批示

附註：

秘字第0578號　中華民國卅一年四月　日　午收到

四月一日錄　批

军政部兵工署第五十工厂为报送该厂沿革概略致兵工署制造司的笺函（一九四二年七月四日）

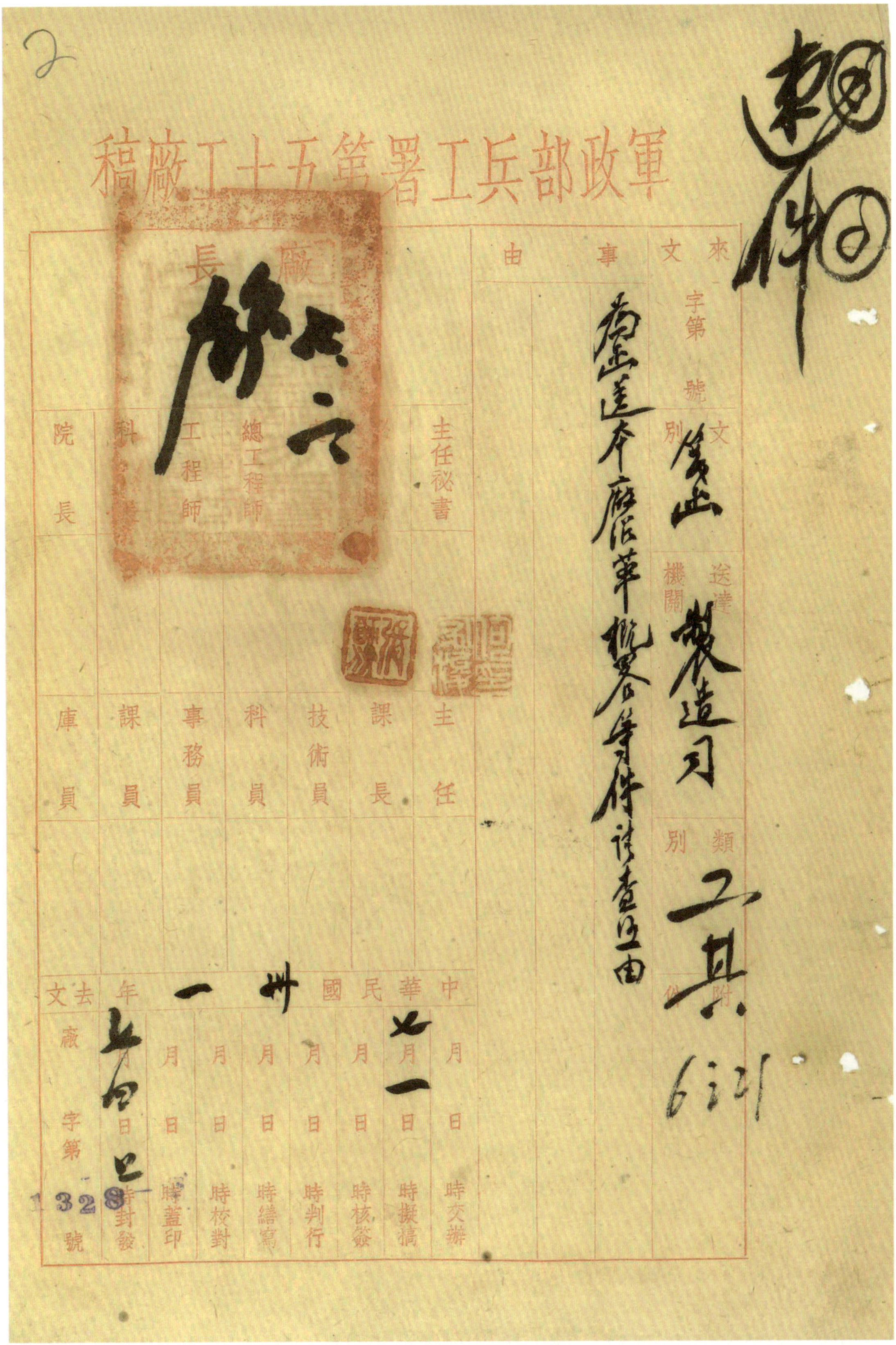

251

箋函

案准

貴司渝製（31）甲字第6237號箋函，為現擬編纂本廠大事記，屬將本廠沿革（包括歷年出品名稱組織系統員工人數及歷任廠長姓名）編送參考等由；自應照辦，相應檢同各件，隨函送達，即希

查照為荷！

此致

製造司

附送本廠沿革概略一紙

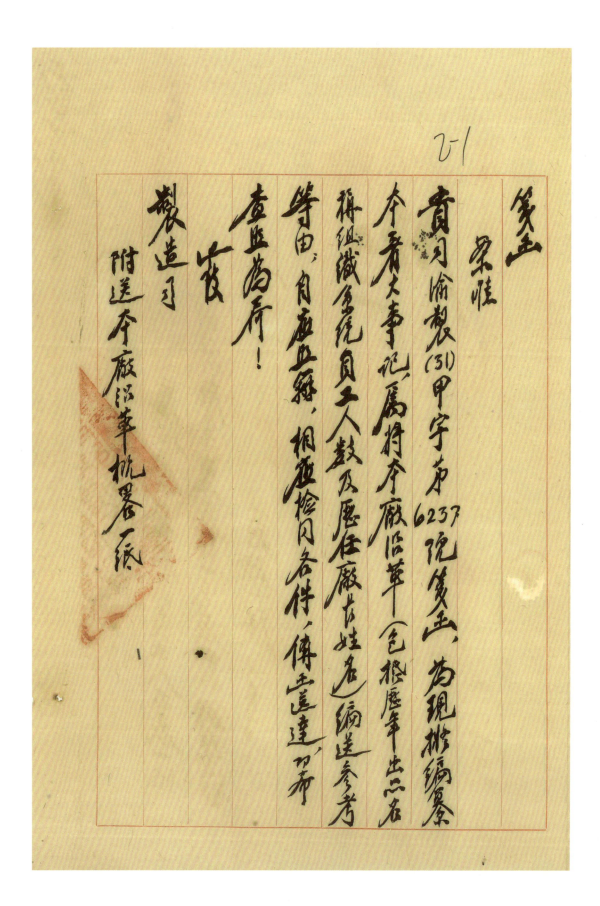

3

組織系統表一紙

歷任廠長姓名及員工人數表一紙

歷年出品名稱一覽表一份（附廠誌）

（廠戳）啓

七月一日

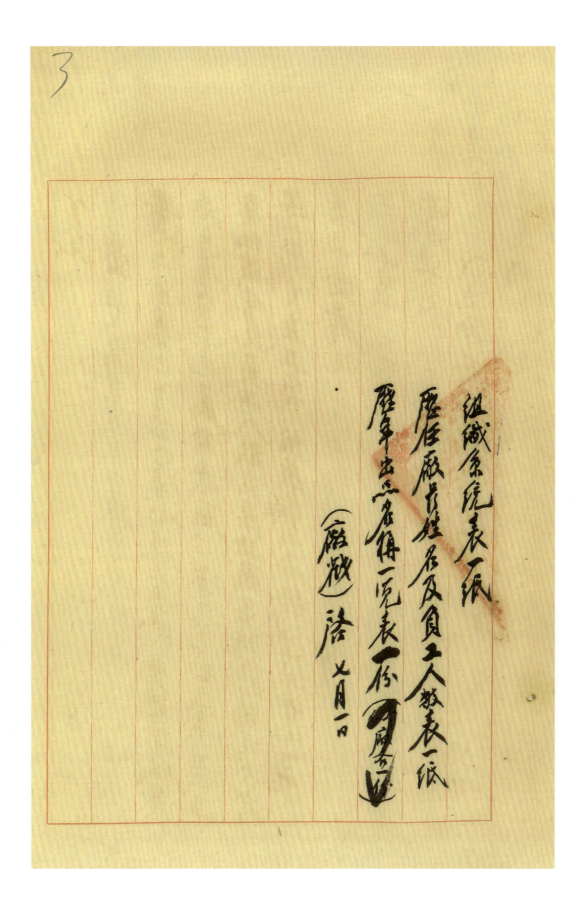

4

照抄一份隨

呈送裁造刁

軍政部兵工署第五十工廠沿革概略

二十二年七月，廣東第一集團軍總司令部與德商漢史克蘭訂立合同，指定在廣州琶江口南部地段建築（1）砲廠（2）砲彈廠（3）炸藥廠（4）防毒面具廠，估定總價為港幣五十六萬九千八百元，嘗時即成立籌建工廠辦事處，派鄧演存、周君負責為正副主任。二十五年七月，改為廣東第二兵器製造廠，由第四路軍總司令部派鄧演存為廠長，嗣與中央往返商洽，移交中央接管，旋於十一月成立廣東第二兵工廠接收委員會，派鄧演存為

軍政部兵工署第五十工廠

主任，江杓為副主任，并設置總務、工務、建築、會計等四組，二十六年六月一日，正式成立廣東第二兵工廠，令派江杓為廠長，并遵奉核頒編制，分置廠長辦公廳及會計、工務、職工福利等三處，材料保管、檢驗、採購、地產等四科，暨警衛隊，迨抗戰軍興，廠址奉令移川，仍沿舊制，於二十七年五月一日，遵改本廠名稱為軍政部兵工署第五十工廠，并擇定四川江北縣郭家沱地點，建築廠房，大致均已就緒，開工製造，迄經數載，

本廠沿革之概畧也。

軍政部兵工署第五十工廠

5

此抄一份随
函送報造司

軍政部兵工署第五十工廠歷年出品名稱一覽表

年度	出品名稱	備攷
二十八年	十年式7.5公分山砲彈 15公分迫擊砲彈 代友廠承造各種樣板	
二十九年	十年式7.5公分山砲彈 三八式7.5公分野砲彈 15公分迫擊砲彈 代友廠承造各種樣板	
三十年	50倍三七平射砲	

軍政部兵工署第五十工廠

51

修改十五公分迫擊砲
克式卅年7.5公分山砲彈
十年式7.5公分山砲彈
三八式7.5公分野砲彈
15公分迫擊砲彈
代友廠承造各種標板
明密電碼互譯機樣標總
車床等標樣器
手榴彈拉火綫
六公分迫擊砲彈

軍政部兵工署第五十工廠

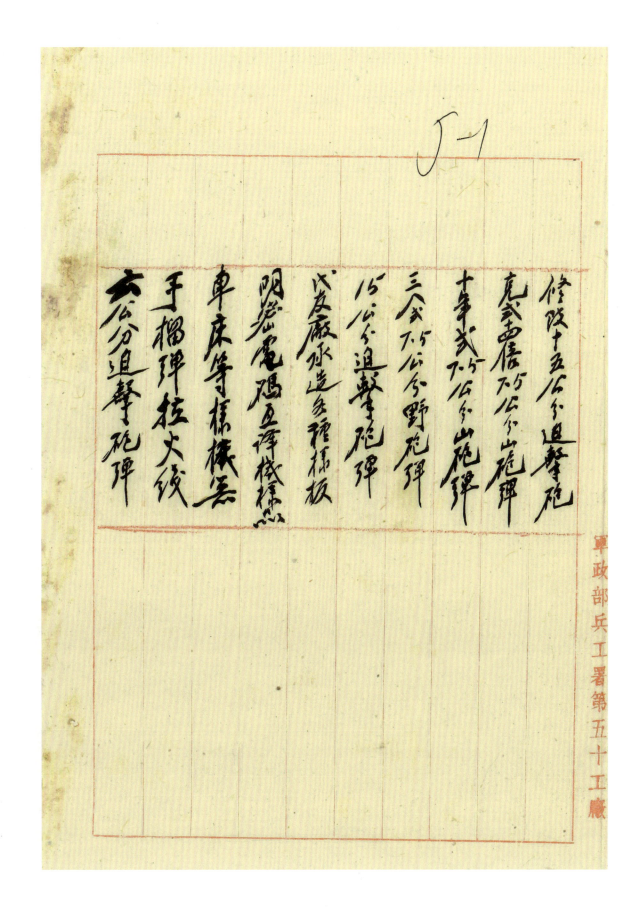

6

三十一年
上半年度

50倍三七平射砲
卅式六公分追擊砲
克式十四倍7.5公分山砲彈
十年式7.5公分山砲彈
三八式7.5公分野砲彈
15公分追擊砲彈
民友廠承造各種樣板
車床等標樣器
六公分追擊砲彈
四公分七追擊砲彈

軍政部兵工署第五十一工廠

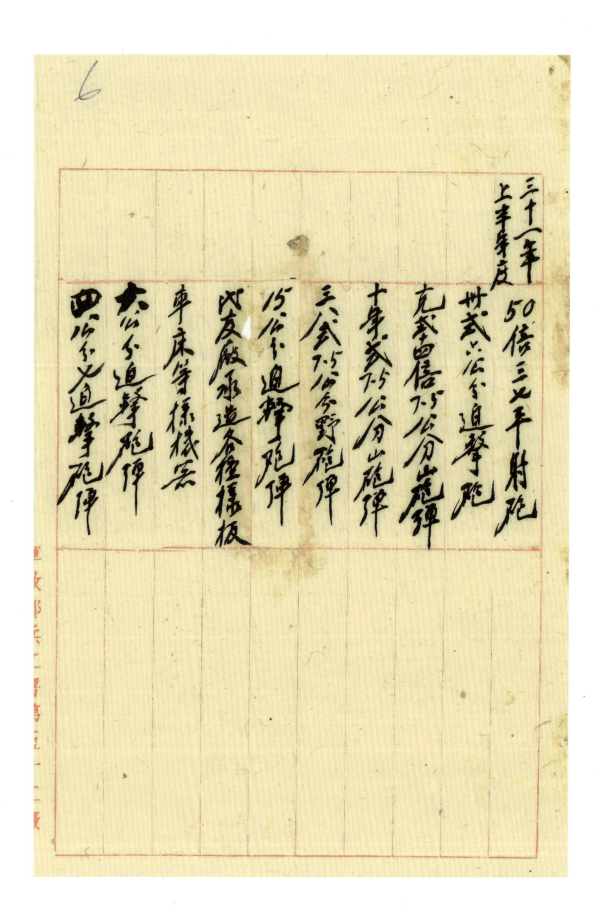

6-1

硫磺

生鐵

（附註）本廠尚有本廠歷年代修各式大砲、砲彈，及造繳卅公分各式空包彈、15公分教練彈、練習彈等，均未列入。合併註明。

軍政部兵工署第五十工廠

業務處
隨函呈報
造冊

軍政部兵工署第五十工廠歷任廠長姓名及員工人數表

歷任廠長姓名	現有職員人數	現有工人人數	備考
江杓 丁天雄	四六七	二一九一	

郑大强为检送成都分厂紧缩计划检讨表致丁天雄的签呈（一九四三年四月二十日）

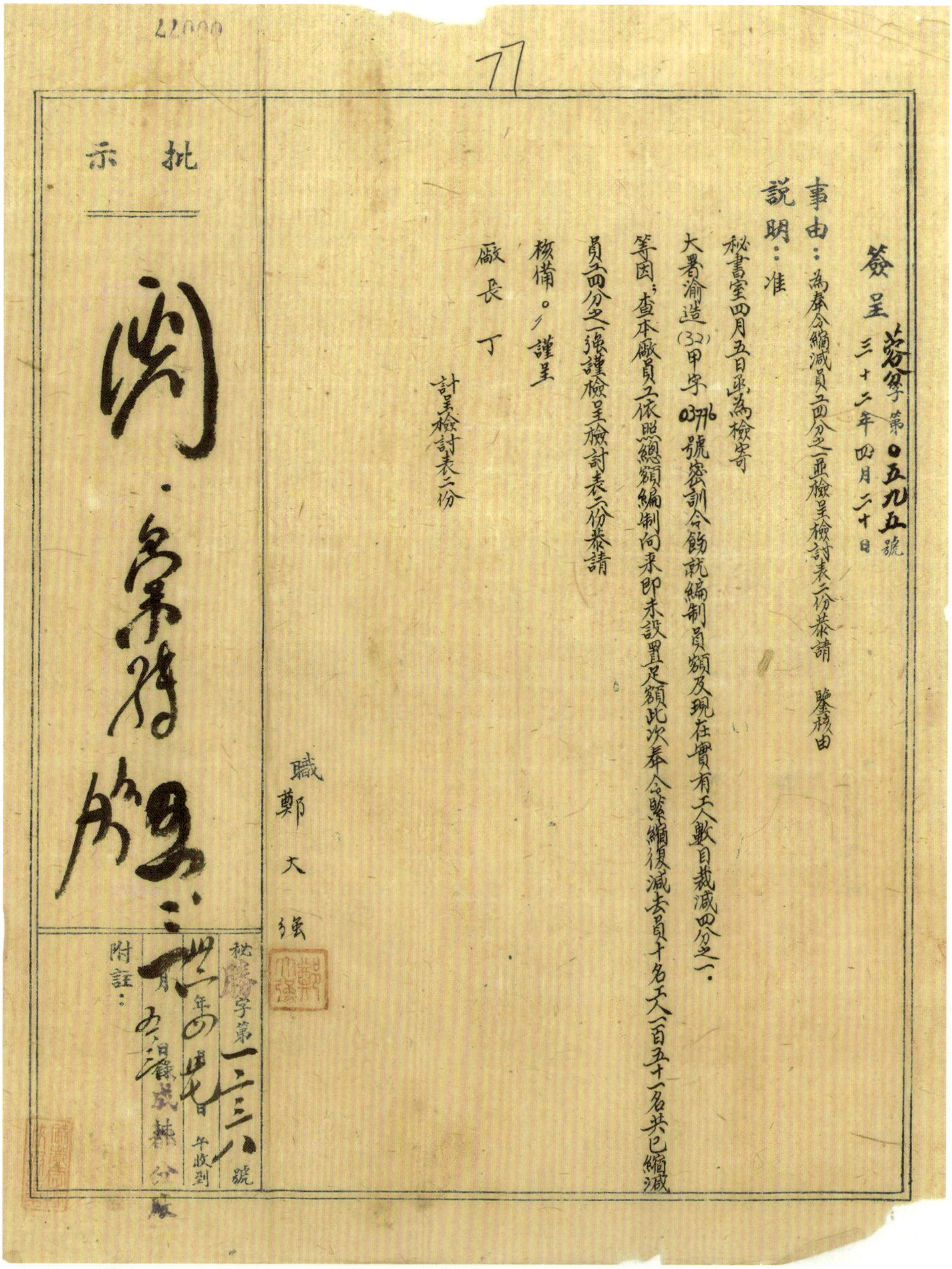

簽呈　蓉字第〇五九五號　三十二年四月二十日

事由：為奉令緊縮員工四分之一並檢呈檢討表二份恭請　鑒核由

說明：准

秘書室四月五日函為檢寄

大署渝造(32)甲字03776號密訓令飭就編制員額及現在實有工人數目裁減四分之一

等因；查本廠員工依照總額編制向來即未設置足額，此次奉令緊縮復減去員十名工人一百五十一名，共已縮減

員工四分之一強，謹檢呈檢討表二份恭請

核備。謹呈

廠長　丁

計呈檢討表二份

職　鄭大強

批示：閱。案存。

秘勝字第一二三八號　卅二年四月廿二日午收到

附註：

00078

軍政部兵工署第五十工廠成都分廠緊縮計劃檢討表

機關名稱		五十兵工廠成都分廠
主管姓名		鄭大強
駐地		成都
任務		主任
員額	編制 官佐	167
	編制 士兵夫	51
	編制 工人	2200
	現有 官佐	137
	現有 士兵夫	13
	現有 工人	1559
緊縮後員額	官佐	127
	士兵夫	12
	工人	1408
實施規定		依[illegible]兵工署渝造(32)[illegible]字第[illegible]號[illegible]訓令辦理
緊縮後總編制裁減之百分比		25/100
備考		
附記		

军政部兵工署第五十工厂为检送编制草案及经费表致兵工署制造司的代电（一九四三年五月十五日）

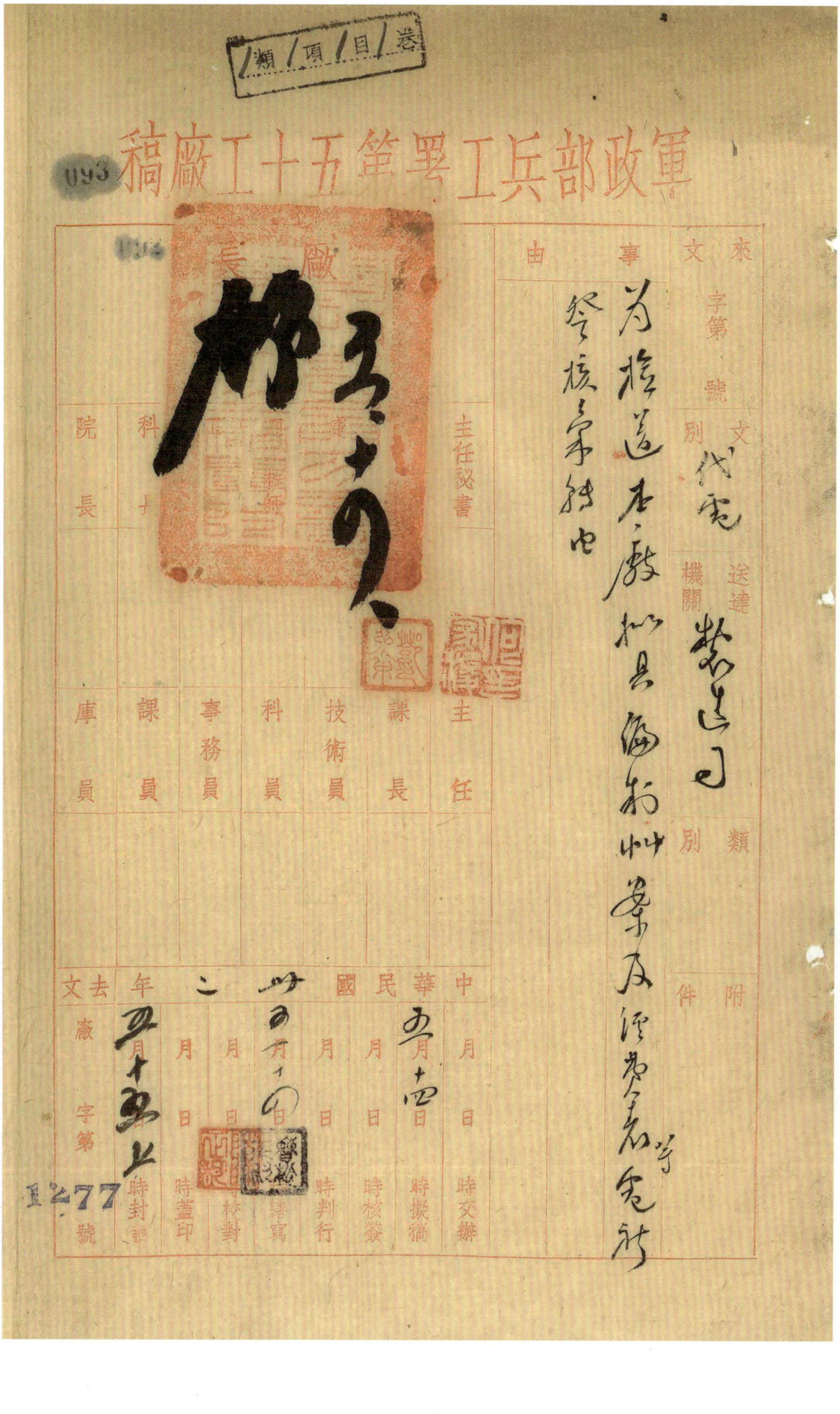
1類 1項 1目 1卷

軍政部兵工署第五十工廠稿

來文字第號	文別	送達機關	類別	附件	事由
	代電	製造司			為檢送本廠編制草案及經費表等電請鑒核示遵由

廠長　主任秘書　院長　科長

主任　課長　技術員　科員　事務員　課員　庫員

中華民國卅二年

時交辦	時擬稿	時核發	時判行	時繕寫	時校對	時蓋印	時封發
月日	五月十四日	月日	月日	五月十四日	月日	月日	五月十五日

去文廠字第1277號

P4

代電

製造司楊司長鈞鑒：渝製紀甲字第5577號
函敬悉。本廠調整編制案業經按照各項
原則擬具中心廠區地圖及廠房面積圖等繪晒
需時未及依期送上，茲於前陳廠區全圖
及廠房面積圖仍俟日内晒就再行補送外，
特先將編制草案及一二三月份製造費收入資表
支出比較明細表送請鑒核，案轉印祈查照為
荷。第丁〇〇寅印 附編制草案二冊 并送
費收入及薪津支出比較表一份

軍政部兵工署第五十工廠編制草案

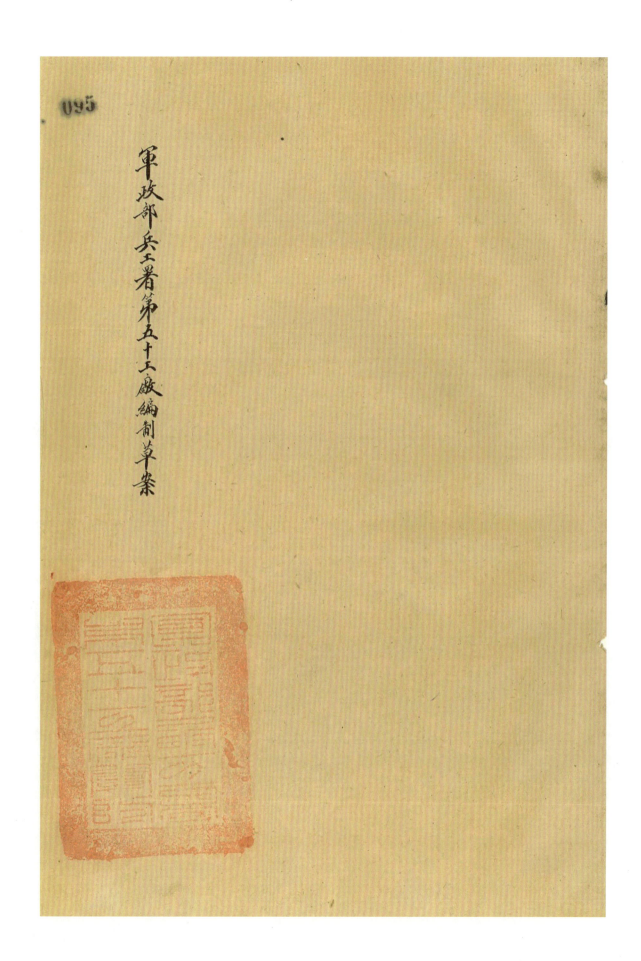

096

軍政部兵工署第五十工廠編制草案

職別	階級（月支薪額）	員額	備考
廠長	簡五—簡三	一	
主任秘書	薦三—簡六	一	
辦公廳			
主任		一	主任秘書兼
秘書	薦四—薦一	一	秉承廠長主任秘書命令處理一切有關技術文件
秘書	二四〇—三六〇	三	典守印信、審核及撰擬機要文件
司書	六〇—一二〇	二	繕寫機要文件
文課課長	二六〇—三〇〇	一	秉承廠長主任秘書命令主持本課一切事宜

軍政部兵工署第五十工廠公文紙

	課員	八〇—一六〇	四	掌管卷檔、收發文件、撰擬文稿
書	課員	一二〇—二〇〇	三	收發文件、撰擬文稿
	譯電員	一二〇—二〇〇	一	撰擬及譯發電報
課	司書	六〇—一二〇	四	繕寫文件
人	課長	一六〇—二〇〇	一	
	課員	八〇—一六〇	二	一、審核全廠職員人事 一、考查全廠工人人事
事	課員	一二〇—二〇〇	四	一、辦理職員任免及銓資、一辦理職員獎懲 一、辦理工人考驗、一辦理工人懲獎
	課員	八〇—一六〇	三	一、辦理職員休假及撫卹 二、辦理工人休假及撫卹
課	司書	六〇—一二〇	四	繕寫及登記本課一切文件
統	課長	薦十—薦四 或月支薪額	一	

	課員	委二	薦八	二	一、調查全廠人員物品一切動態 一、設計繪製各種圖表
計	課員	委六	委一	四	繪製各種統計圖表
	課員	委八	委三	二	勷助登記繪製各項統計圖表
課	司書	六〇	一二〇	二	繕寫及登記本課一切文件
廠	課長	二六〇	三〇〇	一	主持全課行政事宜
務	課員	一八〇	二六〇	一	對外交際應接事宜
	課員	一〇〇 八〇	一八〇 一二〇	三 二	傳達公役長夫之管理訓練 文具雜物收發驗收及報銷之管理
課	司書	六〇	一〇〇	二	繕寫文件及油印表章等文件
購	課長	薦十	薦四	一	因廠址距城窎遠購置課人員全部在渝辦公課長職務除辦理全課購置行政外尚須主持駐渝通訊處事務
	課員	委六	薦八	三	一、協理課長辦理採購物料及製造用品之洽商事宜 一、協理課長辦理通訊處事務及辦理文書撰擬中西文函件 一、專任會計出納及單據簿籍保管等事宜

軍政部兵工署第五十工廠公文紙

87-1

	課員	委八	委二	二	一、採購五金材料及訂製五金機件及製造品之技術上各事 一、辦理採購燃料事務及調查各礦商供應情形事宜
置	課員	委八	委二	二	一、驗收各商號送交之物料及檢驗、保管並洽領署料事宜 一、調查物價金融資源及價格比較編製統計圖表事宜
	課員	委八	委二	二	一、採辦東慶方面零星雜料及助理外埠採購人員一切事務 一、採辦外埠各產區物料及運輸事宜
	事務員	六〇	一二〇	三	一、協助辦理會計統計及請購單驗收單之登記並各項核銷事宜 一、管理課內及通訊處零星事務及登記簽合同等事 一、押運經購物料送廠交庫等事
課	司書	五〇	一〇〇	二	一、收發文件及登記保管案卷等事項 一、繕寫文件及報表合同等事項
出	課長	二〇〇	三〇〇	一	秉承廠長命令主持本課一切事宜
	課員	一八〇	二六〇	二	辦理銀行提存款項及匯兑等事 掌管金櫃職司現金出納等事
納	課員	一四〇	二〇〇	二	登記現金出納日記帳及銀行往來帳 發関文案及編製有關出納表冊
	課員	一〇〇	一八〇	三	結算及發放員工兵伕等薪津米代金及整待發薪餉
室	司書	六〇	一二〇	二	膳寫有關各課往來文件 收發傳票及薪餉等表冊

營繕課	工程師兼課長	薦六—薦二	一	綜理全課一切事宜
	工程師	薦十—薦四	一	司營繕工程之設計及考核事宜
	副工程師 助理工程師	委八—委一	四	一司工程件工之計算、一司工程之設計及測量、一司件工工資之計算及工程之統計、一司工程之設計及測量、
	工務員	委十六—委九	二	司各項圖表之繪製事宜
	課員	一二〇—二〇〇	二	一司文稿撰擬及保管圖表儀器等事宜 一司收發保管建築材料工具等事宜
	司書	六〇—一二〇	二	一司文件收發及繕寫事宜 一司材料工具月報表件工工資彙計表之繕寫
運輸課	課長	二六〇—三〇〇	一	掌管本課一切事宜
	課員	一八〇—二六〇	一	輔助課長辦理課內一切事宜
	〃	一六〇—二四〇	四	一、辦理廠內運輸事宜如各所材料之供應 一、辦理廠外運輸及僱船船費之核付等事宜
	〃			一、辦理交通如車船調度及管理等事宜 一、辦理課內擬稿收發檔卷保管等事宜

軍政部兵工署第五十工廠公文紙

P8-

輸	〃	一六〇—二四〇	四—五	提運材料解繳成品及一切外勤事宜
	〃	一二〇—二〇〇	四—五	仝右
	〃	六〇—一〇〇	二	一繕寫文件與文具領發保管 二辦理運廠材料交庫驗收
	（運輸隊長）〃	一二〇—一八〇	一	管理運輸工人之訓練衛生及勤惰考核工人服裝用具領發保管事宜
	〃	六〇—一〇〇	一	助理運輸隊長辦理運輸隊一切事宜
課	〃	一〇〇—一四〇	二	一專司汽車管理及汽車上之一切技術問題 一專司汽船管理及汽船上之一切技術問題
成	庫長	薦十—薦四	一	督促並指導員工辦理全庫成品收發及保管等事宜
	工程師或副工程師	委三—薦八	一	協助庫長辦理成品收發及保管事宜
品	副工程師或助理工程師	委六—委一	二	承庫長之命負責管理庫務
庫	庫員	八〇—一六〇	四	登記賬冊填造表冊點收及押運成品等事宜

099

工務處

處	長	薦二—簡六	一
處	處員	一八〇—二六〇	一
	〃	一二〇—二〇〇	二
本	事務員	八〇—一四〇	二
	〃	六〇—一〇〇	二
部	司書	五〇—八〇	二
技	總工程師	薦二—簡六	一
	工程師	薦六—薦一	四
	〃	薦十—薦六	四

PP-1

術	副助理工程師	委八—委一	一六	
	繪圖員	委十六—委九	八	
	事務員	八〇—一四〇	一	
	〃	六〇—一〇〇	二	
室	司書	五〇—八〇	二	
工	課長	薦四—薦二	一	
	工程師	薦十—薦三	一	協助課長辦理一切事宜
作	副助理工程師	委八—委一	四	計算材料二管理圖樣一對外洽辦材料一
準	工務員	委十六—委九	二	計算材料
備	課員	八〇—一四〇	一	辦稿紀錄

100

	〃	六〇—一〇〇	一	登記收發及雜務
課	司書	五〇—八〇	一	繕錄工作
工	課長	薦四—薦二	一	
	工程師	薦十—薦三	一	協助課長辦理一切事宜
作	副（助理）工程師	委八—委一	四	辦理支配工作出品統計
支	工務員	委十六—委九	二	辦理支配工作
配	課員	八〇—一四〇	一	辦稿記錄
	〃	六〇—一〇〇	一	文件收發及工作單收發
課	司書	五〇—八〇	二	繕寫工作單
工	課長	薦四—薦二	一	

軍政部兵工署第五十工廠公文紙

100-901

	工程師	薦十一薦三	一	協助課長辦理一切事宜
料	副工程師 助理工程師	委八一委一	五	預祘及考核件工與監時
預	工務員	委十六一委九	二	仝右
算	課員	八〇一一四〇	一	辦稿記錄
	〃	六〇一一〇〇	二	核對件工彙計表
課	司書	五〇一八〇	一	繕寫
物	庫長	薦十一薦四	一	
	副工程師	委四一委一	二	主持分庫
料	工務員	委十六一委九	二	襄辦分庫
	庫員	一〇〇一二〇〇	四	統計及記帳

	庫員	八〇—一四〇	四	記帳造冊月報驗收
庫	司書	五〇—八〇	二	仝右
技	教務主任	委三—薦五	一	
工	副工程師	委四—委一	六	授課及實習指導
	事務主任	一二〇—二四〇	一	
學	事務員	六〇—一〇〇	二	管理宿舍伙食雜務
校	司書	五〇—八〇	一	繕寫
	主任	薦四—薦一	一	新電廠透平發電機發電在即須晝夜供電值班管理新成立之發電廠管理處人員包括在內
水	工程師	薦十—薦三	二	因之擬如上數
電	副工程師 助理工程師	委八—委一	八	

101-1

	職別	級別	人數	職務
所	事務員	八〇——一四〇	一	
	〃	六〇——一〇〇	二	
第	主任	薦四——薦一	一	
一	工程師	薦十——薦三	一	協助主任辦理一切技術事宜
製	副工程師助理	委八——委一	六	廠房管理
造	工務員	委十六——委九	四	所本部檢驗工作及登記與計算件工
所	事務員	八〇——一四〇 六〇——一〇〇	二 二	登記材料半成品及雜務
第	主任	薦四——薦一	一	
二	工程師	薦十——薦三	一	協助主任辦理一切技術事宜
製	副工程師助理	委八——委一	四	銅殼部彈體部各一，檢驗工作二人

102

造	工務員	委十六—委九	二	檢驗及登記計算件工
所	事務員	八〇—一四〇	一	登記材料及半成品
彈夾所	〃	六〇—一〇〇	二	登記材料半成品及雜務
第	主任	薦四—薦一	一	
三	工程師	薦十—薦三	一	協助主任辦理一切技術事宜
製	副 助理工程師	委八—委一	二	自動車部一，檢驗工作一，
造	工務員	委十六—委九	二	裝配工作及計算件工
所	事務員	八〇—一四〇	一	登記材料半成品
引信所	〃	五〇—一〇〇	二	仝右
第	主任	薦四—薦一	一	

軍政部兵工署第五十工廠公文紙

102-1

四	工程師	薦十一—薦三	一	協助主任辦理一切技術事宜
製	副工程師 助理工程師	委八—委一	三	鍛工、焠火、調質各一，檢驗工作一，
造	工務員	委十六—委九	二	檢驗工作並登記件工
所	事務員	八〇—一四〇	一	登記材料半成品
鍛工所	〃	五〇—一〇〇	二	仝右及雜務
第	主任	薦四—薦一	一	
五	工程師	薦十一—薦三	一	協助主任辦理一切技術事宜
製	副工程師 助理工程師	委八—委一	二	鑄銅部一，鑄鉄部一，
造	工務員	委十六—委九	二	仝右
所	事務員	八〇—一四〇	一	登記材料鑄件

103

鑄工所	事務員	五〇——一〇〇	二	仝右及雜務
第六製造所	主任	薦四——薦一	一	
	工程師	薦十——薦三	一	協助主任辦理一切技術事宜
	副工程師助理	委八——委一	四	管理廠房工作及營建工作繪圖估計監工事項
	工務員	委十六——委九	二	繪圖估計及監工
	事務員	八〇——一四〇	二	登記材料成品
木工所	事務員	五〇——一〇〇	二	登記材料及雜務
第七製	主任	薦四——薦一	一	
	工程師	薦十——薦三	一	協助主任辦理一切技術事宜
	副工程師助理	委八——委一	四	砲彈裝配部及引信底火裝配部各一

軍政部兵工署第五十工廠公文紙

造	工務員	委十六—委九	二	檢驗工作
所	事務員	八〇—四〇	一	登記材料半成品
火工所	事務員	五〇—一〇〇	二	同 右及雜務
第	主任	薦四—薦一	一	
八	工程師	薦十一—薦三	一	協助主任辦理一切技術事宜
製	創助理工程師	委八—委一	四	管理機鉗工部及工具焠火等事項
造	工務員	委十六—委九	二	機鉗工部及工具焠火部各一
所	事務員	八〇—四〇	一	登記材料工具
火具所附屬爆發	事務員	五〇—一〇〇	二	仝 右及雜務
第	主任	薦四—薦一	一	

104

九	工程師	薦十——薦三	一	協助主任辦理一切技術事宜
製	副/助理工程師	委八——委一	六	機工鉗工及測量訓練
造	工務員	委十六——委九	二	測繪工作
所	事務員	八〇——一四〇	一	登記材料樣板
樣板所附精確研究室	事務員	五〇——一〇〇	二	仝右及雜務
第	主任	薦四——薦一	一	
十	工程師	薦十——薦三	一	協助主任辦理一切技術事宜
製	副/助理工程師	委八——委一	三	機械鉗工部
造	工務員	委十六——委九	二	登記件工及檢驗工作
所	事務員	八〇——一四〇	一	登記材料半成品

軍政部兵工署第五十工廠公文紙

104-1

修配所〃	五〇——一〇〇	二	仝右及雜務
檢驗科			
科長	薦三——簡六	一	秉承廠長之意主持本科一切事宜
工程師	薦十——薦四	二	担任物理化學及機械等技術事宜
科員	一〇〇——二〇〇	一	承辦文稿及科長交辦事宜
事務員	八〇——一〇〇	二	管卷撰稿收發繕寫及交際等事務
成品檢驗室主任	薦八——薦三	一	秉承科長之意主持本室一切事宜
工程師	薦十——薦四	四	辦理及檢驗膛内外彈道性能與火砲之射擊及成品檢驗等事宜
副工程師助理	委十——委一	五	協助檢驗彈藥火砲與射擊氣候觀察及場地測量管理射擊場炮庫及準備試砲等事項
事務員	六〇——一〇〇	二	辦理文書與事務

105

理化試驗室主任	薦八——薦三	一	秉承科長之意主持本室一切事宜
工程師	薦十——薦四	二	指導材料之物理化學性質試驗及研究
副工程師 助理工程師	委十——委一	六	作材料之物理化學性質之試驗及研究 襄助材料之物理與化學性質之試驗及研究
事務員	六〇——一〇〇	二	辦理文件與事務
半成品檢驗室主任	薦八——薦三	一	秉承科長之意主持本室一切事宜
工程師	薦十——薦四	三	砲與砲彈及銅売引信等項之製造及檢驗
副工程師 助理工程師	委十——委一	六	鑄工鍛工之製品及工具樣板之製修配火工作業砲彈砲件 與銅売引信等半成品之收發檢驗及保管事宜
事務員	六〇——一〇〇	二	辦理文書及事務
職工福利處			
處長	三六〇——四〇〇	一	綜理全處事宜

軍政部兵工署第五十工廠公文紙

處	員	一八〇——二六〇	二	輔助處長研究調查及設計各項事宜並辦理處內外重要文件
〃	〃	一八〇——二六〇	一	文件收發及校對
司	書	六〇——一〇〇	一	繕寫文稿
訓	課長	二六〇——三〇〇	一	秉承處長掌理課務
	課員	一八〇——二六〇	二	辦理教育行政統計及計劃推行編纂刊物及員工精神教育
	〃	〃一八〇——二六〇	一	指導員工業餘運動組織各種球隊(全)徑賽國術等項舉辦各種競賽及表演
	〃	〃一八〇——二六〇	一	主辦員工公餘娛樂如平劇社話劇社樂隊歌詠隊棋奕等並監督指揮俱樂部浴室理髮廳等項
育	〃	〃一四〇——一八〇	一	主辦工人識字教育業餘補習班員工家屬工藝訓練班及民眾學校
	〃	〃一四〇——一八〇	一	協助處理俱樂部一切事宜
	〃	〃一四〇——一八〇	一	掌理圖書報章閱覽及保管

	司書	六〇——一〇〇	一	辦理登記收發及調製表冊繕寫事宜
	〃	六〇——一〇〇	一	繕寫呈報及識字牌普通文稿
課	〃	六〇——一〇〇	一	繕寫教學讀本油印鋼板及普通文件油印
供	課長	二六〇——三〇〇	一	綜理全課事項
	課員	一八〇——二四〇	一	主辦全廠職工膳宿事宜
	〃	一八〇——二四〇	一	主辦物資分配及軍糧食米報銷等事項
	〃	一八〇——二四〇	一	主辦〃代金領發事宜
	〃	一八〇——二四〇	一	主辦糧食收發及儲運
	〃	一八〇——二四〇	一	主辦會計事宜
	〃	一四〇——一八〇	二	協辦物資分配及軍糧食米報銷

軍政部兵工署第五十工廠公文紙

106-1

	"	"	四〇——八〇	一	辦理代金計算
應	"	"	四〇——八〇	一	洽領糧食及其他派遣
	"	"	四〇——八〇	一	協辦會計及收發蔬菜
	"	"	四〇——八〇	一	協辦會計
	"	"	六〇——一二〇	六	填發米證及造册
	"	"	六〇——一二〇	一	戶口調查及膳造宿名册
	"	"	六〇——一二〇	八	宿舍住宅分配管理及食堂管理
	"	"	六〇——一二〇	一	全廠人事登記及填發購貨證
	"	"	六〇——一二〇	一	押運
	"	"	六〇——一二〇	三	糧食收發及結算

107

課	司書	六〇　一〇〇	五	繕寫表冊
醫	院長	三六〇——四〇〇	一	
	醫師	二〇〇——三四〇	二	正副醫務主任分兼內外科主任醫師
	〃	一〇〇——三〇〇	九	
	藥劑師	八〇——一八〇	四	
	護士長	一〇〇——二〇〇	五	
	護士	八〇——一二〇	一七	
	助產士	一〇〇——一六〇	二	
院	事務員	八〇——一六〇	三	
農	場長	委二——薦五	一	綜管全場事宜

軍政部兵工署第五十工廠公文紙

林	副工程師 助理工程師	委八——委二	六	辦理本廠畜牧農林及種植蔬菜果並加工製作各項菜蔬作品
場	司書	六〇——一〇〇	一	
子	校長		一	
第	校務主任	一八〇——六〇	一	秉承校長之命執行校務
	訓導員	一四〇——八〇	三	助理校務主任分別辦理總校及分校與補習班教訓事宜
小	事務員	六〇——一〇〇	二	辦理全校事務
學	教員		得視所設學級需要聘任若干人	
	會計處			
處	長	薦三——薦一	一	
專	員	薦八——薦二	一	

108

處	員	委一——薦八	一
簿	課長	薦十一——薦三	一
記	課員	委四——薦八	三
	課員	委十一——委二	三
課	事務員	五〇——一〇〇	一
審	課長	薦十一——薦三	一
	課員	委四——薦八	三
核	課員	委十一——委二	三
課	事務員	五〇——一〇〇	一
成	課長	薦十一——薦三	一

軍政部兵工署第五十工廠公文紙

本計算課	課員	委四——薦八	四
	課員	委十一——委二	六
	事務員	五〇——一〇〇	一
工業計算課	課長	薦十——薦三	一
	課員	委四——薦八	四
	課員	委十一——委二	六
	事務員	五〇——一〇〇	一

附註 警衛稽查組及警衛大隊由兵工署警衛稽查處及警衛總隊部統一編撥另案呈核頒布

军政部兵工署第五十工厂为报告征用大兴场郭家沱民地情况致兵工署的呈（一九四三年八月十三日）

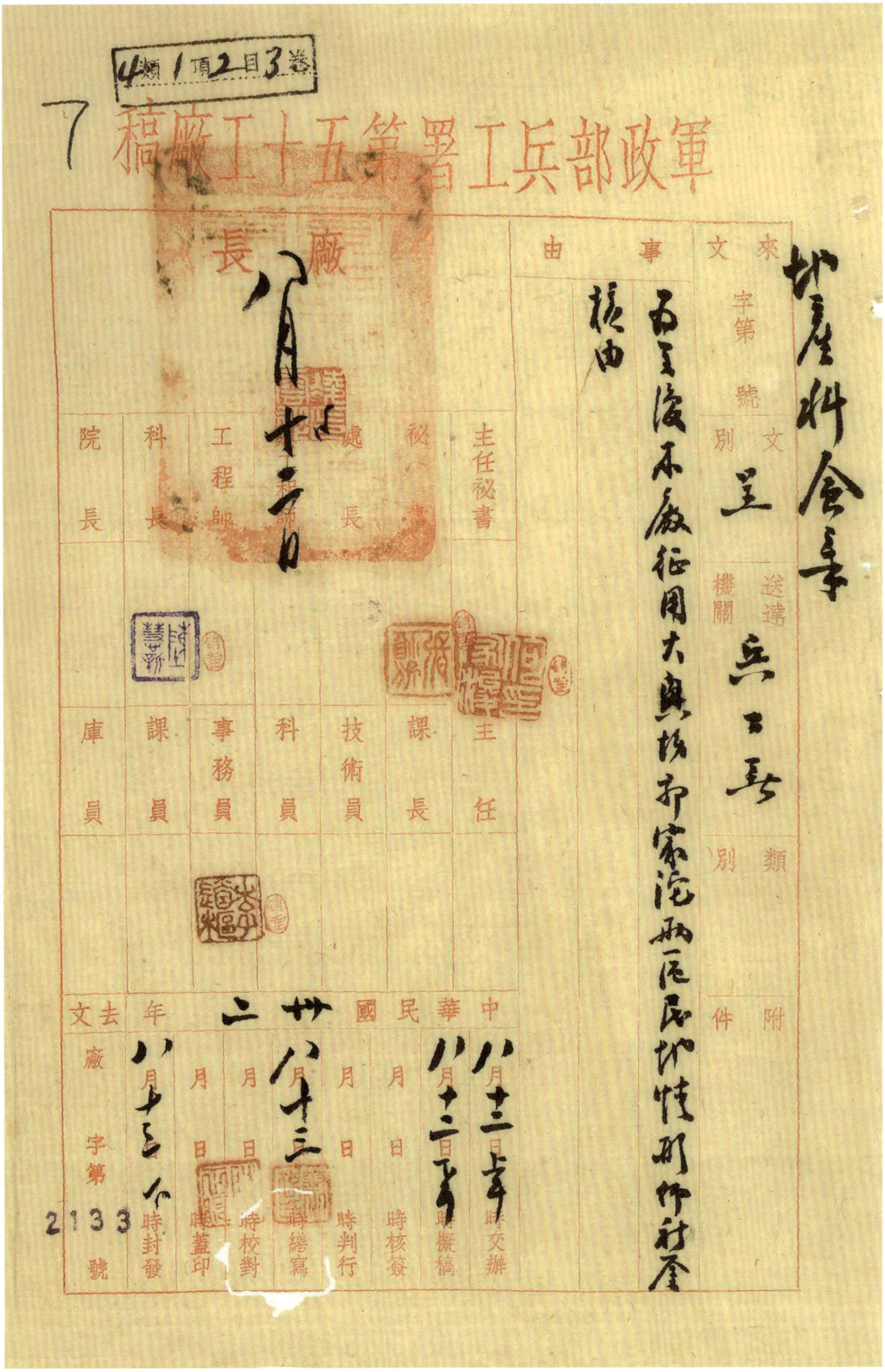
4類 1項 2目 3卷
7
軍政部兵工署第五十工廠稿
廠長 八月十三日
來文 字第 號
文別 呈
送達機關 兵工署
類別
附件
事由 為呈復本廠征用大興場郭家沱兩岸民地情形所作財產核由
地產科會簽
院長 科長 工程師 處長 秘書 主任秘書
庫員 課員 事務員 科員 技術員 課長 主任
中華民國卅二年去文
八月十三日交辦 八月十二日擬稿 月日時核簽 月日時判行 八月十三日時繕寫 月日時校對 月日時蓋印 八月十三日午時封發
廠字第2133號

7-1

呈

案奉

鈞署渝秘文(32)發字第521號訓令爲令飭查報有無不備價佔用耕地又不依法令報免賦等情事並因查本廠征用民地分大興場郭家沱兩區辦理計大興場區第一期征地面積爲六七三·六七市畝已由本廠按照協議價值計算於卅九年九月間彙交巴縣政府轉發所有第二期續征民地尚未給價惟區內[illegible]興建黃字住宅及子弟學校暨合作分社等處均已先行使用至郭家沱區之第一期征地面積爲一七八二·九三六市畝已由本廠按照協議價格分別

8

由发给各业主领讫，至第二期之续征民地亦未给价。惟范围内另
兴建洪宙宇住宅及大岚垭火工所厂房，业已先行使用，上项各
范围之征地令报免赋手续，均以主管部分人员不敷，尚未办理。除
一切未完手续已责成专员办理，以资结束外，奉令前因，理
合将征用民地情形备文先行呈复，仰祈
鉴核。谨呈
署长俞

第五十工厂厂长丁〇〇

军政部兵工署第五十工厂为报告举行续征大兴场第二期民地地价会情况致兵工署的呈（一九四三年十一月二十五日）

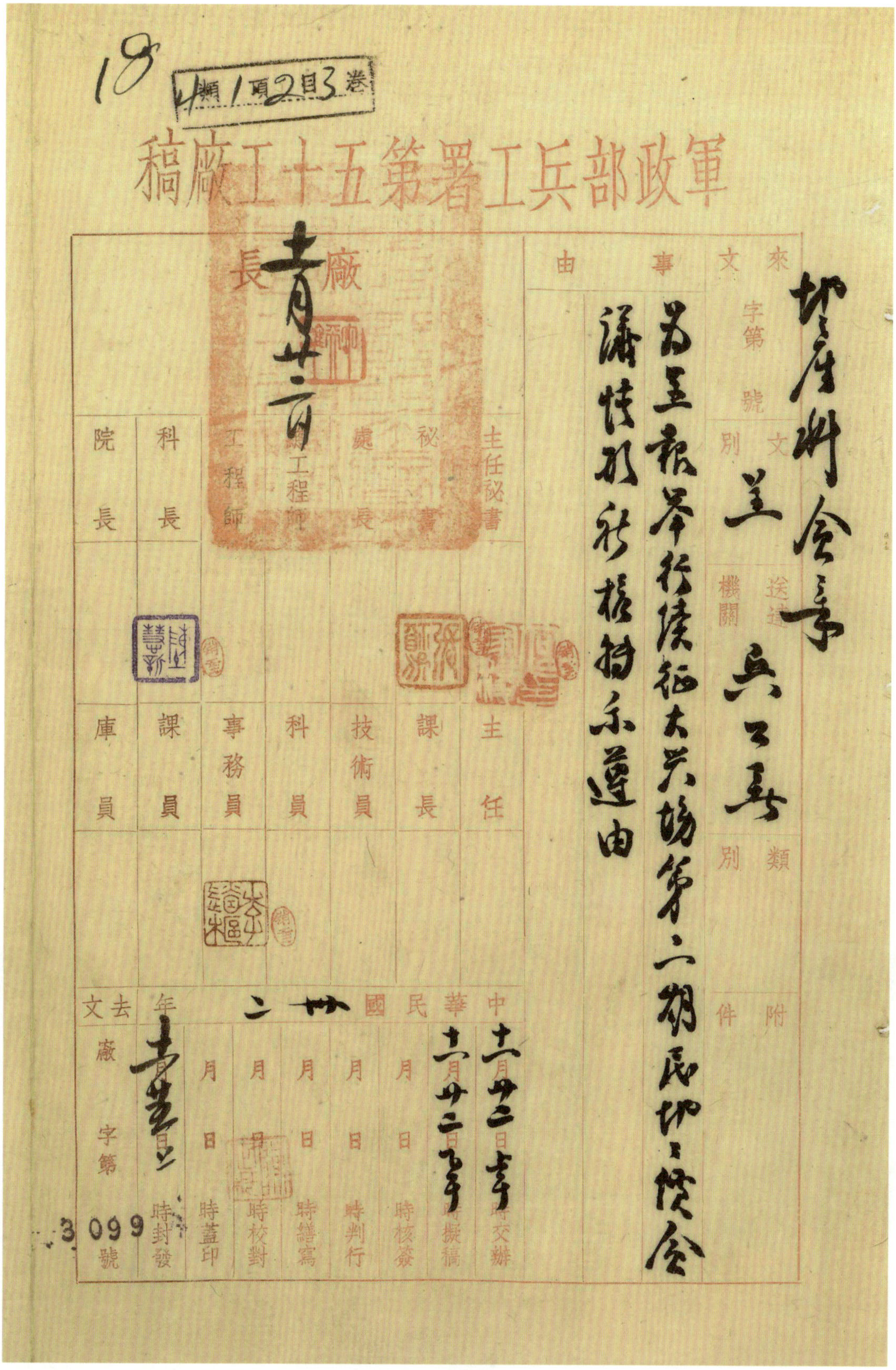
軍政部兵工署第五十工廠稿

事由：為呈報舉行續征大興場第二期民地地價會議情形祈核示遵由

送達機關：兵工署

中華民國三十二年十一月廿二日

3099

18-1

呈

查本廠續徵大興場第二期民地經於本月十五日下午三时舉行協議地價會議到會者計有軍政部代表胡芹大興場鎮公所代表蔣敏光暨業戶十五人開會時討論事項（一）本廠根據軍政部一般成例徵收出價計水田每畝壹仟元（水塘宅地同）旱地每畝捌百元荒地每畝叁百元山地每畝伍百元荒山每畝壹百伍拾元（二）業戶意見僉謂現在民間市價水田每畝漲至壹萬餘元市財政局估價收稅亦

19

係每畝全年餘之產物，係要求水田每畝貳千元餘，但廠方提價須加一倍。決議：事須由業主再調查軍政部一般征地成例，一面由廠方將業戶困苦及要求呈報核示後，再行通知開會解決等情，紀錄在案。理合將開會情形備文呈報，仰祈

鑒核，俯賜指示祇遵。謹呈

署長俞

第五十工廠廠長丁

军政部兵工署第五十工厂为报送全面抗战前大事记致兵工署的呈（一九四三年十二月二十一日）

006

1-10-1-7

軍政部兵工署第五十工廠稿

來文	字第 號
文別	呈
送達機關	兵工署
類別	
附件	
事由	為遵令編纂本廠大事記備文呈送鑒核由

廠長 十二月廿一日

主任秘書 秘書 處長 總工程師 工程師 科長 院長

主任 課長 技術員 科員 事務員 課員 庫員

中華民國	卅二年
交辦	月 日 時
擬稿	十二月廿日 時
核簽	月 日 時
判行	月 日 時
繕寫	十二月廿一日 時 戌
校對	月 日 時
蓋印	月 日 時
封發	十二月廿一日 午 時
去文	廠 字第 3403 號

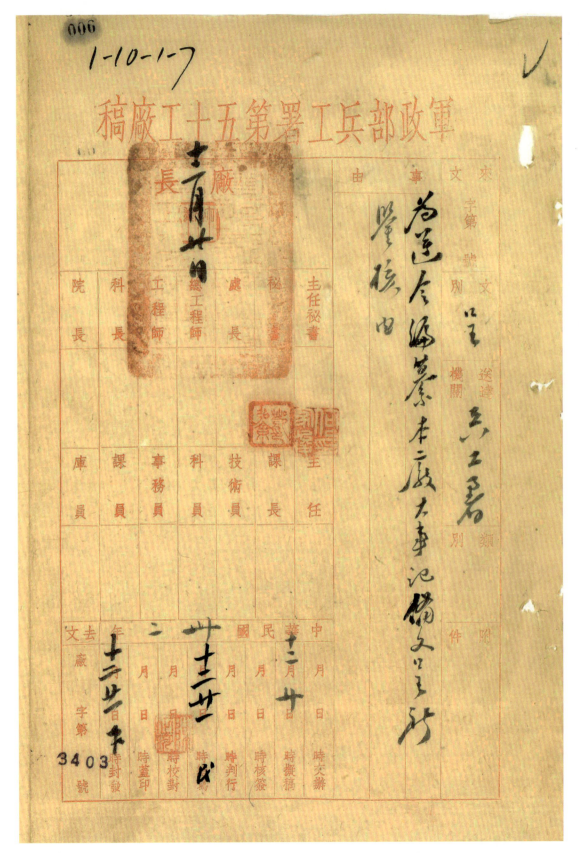

61

呈

案奉

钧署滇造(32)甲字第14645号训令开

案奉　部颁军政部大事记编纂办法

一份令行仰遵照为要

等因，兹谨遵将本厂抗战以前大事记先行编就

呈送，其抗战以后大事记俟编竣后再行

遵照呈报，理合备文呈请

鉴核

谨呈

署長俞

附第五十工廠大事記（抗戰前後）一份

（全銜名）

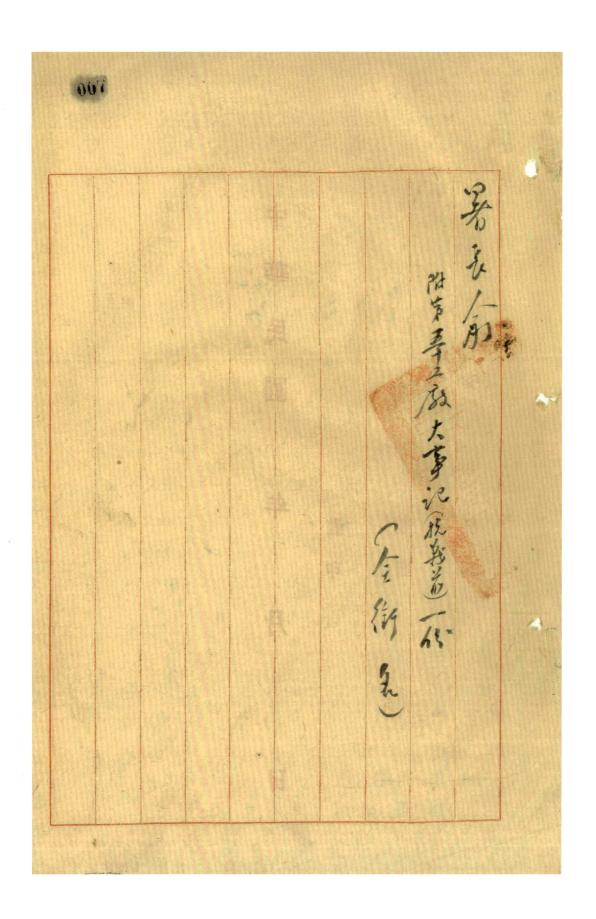

軍政部兵工署第五十工廠大事記

民國二十二年八月，混江兵工廠籌備委員會成立，以鄧演存為主任委員，何家澂、尚若珍、張式穀、王熙、卓希良等為委員。初，粵國民革命軍第四路總司令陳濟棠以粵省當謀製造重兵器工廠，因與德國合步樓公司簽訂合同，購辦機器，並以粵省清遠縣屬之混江鎮崗巒相接，地控水陸交通，深合建廠之需，遂指其地鳩工庀材，興建廠地基，是即籌

8-1

本廠所由遞嬗之琶江兵工二廠也。

民國二十二年九月籌備主任鄧演存同委員何家浚、閔若珍、張武、鄧卓、李良等赴德會同合步樓公司採辦機器。

民國二十四年一月，由德國運來機件，分批抵粵，而廠房亦次第完成，遂分別驗收裝置。

民國二十六年一月機器裝竣開始施工，先後製造成一〇·五榴彈砲、七·五公分

009

加農砲、七五山砲、步兵榴砲及砲彈引信等樣品。是時廠中員工四百餘人，德國籍技術人員約佔百分之十。

民國二十六年四月，潖江兵工廠由國民政府接收，劃入兵工署建制。組織接收委員會，鄧演存為主任委員，江杓副之，李式白、涂修梅等為委員。

初，潖江兵工廠向由粵省第四路軍總司令部管轄。二十六年兩粵政變既平，行政機構統一，廠遂收歸國

軍政部兵工署第五十工廠公文紙

8-1

有關入兵工署節略之。

民國二十六年六月一日，琶江兵工廠接收後，奉令易名為廣東第二兵工廠，派江杓為廠長。

民國二十六年七月，盧溝橋變作，侵假而蔓延全國，衍成全面抗戰。本廠自八月起，時絡繹遭敵機空襲，因而奉令疏遷。

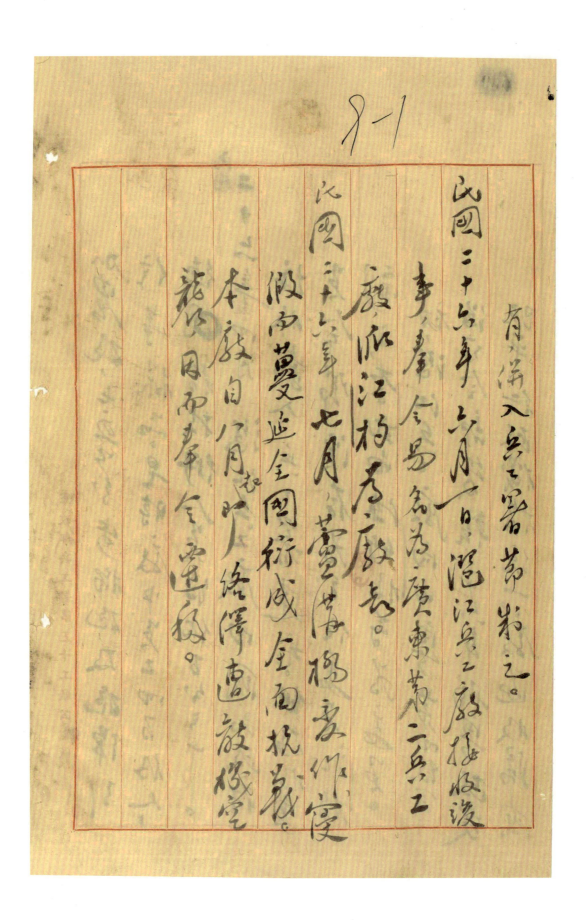

军政部兵工署为同意续征大兴场第二期民地议定地价给第五十工厂的指令（一九四四年一月三日）

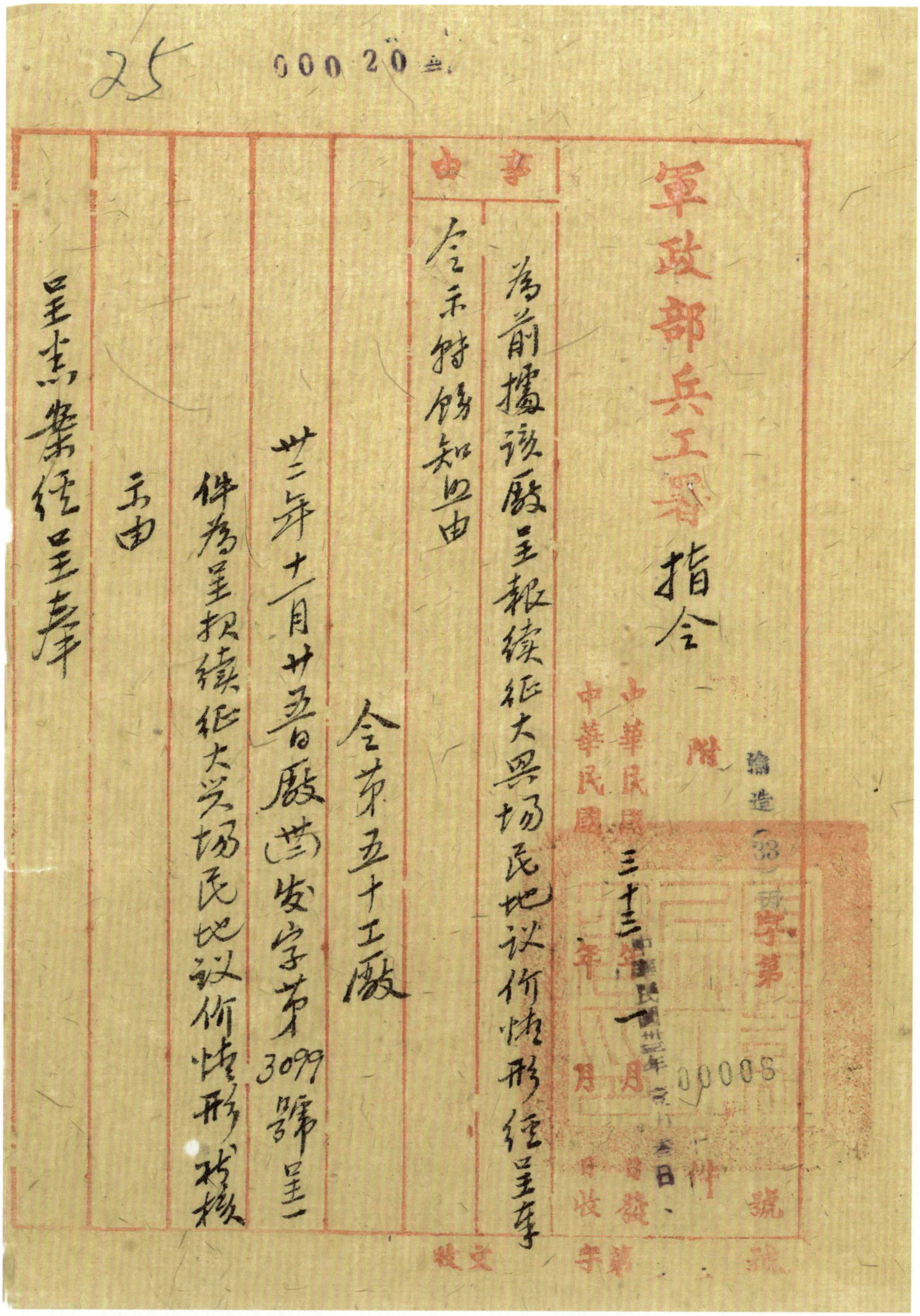

25　000 20

军政部兵工署指令

渝造（33）丙字第　号

事由：为前据该厂呈报续征大兴场民地议价情形经呈奉令示特饬知照由

附件

中华民国三十三年一月　日发

令第五十工厂

卅二年十二月廿五日厂（卅）安字第3099号呈一件为呈报续征大兴场民地议价情形祈核示由

呈悉，案经呈奉

25-1

軍政部渝需丁(三)營字第13332號指令略以該廠續征大興場民地既據稅業户最低要求水田每畝貳千元餘照廠方提價增加一倍准予照办应即轉飭從速召集業户人等補具會議簽字各手續並一面即行分别發價毋再遷延致生波折等因奉此合行令仰知照此令

署長 俞大維

監印 楊錫熙

校對 李怡和

軍政部兵工署第五十工廠成都分廠大事記

0023

軍政部兵工署第五十工廠成都分廠大事記

(一)機構組織之改革

清末造兵工業萌起滬漢寗粵先後建立兵器製造局光緒二十九年四川兵工廠成立是即本廠前身民二十二年該廠因川戰頻仍房屋多有焚燬機器大部散失二十六年軍政部兵工署先後派員調查二十七年冬署派五十廠工程師鄭大強來蓉負責整理二十八年四月五日奉兵工署渝造(六)甲字第2930號令准設立兵工署第五十工廠藝徒學校派鄭工程師大強代行校長職務二十九年九月二十八日奉署渝造(究)甲一字第8927號令改藝徒學校為軍政部兵工署第一技工學校編制照舊仍隸五十廠亦仍由鄭大強代行校長職務同年十一月奉兵工

署渝造（究）甲字第12311號處代電總奉部電核准在豫招考技工六百餘名為技工訓練處代辦技工訓練班附設本校三十年七月一日改組成立兵工署第五十工廠成都分廠繼於同年十月二十五日奉署渝造（卅）甲字第10779號訓令轉奉軍政部渝務軍字第21880號令批准並任用鄭代校長大強兼任分廠主任同年年終並代招考技工一班三十一年七月鄭主任大強奉兵工署巳艷電調充為兵工研究委員主任一職暫由總廠丁廠長天雄兼理並於八月七日以蓉分字第1269號呈報在案所有此設之技訓班亦於此時結束同年十月中旬丁兼主任赴渝總廠派兼工務科長鐘林代理分廠主任迄今無異此本分廠機構組織之經過概況也。

0024

（六）關於會計制度之草案開始辦理日期及審計部派員查帳日期

1.查本分廠係於三十年七月一日由第一技工學校改組設立，而第一技校則於二十九年九月間由藝徒學校改設而成，以言會計沿革，當自二十八年三月十三日藝徒學校成立之日起予以追述。在倡辦藝徒學校時期，因範圍較小，事務簡單，僅採用收支會計制度，支出經費均按月造具計算呈報核銷。

2.自二十九年九月改組技工學校以後，事務較繁，又因奉令代國防最高委員會設立技工訓練班，受訓人數日益增多，會計業務亦趨繁重，當時經費開支雖仍採用報銷制度，而內部帳務系統已因事實需要逐漸予以改進

3.三十年七月一日成立分廠業務性質既殊會計制度亦異追溯分廠成立之初因出品無多人力欠充雖經遵照兵工會計制度實施辦理而內部牽制作用仍嫌薄弱自三十一年之春以迄三十三年之夏經年餘慘淡經營始克漸具規模目前會計行政除成本計算一項尚待努力外其餘悉遵署頒制度辦理

4.以往藝徒學校及技工學校時期除代國防最高委員會設立之技工訓練班經費報銷尚未辦妥外其餘均係造報在案自分廠成立之日起經費支出撥歸本年度帳目結算後一併報請審計部派員查核。

(三)成都分廠出品之改良及新出品之年月

1.設計製造六〇炮彈

為供應前方急需迅速出品計選用八二引信及十二號獵彈殼為底火但頭尾似覺過重經多時研究將引信改短彈尾減輕使重量稍為集中重錘飛行現象得以免除空氣阻力中心之移動範圍可以較小但是最新式之六〇炮彈於三十年冬得獲出品

2.自製底火

查我國雖製造炮彈多年但八二公分七五公分四七公分等已大量供前方應用但炮彈最重要之發火底火則不能自製而又不易於外人兵工廠購到乃勉强利用外國造之十二號獵彈殼代替致炮彈出品不合理想條件八二公分炮彈以十二號獵彈代替底火

尚屬善可乃十五公分十二公分六公分四七公分等迫彈概以十二號獵彈代替之識爲困難萬分本分廠於三十年開始籌劃自造底火經多方之研究考查乃告成功於是年冬与六〇迫彈同時出品但時不免間有脫底不發火落火帽底火退出及火帽突出等疵病後經多次射擊試驗逐步改良至三十一年冬始將各種疵病剷除於是自造底火乃獲適用現十五公分十二公分八二公分六公分四七公分迫彈之底火概能自製并可製各種獵彈壳以資應用矣

3、六〇迫擊彈發生近彈之改革

查六〇彈爲本廠主要出品雖製造年餘尚不免有不炸尾管不脫尾翼而發生近彈之事經多方研究於三十二年夏改革三點詳

則於后（八）調整彈体重心將引信縮入彈体內經多次射擊無一千六百公尺以下之近彈發生於是知原來彈体重心近于後面雖有尾翼幫助但若翻砂後面略重則發射時不免有輪轉現象後乃將舊彈体後部車薄使重心移向前面新造者將後面減輕前部加重使重心移前如是則發射時無輪轉現象（九）糾正彈体中心綫經多次檢查因彈体口螺彈帶尾螺係三次車成是知引信彈体與尾翼於裝配完竣後未全係於中心正綫發射時不免間有在空中大形擺動而發生近彈此務後將彈体口螺及尾螺加以精確車製並經車床開高速檢驗俾無歪斜擺動之現象然後裝配引信体及尾翼使中心綫完全正確於是近彈問題因獲完全解決

4、彈體鑄造之改善

分廠鋼砂所獲成品原來係低炭鋼大半經水床試驗漏水後知鐵水原由側面流入於是炭鋼上部因冷收縮不免發生底漏現象後將鐵水改由底部流入上項現象遂告減少水磅驗畢增進至分之八

5、炭質彈體之改進

最去因炭質彈體落發後改彈乃原來彈體只有六點餘增加彈體八炭並成三英即英製炭質現象

6、鋁室硫酸廠之成立

查分廠原附有舊藥廠其中製酸機件多為二十三廠運去乃利用舊鐵砂鍋及鐵攪木架並於重慶渝鑫鋼廠購買耐酸鐵鍋十二只八號二寸

0037

九千磅，完成每月可製六十六度之波美硫酸二十噸之鉛室硫酸廠焉。

7、硝酸製造之設備

三十年利用破瓦件等項，并在重慶大盛耐酸陶器廠購有耐酸陶器數套，及自鑄之酸罐八個，以便裝成每月可產四十八度之硝酸四噸之設備。

8、酒精製造之建立

二十八年利用汽油桶製造酒精蒸溜塔一所，其接火者每月能製九十五度酒精六千加侖，間接火者每月能造四千加侖，并可製無水酒精每月六千加侖。是年秋修理舊存之打水機及為造并製之木桶七個及小木桶二個，用將發酵，每月可製九十九度之酒精六千加侖之設備。

9、自造引信

分廠六〇彈引火（信）部份由二十一廠供給頗多不便三十二年四月籌劃自製惟機器無法由外洋購得另行自造經艱苦之過程卒告成功於十二月已能自製引信最重要之件—引信体矣

（四）關於廠處等之籌備或廠出品遷移更改復工等項已分詳於前三項中茲不再贅

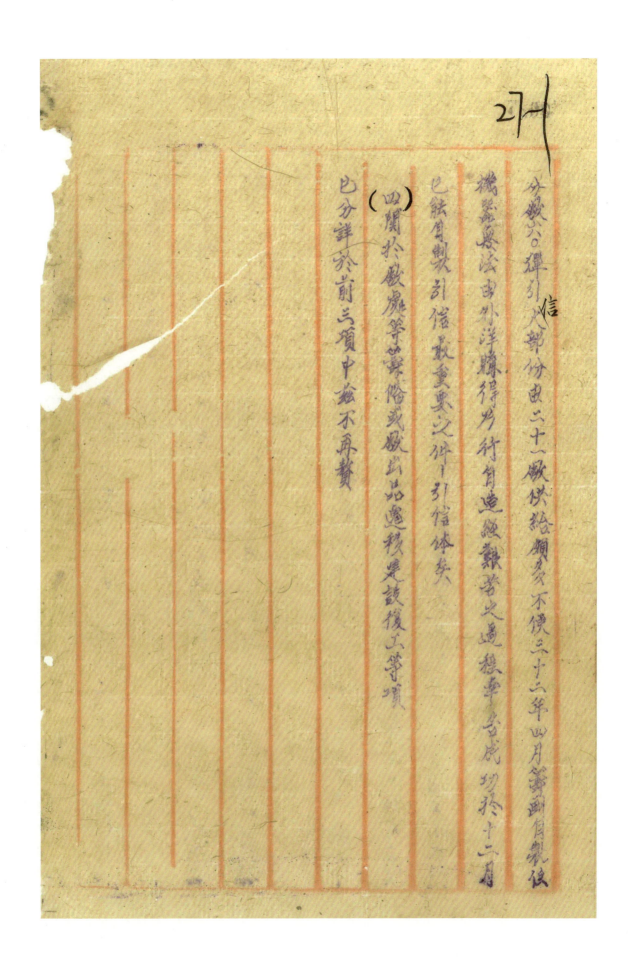

0028

中華民國 三十三年 六月 十七 日

47

軍政部兵工署第五十工廠成都分廠 大事記

48

軍政部兵工署第五十工廠成都分廠大事記

日期	事實記要	備考
廿七年十一月	第五十工廠工程師鄭大強奉署派抵蓉整理前四川兵工廠	
廿八年四月五日	署渝(28)甲第二九三〇號訓令設立兵工署第五十工廠藝徒學校派鄭大強代行校長職務	
廿九年七月	兵工研究委員鍾林來蓉利用前四川兵工廠製藥廠地址作各種火工研究工作并計劃建火工製酸製酒精等間	
廿九年九月廿日	署渝造(29)甲第八九二七號訓令改組為兵工署第一	

481

技工學校并訓練事務人員一班

廿九年十一月　署渝造(29)甲第一三三二號代電轉奉部令飭代國防最高委員會技工訓練處代辦技工訓練班一班在豫招收技生二百五十名開始訓練

廿九年十二月　籌建桑田開始製造琴絃以後琴絃并陸續出品

卅年七月一日　改組技工學校為第五十工廠成都分廠籌製六〇公分迫擊砲彈

卅年八月　將前四川兵工廠製藥廠併入分廠第二所正式籌製迫彈底火硫酸硝酸酒精白藥等由鍾委員林負責

49

卅年十月	本分厰第二所鉛室硫酸厰成立月可成66波米硫酸二十噸
卅年十二月五日	分厰編制奉部渝務署第44880號訓令正式核定并任鄭大强為主任
卅年十二月	奉令代技工訓練處續招第二期技生一班
卅年十二月	六公分迫彈及六公分迫彈底火正式出品事務人員訓練班學生受訓期滿
卅一年一月	會計機構根據部頒編制加强開始設計會計制度
卅一年四月	會計制度根據公司營業會計制度之規定草

擬竣事并開始試用以前所有收支會計同時編造計祘報銷一并結束

卅一年五月　六公分迫彈繼續研究改善

卅一年七月　技工學校結束

卅一年八月　酒精間正式成立用糖漿或乾酒可月製99酒精三千加侖

卅一年十二月　各種底火改良完成15公分10公分82公分6公分47公分迫彈底火及各種擲彈壳均能自製

卅二年五月　鄭主任大猷出差赴西昌

丁廠長履廠派鍾委員林兼工務科長

50

卅二年六月	六公分迫彈改善工作計(1)調整彈体重心(2)糾正彈体中心綫(3)鑄杯改由尾部注入鉄水(4)增加焊接點均已完成開始大量製造
卅二年七月一日	代國防最高委員會技工訓練處訓練之技工訓練班結束
卅二年七月十日	會計制度遵用兵工會計規程
卅二年七月十五日	主任鄭大强調署由廠長丁天雄兼理
卅二年十月	兼理主任丁天雄赴渝由兼工務科長鍾林代行

51

中華民國三三年二月日

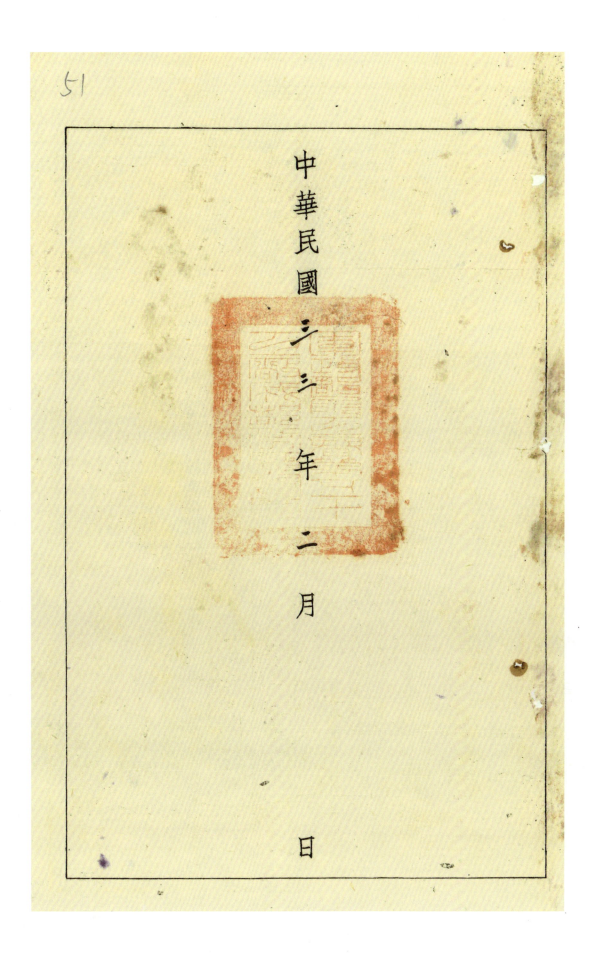

军政部兵工署第五十工厂一九四三年征用土地及征购房屋汇报表（一九四四年二月）

第五十工廠三十二年度徵用土地及徵購房屋彙報表

項目	名稱	數量	單位	價款	徵購日期	備註
1.	徵購郭家沱李懋居[illegible]樓房	壹	幢	412388.52	32.6	已經軍政部驗收
2.	徵用塔斷山李獨清土地	67.[illegible]	市畝	29000.00	32.10.	尚未驗收
3.	徵購紙廠灣（銅鑼峽對面）唐有謙瓦房（建屋基1113.00M²）	413.[illegible]	M²	150000.00	32.11	尚未驗收

58

军政部兵工署第五十工厂为编造历年大事记致兵工署的呈（一九四四年三月二十八日）

附：军政部兵工署第五十工厂大事记

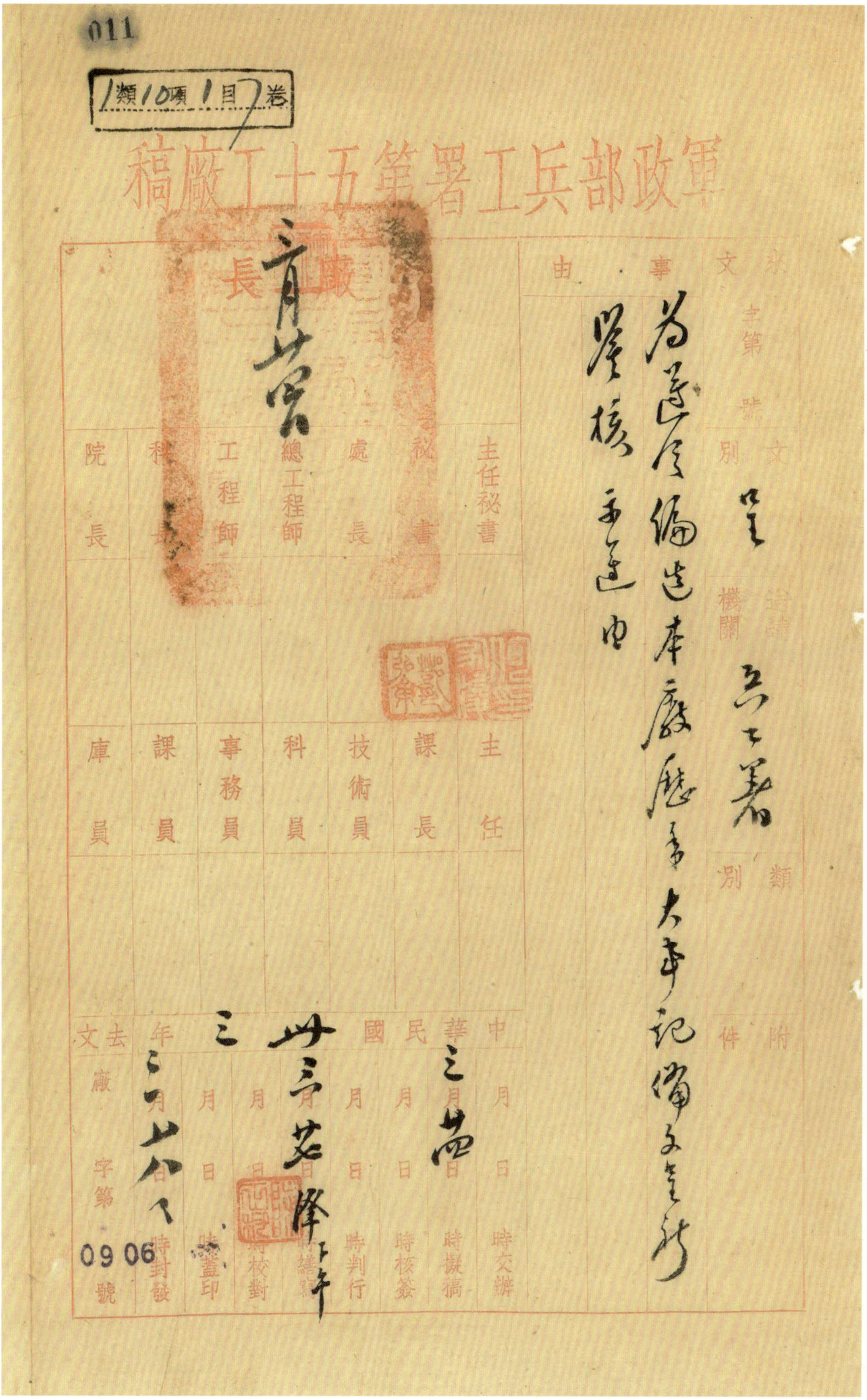
011

1類10項1目7卷

軍政部兵工署第五十工廠稿

文別：呈

機關：兵工署

事由：為呈送本廠歷年大事記備文呈祈鑒核示遵由

中華民國卅三年三月

11-1

呈

案查前奉

鈞署渝造(32)甲字第14643號訓令飭編纂本廠大事記以便彙集轉呈一案遵經編就抗戰以前大事記一篇呈送製造司廠政科以後經核載稿有不符發還修正各在案茲經翻尋歷年卷檔將歷來發生大事注明時日詳為紀載編呈

鈞鑒理合備文呈齎

鑒核示遵 謹呈

署長俞

附

012

附第五十工廠歷年大事記一份

（全銜名）

013

軍政部兵工署第五十工廠大事記

二十二年八月廿四日　國民革命軍第一集團軍總司令陳濟棠命石井兵工廠副廠長鄧演存組織籌建工廠委員會並成立以籌建工廠辦事處即以鄧演存為主任周君寔副之是為本廠之權輿

九月一日　籌建工廠辦事處擇定粵北清遠縣屬之潖江鎮為廠址興工建築並與德商合步樓公司遠東代表楊蘭等規定計劃訂購器材

13-1

十月八日　鄧主任率同籌建委員何家浚、閻若珍、卓季良、張武勤等赴德選購機器。

二十四年十二月一日　籌建工廠辦事處撤銷，成立廣東第二兵器製造廠，鄧演存任廠長，王超副之，仍隸第一集團軍總部，時由德訂購器材已陸續到達，廠房建築亦次第落成，於是砲廠與砲彈廠，遂得局部開始工作。

二十五年七月十五日　國民革命軍第一集團軍總司令陳濟棠

②

查職、國民革命軍第四路軍總司令余漢謀入主粵政，時粵省機關逐漸移歸中央節制，本廠亦奉令準備移歸中央接收。八月二日兵工署派技術司司長江杓、科長丁天雄來廠視察。十一月一日廣東第二兵工廠接收委員會成立，鄧演存為主任委員，江杓副之。二十六年四月十六日試製樣砲，計七五加農砲二門、七五步榴砲二門、一〇五榴彈砲一門，均告完成，而試製LWM Z23式及AZ23式引信暨七五砲

14-1

弹亦渐有成品

二
六月一日　广东第二兵工厂接收委员会接收藏事
奉令改为广东第二兵工厂，须并编为同仍江构为
厂长，李式白为工务处长

七月廿七日　本厂首次遭敌机空袭，清晨二时敌机九
架临厂区投弹十二枚，炮厂及职工宿舍
各着一弹，余落旷野，员工无死伤，机
然亦曾急泅江跳与中山海面所泊敌航空母
舰空距过近，至是空袭频仍，几无宁晷

二十七年四月二日　奉兵工署令迁川兼厂，先是本厂以

015

③

擾於敵機空襲間，工廠廠長江杓遂赴渝請示機宜，初議遷桂遷湘，均以形格勢禁而罷。江廠（長）因陳李命入川選取廠址，以相得四川江北縣郭家沱現廠所在地，（遂）電京奉（呈）署令（領）即日遷移，而湛廠機器周身已拆卸裝箱（疏散），整裝待發矣。

五月一日奉令易名為軍政部兵工署第五十工廠，以一達新編新（仍舊）番號變更。

五月十二日第一批機器三百六十噸，炸藥五十四噸，裝車經粵漢路運株州，再由水路經宜昌

庀

15-1

入川嗣是以後所有機器即循此道溯江西上綜計運出器材二千餘噸途程不下數千里累累當換艙運輸人員之出力首足多者

五月廿一日前擬遣建人員由粵抵川尋就新家沱廠址鳩工庀材興建限時及半永久式廠房

六月一日奉令接收砲兵技術研究廠株州發電廠之2000KW及1250KW汽輪發電機各一部

六月廿六日工務處處長李式白率同技術員王運盤趙德全同柏林之首務專員游子延

④

016

三月二十三日 奉令准予增設鑄工所，並追核准該所編制

採購三七戰車防禦砲材料，飛赴香港及選廠址

赴滇接洽

九月一日 奉令接收百水橋研究所之精確研究

廠及樣板廠

二十八年二月十五日 遷廠後正式設立，裝三八式野砲

彈及十年式山砲彈，暨修理萬方送

修理一般火砲

五月二十日 署令籌裝山炮迫擊砲，因

參照法式六〇迫擊砲研究設計

六月一日 奉令接收成都四川兵工廠設備

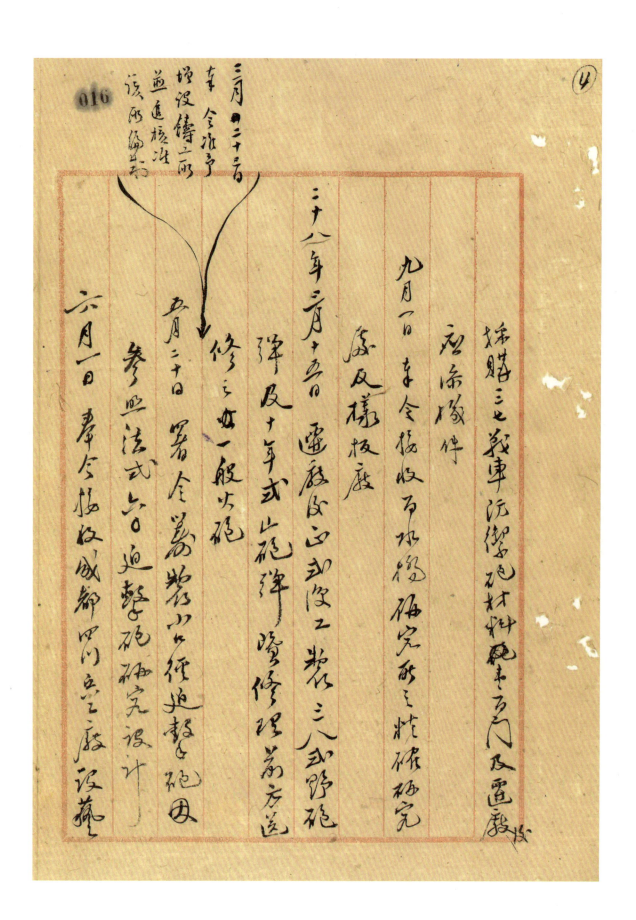

16-1

往學校訓練技工
七月十二日 第一批十年式山砲彈製成
~~九月十日 第十批三八式野砲彈製成~~
嗣後令籌製克式山砲彈
二十九年一月十日 第一批三八式野砲彈製成，而
三七戰防砲料本（內）年元日始繪譯圖
遷本廠
七月一日 開始施工試製三七戰車防禦砲（蘇羅通式五〇倍）
八月廿九日 配成十年式山砲六門 呈請驗收
嗣本廠奉令接收署庫存儲廠

017

5

該砲件一批，因新品中可利用者配成十年式山砲六門

三十年一月二十日修成十五公分迫擊砲二十七門，先是十五公分重迫砲原分本年度造第一造等數種，口徑既各有參差，彈藥補充為難，期一律，而支桿底座亦以衝擊力過強易致損折，署遂有修改十五公分迫擊砲委員會之組立，而以本廠董其事，至是經予改善，俟十五口徑統一，增加緩衝彈簧，配置瞄準鏡具等，經試驗頗切於用，遂照修成二十

三門解發九部隊試用

三月四日 第一門三七戰車防禦砲完成，先是工務處處長李式白赴德選購三七戰防砲材料一百門，於二十九年三月起分批運回中，以歐戰爆發及敵侵越南起卸口岸被封鎖，因而材料到達不齊，經設法採用代替材料，經數閱月之接洽經營，悉心籌劃，此國產三七戰防砲始告完成

三月二十四日 工廠廠長江杓奉派赴美參加國防用品之工作，署令調第一工廠廠長丁天雄

018

⑥

八月十一日 敵機十七架襲大興場，職工住宅區死十八人，傷四十餘人，廠房機器無恙。

八月廿一日 敵機二十七架復來襲，郭家沱廠區材料庫一中彈，傢具類物裝造機器及材料無損失。

蕭任本廠廠長

七月一日 成都分廠成立，奉令編制三所，鄭大
繆為主任。先是本廠奉令接收成都東門
外之四川兵工廠，設藝徒學校，就原有廠房為機
器及就廣元搬運等料搬回該廠裝供機器，更加
整理，闢為藝徒實習工場，並擬設一部分校工
試製六〇迫砲彈，設備既全，遂擴充成分廠，
備專製六〇迫砲彈

九月十日 製成六〇迫擊砲樣砲一門

三十一年一月十五日 製成六〇迫擊砲七百門

五月一日 成立修配所 先是本廠各製造所以各有專門設備，普通工作母機反感缺之，因此呈署擬建設費六百萬元成立修配所，以補各所專門設備之不足，該所員工即就編制額內調用，不另增加人員，以期節省。

181

二月十日 修成十五公分迫擊砲六十門，此是本廠廠修改十五公分迫砲二十六門，改解發前方，經用廣桂常德閩長沙諸役，使用頗能發揮威力，因奉令儘量修改而大量完成。

三月一日 兼廠長丁天雄辭卸去任第一工廠二廠廠長兼職，專任本二廠廠長。

四月二十日 第一批克式山砲彈裝成。

六月一日 鋼甚路山洞庫房爆炸，儲藏成品及材料頗有損毀。初本廠以空襲頻仍，奉令疏散物資，因利用以軍所建江

（7）

防山洞桩储藏一部分成品及易于爆炸物品，其间或因天候关系或因洞石风化坠落引信雷管等成品因而起爆，延及所藏炮弹及黄色炸药，当时沙石横飞，拆阅装置配伤亡六人，事后经[illegible]送及调查以发生非常，非人力所可挽救，而未能防患机先，负责人员免受失察处分，有差。

八月一日　装造部份实施件工制，工作效率大增。先是本厂鉴于国内工厂各项工时计值情况，报告参考工作亦易致因循迟[illegible]，参考外国件工制度，拟订规条，以工时工件计值工作，效率于以激增。

019

八月十八日　兵工署新发明评奖委员会发给本厂引信所主任刘大威发明延时两用引信奖金二千元，并转奉军事委员会颁发[illegible]

十月八日奉令籌造
中福司砲局李敦
三十二年中心工作

軍乙種一等獎章一座

三十二年四月三十日 汽輪發電廠廠房完成 先是本廠接收砲校原有2000kw及1250kw之汽輪發電機各一部 先後運達廠址安裝 而發電廠為全廠動脈 尤須顧及空防 因就廠西山麓闢成三面靠山之廠基 實以水泥鋼筋之廠房一座 上面復有防炸層及備裝洪般設置兩閘闊土石方工程頗見艱巨 承造工程之營造商因而斷施及營力實成若不下四五家 工程進度因受影響 計自動工以迄完成 歷時幾及二年

六月一日　擴充火工所　先是本廠在陽江時代核定組
織留增設火工所之編制，遷川以後，始於二十九年
三月十四日奉准增設，惟以限於機力人力，初祇供裝
藥，所有信爆、裝藥、火雷發等仍賴本廠製
供，每感供求未能適應，因有擴建廠房，增
加設備，以求火工作業之自給自足，擴充以還，
頗具成績。

卅年四月四日　渝輸艾

六月二日　審計部派駐本廠稽察人員辦公室~~稽察辦事處~~開
始辦公。~~本廠會計處自聘簿冊~~（二十八年前歸入兵工署造報）
就地審核收支款項，並執行監理採購驗收諸

陵印遵章呈会计处变更设立帐目，应将所有前领费

款用单据呈准核销外，其余建设费项目，以迄建工程至今

未完，该款收集之费，亦以建筑需时，旨需变更成品，亦未

造缴款金均未按呈报查帐核销，为清理起见帐及计

俾呈专案审计部派员驻厂就地审核，是为查核，决就发出工厂

会计处划时期的改革，一般计政，先呈奉本年度审计部决试办驻厂就地审计部二月廿日

~~十月廿八日泥蓄电厂机器急需装置以备~~ 前高志阳主任厂长未到任，五月廿日佳派代理

~~结束图满自用电力自此开始自供~~ 稽察详报前来稽事即署印於本日正式办公执行業务

九月廿日泥蓄电机开始向重庆南岸输电

先是本厂泥蓄发电机安装完竣後供给自用

021

(9)

電流停有餘力因奉經濟部令與重慶電力公司訂立供售購電合同線路設備啟蔵手續簡始輸電至南岸各廠頗勝負荷

十月廿四日 就國產卜福司山炮炮管料作調質試驗原本廠奉令築造卜福斯山炮即積極進行手東整理及增補該炮各圖已運渝就緒因就第二十四廠所鍊炮管作調質試驗以為施工之準備

军政部兵工署第五十工厂为填报国有土地调查表及国有土地附着物调查表致兵工署的呈（一九四四年六月十六日）

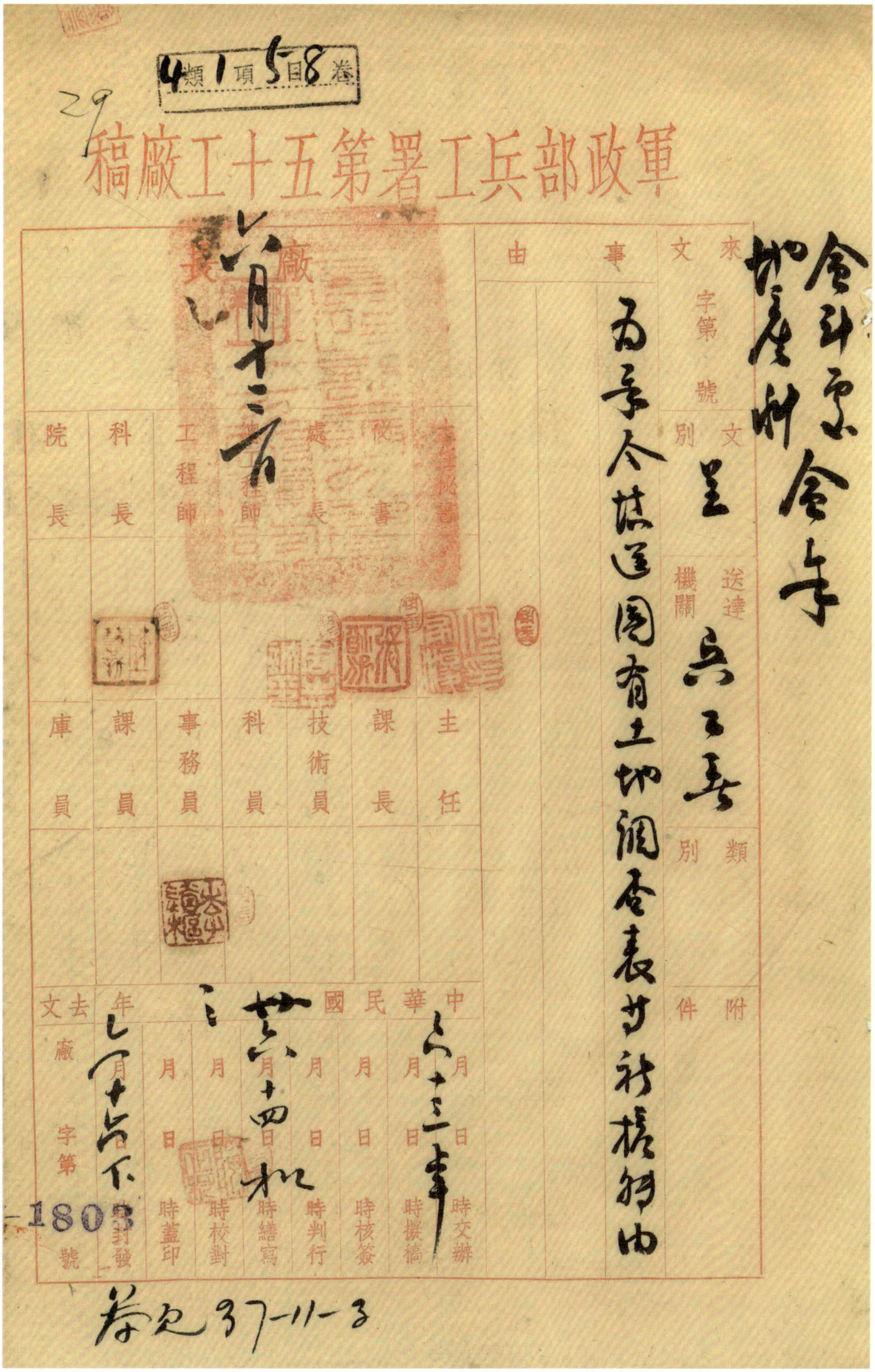

29-1

呈

案奉

鈞署工資(營)發文字第34號訓令暨附錄代
電為抄發國有財產調查表五種飭即遵照
填報并因查本廠係屬國有生產事業機
關並不對外營業既未假用營業資金復無
證券盤存並特種基金除有關以上三表容
請免予填送外謹將國有固土地調查表
及國有土地附着物調查表填俱齊全理
合備文呈送仰祈

30

蒼梧縣縣長（存）王□呈

奉令

計呈送 國有土地調查表及國有土地

附着物調查表各四份

卅五十二月[illegible]丁日

附（一）国有土地调查表

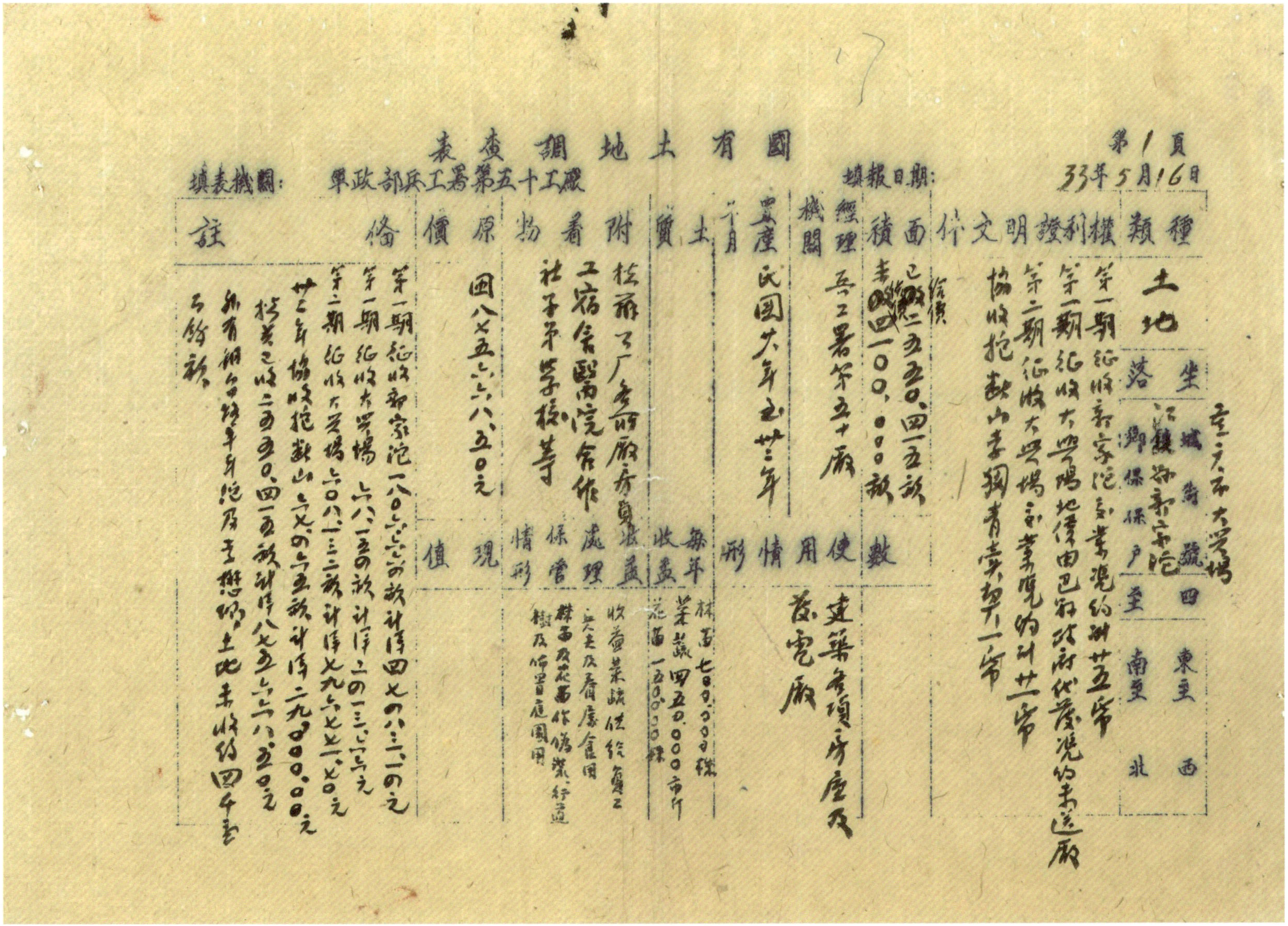

國有土地調查表

第1頁

填表機關：軍政部兵工署第五十工廠　　填報日期：33年5月16日

種類	土地
坐落	重慶市大學場　城　街　號；沿　鄉　鎮　沙新宗沱　保　保　戶；四至　東至　西　南至　北
權利證明文件	第一期征收新宗沱永業憑約計卅五帋；第一期征收大學場地價由巴縣政府代發憑約未送廠；第二期征收大學場永業憑約計廿二帋；協收抱獻山未領青苗契一帋
面積	給價 已徵二五五五〇、四一五畝；未徵四一〇〇、〇〇〇畝
經理機關	兵工署第五十廠
置產年月	民國廿六年至卅三年
土質	
附着物	校前工廠各前廠房員工宿舍醫院合作社子弟學校等
原價	四八七五六六八、五〇元
使用情形	建築各項房屋及發電廠
每年收益	林木七〇〇、〇〇〇株；菜蔬四五〇、〇〇〇市斤；花卉一五〇〇〇〇株
處理收益情形	收益菜蔬供給員工及眷屬食用；林木及花卉作為業、行道樹及佈置庭園用
保管情形	
現值	
備註	第一期征收新宗沱一八〇六六六〇畝計價四七〇八三一一〇元；第一期征收大學場六八一五〇畝計價六〇一三三六六元；第二期征收大學場六〇八一三二畝計價七九六七六七〇元；卅三年協收抱獻山六七〇六五畝計價二九〇〇〇〇〇元；核其已收二五五〇四一五畝計價八九七五六六八五〇元；尚有租伯縣半月沱及丰樂場土地未收約四千畝之餘款

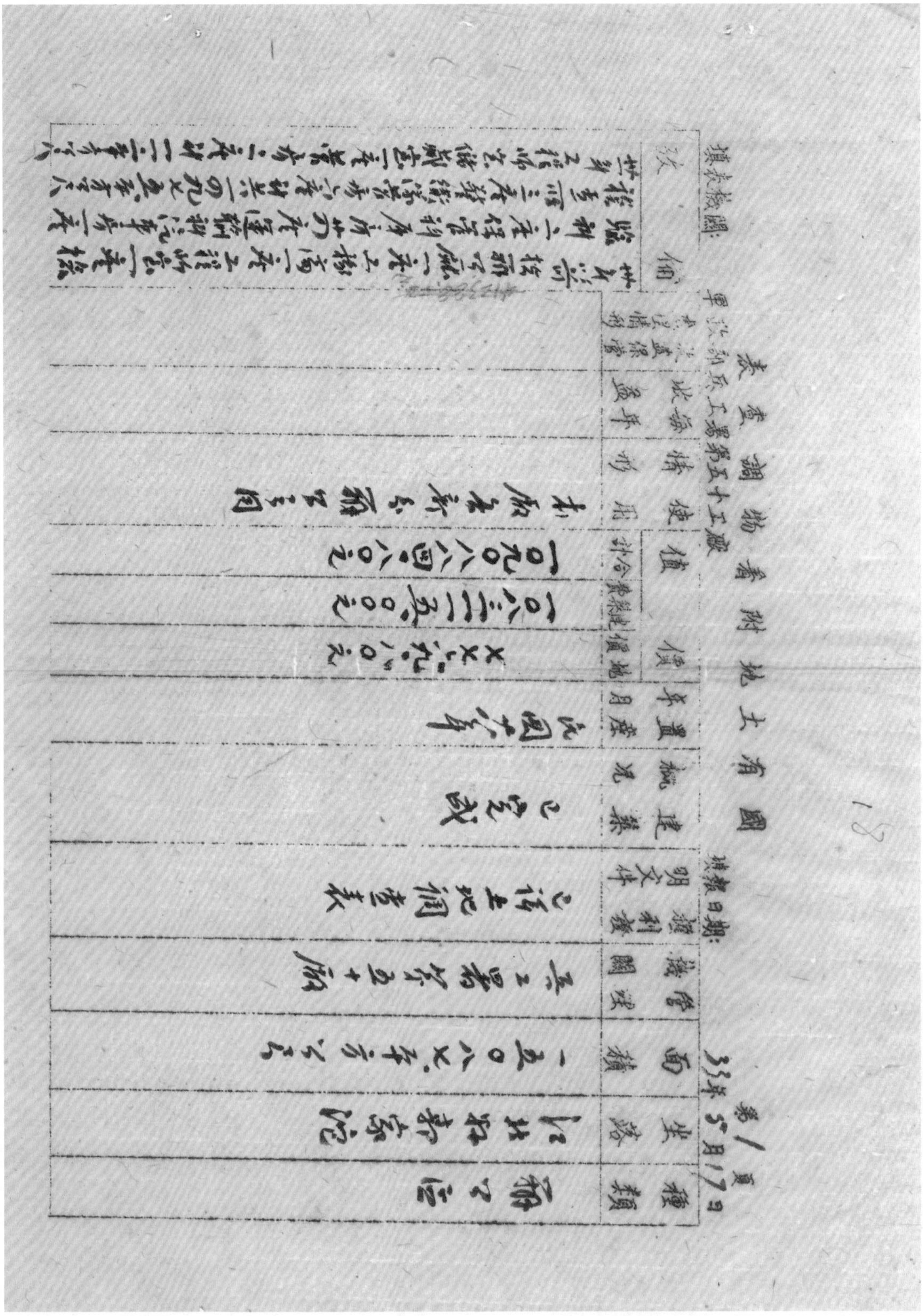
國有土地附着物調查表
種類
坐落
面積
管理機關
證明文件
建築概況
建置年月
價值
使用情形
填表機關

19

國有土地附着物調查表

第 頁

填報日期：33年5月17日

種類	坐落	面積	管理機關	權利證明文件	建築概況	置產年月	價值 地價	價值 建築費	價值 合計	使用情形	每年收益	收益保管處理情形	備考
水電所發電廠暨所房	江北縣新家沱	一九七一平方公尺	兵工署第五十廠	詳土地調查表	已完成		一〇一五〇〇六元	四一五九四五〇〇〇元	四一六九四七五〇六元	安裝發電機器			計所需業由機山洞壹座、配電間六座、拉機房壹座、抽水機房壹座、蓄適廠座壹座、水池壹座，共六五〇平方公尺；卅一年水池壹座、抽水機房壹座、透平機發電廠壹座，計一三二七平方公尺，共一九七一平方公尺；虹吸管道一條、淺水壩一座、土堤一道

填表機關：軍政部兵工署第五十工廠

第3頁

國有土地附着物調查表

填表機關：軍政部兵工署第五十工廠　　填報日期：33年5月17日

種類	坐落	面積	管理機關	權利證明文件	建築概況	置產年月	價值			使用情形	每年收益	收益保管處理情形	備考
							地價	建築費	合計				
普通廠房	江北縣郭家沱	一二九七〇平方公尺	兵工署第五十廠	詳土地調查表	已完成		六六七九·五五元	四一〇九三九三·〇〇元	四一一六〇七二·五五元	安裝機器			廿年以前製砲所九座鍛工所三座木工所四座火工所四座鑄工所二座修配所一座工具所一座計一〇九五〇平方公尺 廿一年鑄工所一座火工所七座工具所一座計七一八平方公尺 廿三年火工所十六座工具所一座引信所一座計一三〇二平方公尺 共一二九七〇平方公尺

20

21

第4頁

國有土地附着物調查表

填表機關：軍政部兵工署第五十工廠　　　　填報日期：　年　月　日

種類	山洞廠房
坐落	江北郭家沱
面積	七五四五平方公尺
管理機關	兵工署第五十廠
權利證明文件	詳土地調查表
建築概況	已完成
置產年月	
價值：地價	三八六六.一〇元
價值：建築費	二五七三九五七.〇〇元
價值：合計	二五七七八二三.一〇元
使用情形	安装機器
每年收益	
收益保管處理情形	
備攷	卅年以前引信所三座、工具所三座、樣板所四座、精確研究室一座、裝配所三座，計一五七三.二平方公尺；卅一年製砲所十座，計九七四.二平方公尺；卅二年失工所四座，計一九二平方公尺；共七五四五平方公尺

國有土地附着物調查表

第5頁

填表機關：軍政部兵工署第五十工廠　　填報日期：33年5月18日

種類	坐落	面積	管理機關	權利證明文件	建築概況	置產年月	價值：地價	價值：建築費	價值：合計	使用情形	每年收益	收益保管處理情形	備攷
職工宿舍	重慶市大興場江北縣郭家沱	一八七七一平方公尺	兵工署第五十廠	詳土地調查表	已完成		九六六七、〇六元	三五七〇二九六〇〇元	三五七九九六三、〇三元	分配員工住宅及單身宿舍			廿年築西人住宅二座、職員住宅及宿舍六十座、工人住宅及宿舍五三座，計一一七二〇平方公尺 卅年職員住宅十五座、工人住宅廿座、銅絲路廂下宿及工人宿舍二座，計七〇五一平方公尺 共一八七七一平方公尺

22

23

第6頁

國有土地附着物調查表

填表機關：軍政部兵工署第五十工廠　　填報日期：33年5月18日

種類	坐落	面積	管理機關	權利證明文件	建築概況	置產年月	價值：地價	價值：建築費	價值：合計	使用情形	每年收益	收益保管處理情形	備考
職工福利需要各項設備	重慶大興場江北縣郭家沱	六六五〇平方公尺	兵工署第五十廠	詳土地調查表	已完成		三四二四、七五元	一六〇一二一七、〇〇元	一六〇四六四一、七五元	員工業餘福利之用			廿九年以前俱樂部新一座、工人食堂及廚房六座、醫院分診所一座、子弟學校三所十六座、合作分社二座、公共廁所十七座，計四七五〇平方公尺；卅一年後水池一座、細木辦公房一座、學校校舍一座、醫院分診所一座、公共廁所六座、大興村招待所及飯堂一座，計一〇六六平方公尺；卅二年醫院二座，計八三〇平方公尺。共六六五〇平方公尺。

26

國有土地附着物調查表

第7頁

填表機關：軍政部兵工署第五十工廠　　填報日期：33年5月19日

種類	坐落	面積	管理機關	權利證明文件	建築概況	置產年月	價值：地價	價值：建築費	價值：合計	使用情形	歷年收益	收益保管處理情形	備考
防空洞	重慶市大興場以北楊新家沱	三八一七平方公尺	兵工署第五十廠	詳土地調查表	已完成		一九六五七五元	一一六八四五〇〇元	一一六八八[illegible]〇七五元	空襲時職工躲避之用			卅年以前防空洞五窩計二五一三平方公尺 卅年防空洞二窩計一三〇五平方公尺 共計三八一七平方公尺

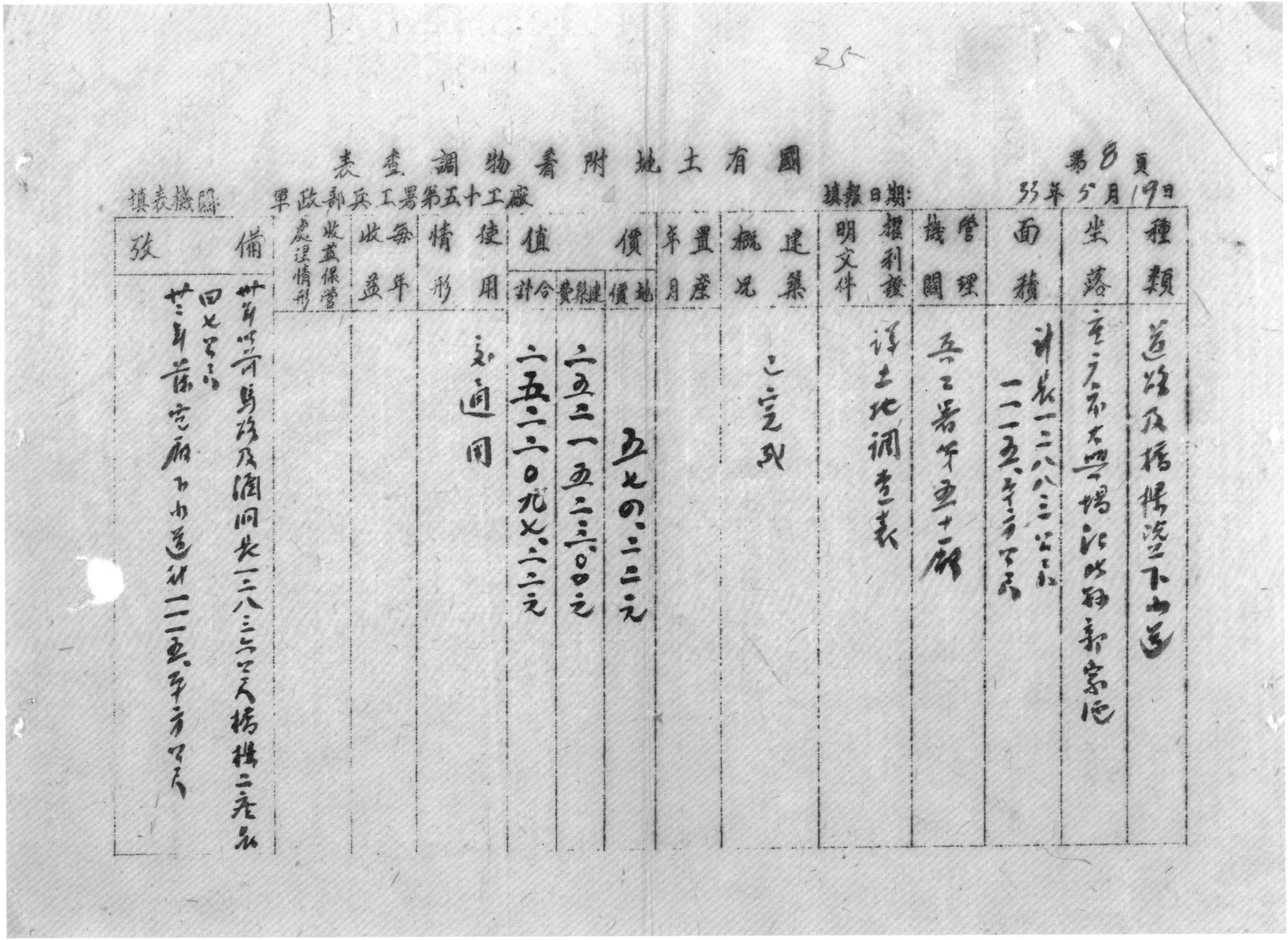

25

國有土地附着物調查表

第8頁

填表機關：軍政部兵工署第五十工廠

填報日期：33年5月19日

種類	坐落	面積	管理機關	權利證明文件	建築概况	置產年月	價值 地價	價值 建築費	價值 合計	使用情形	每年收益	收益保管處理情形	備考
道路及橋樑沿江下山道	重庆市大渡口場沿此路新家坝	計長一二八八三公尺 一一一五六平方公尺	兵工署第五十廠	詳土地調查表	已完成		五七〇、二二元	二五二一五二三、〇〇元	二五二二〇九七、二二元	交通用			卅年卅一年馬路及涵洞長一二八三六公尺橋樑二座 四七公尺 卅二年蔡家廠下山道計一一一五平方公尺

國有土地附着物調查表

第　頁

填表機關：軍政部兵工署第五十工廠　　填報日期：33年6月10日

種類	坐落	面積	管理機關	權利證明文件	建築概况	置產年月	價值：地價	價值：建築費	價值：合計	使用情形	每年收益	收益保管處理情形	備攷
普通廠房	四川江北縣郭家沱	一五四三·九九平方公尺	軍政部兵工署第五十工廠		全部完工		七九五·一五元	一三三一·六三七·六三元（壓藥房小白藥房ABCD工料尚未結算）	一三三二·四三二·七八元	已有各製造所安裝機械使用			火工所封箱房烘藥房引信裝配房熔爐房白藥房化藥亭壓藥小白藥房ABCD木工所成品房製砲所瑞藍房工程師室晒圖房射擊場砲庫倚配所廠房共計壹拾陸座三十一年度及三十二年度工程

國有土地附着物調查表

第　頁

填表機關：軍政部兵工署第五十工廠　　填報日期：33年6月10日

種類	坐落	面積	管理機關	權利證明文件	建築概況	置產年月	價值：地價	價值：建築費	價值：合計	使用情形	每年收益	收益保管處理情形	備攷
新建醫院	四川江北郭家沱	一〇〇八.九七平方公尺	軍政部兵工署第五十工廠		尚在施工建築中		五一九.六二元	預称約計五〇〇〇.〇〇〇.〇〇元					

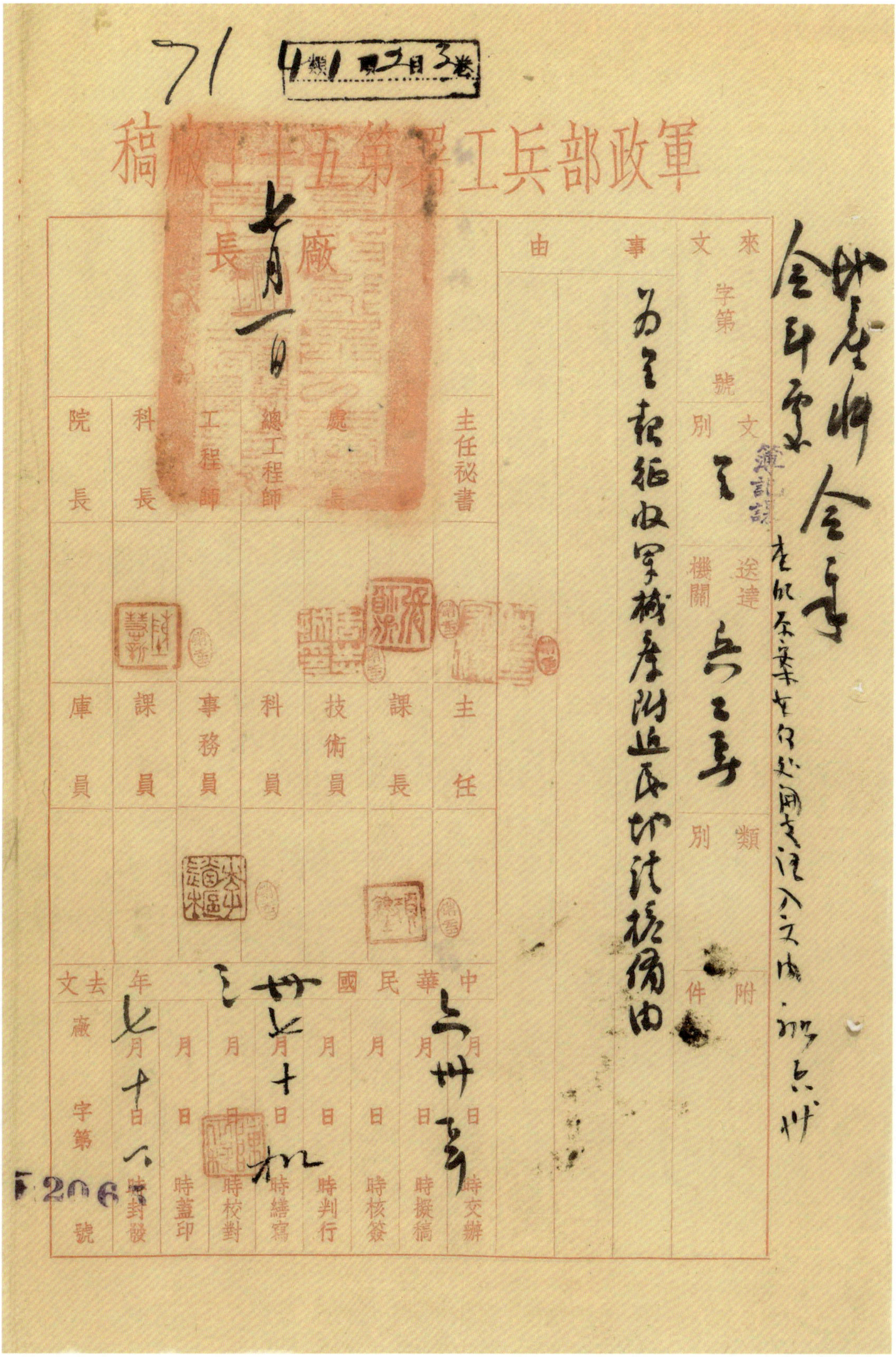
軍政部兵工署第五十工廠稿

為呈報征收軍械庫附近民地情形備由

軍政部兵工署第五十工厂为报告征收军械库附近民地致兵工署的呈（一九四四年七月十日）

71-1

呈

查本廠銅元路械庫、嵩澗庫房附近民地，當時未予（係民間私有）徵收，對於警戒方面殊多不便，為求嚴密防以策安全起見，似應將附近該庫之民地一律收買，並將前與會同海會民地先行收買（計宅地〇·三二三畝，旱地三·六〇七九畝，荒地六·九〇九畝，荒山一·六七七畝）。此項土地面積共為五〇·一七六市畝，照本廠第二期徵收大興場民地等價計算，共應給予地價國幣伍萬千柒百伍拾陸元柒角，除已由張區長出具領清冊外，理合備文呈請鑒核，俯賜備案。謹呈

[illegible]年建設經費項下列支

78

吾兄念

弟亶 十二夜 丁丑

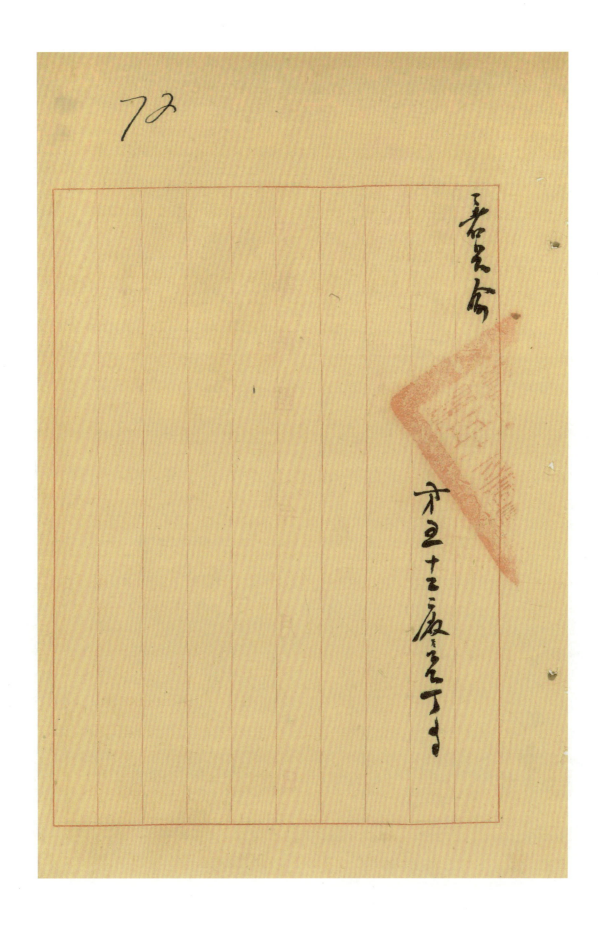

军政部兵工署第五十工厂为拟定调整编制草案及统计图表致俞大维的呈（一九四四年十二月十七日）

附：军政部兵工署第五十工厂调整编制草案

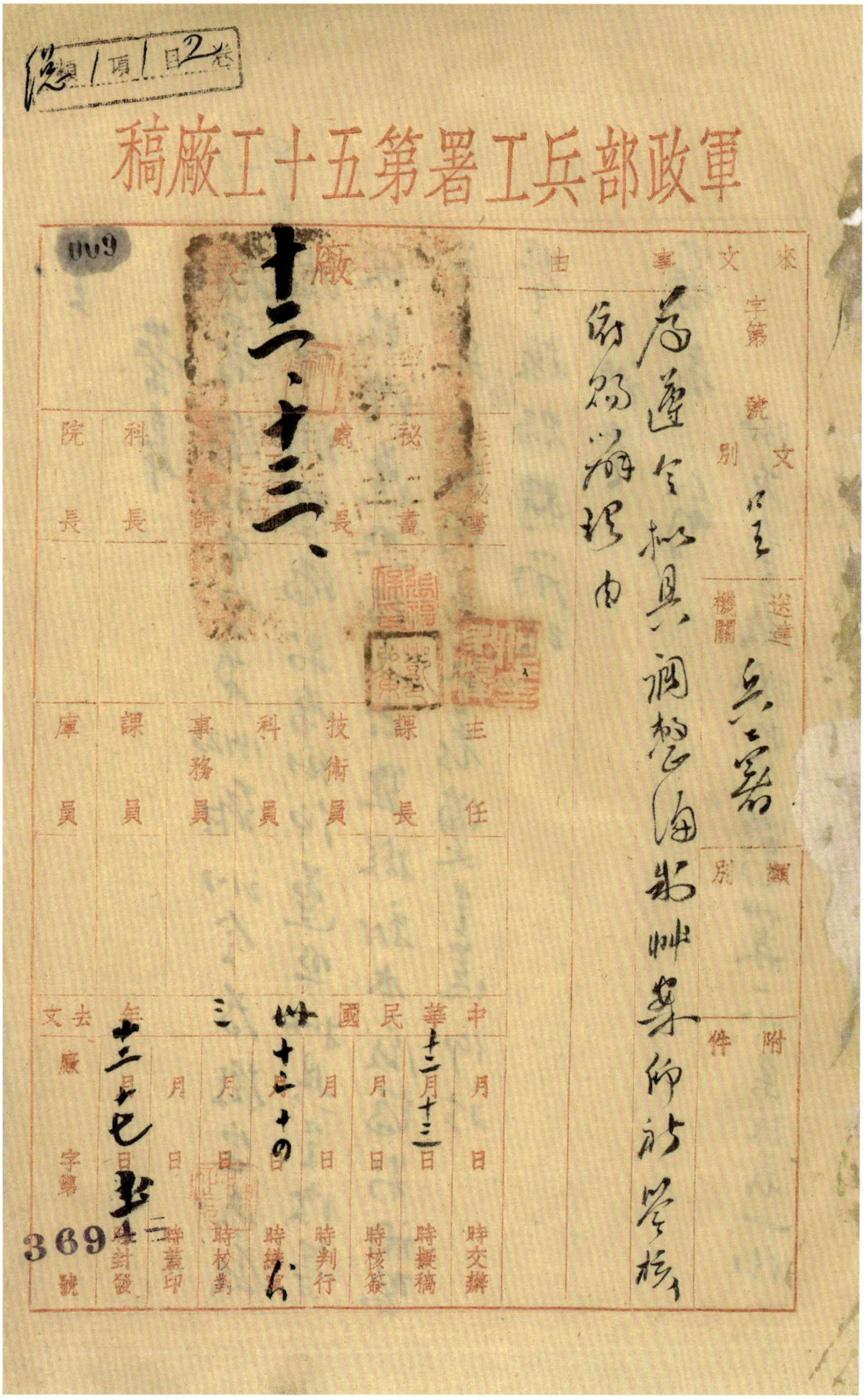

呈

案奉

鈞署渝(33)甲字第14123號訓令為擬定兵廠處庫調整編制原則仰遵照擬具呈核等因奉此遵照指示各點擬就本廠編制調整草案及聯同系統表備文呈送仰祈

鑒核備編轉辦理

謹呈

署長俞

附第五十廠調整編制草案一份系統表一份

011

軍政部兵工署第五十工廠編制草案

調整

卅三

簽文字紙張

簽文附件

卅三年十二月十三日

軍政部兵工署第五十工廠編制

職別		階級	員額	備考
廠長		軍簡二階（軍技）	一	
主任秘書		軍簡三階（軍技）	一	秉承廠長處理事務於廠長離職時為代理職務之人
廠長秘書室	秘書	軍薦簡（三階）（軍技）	一	主持本室事務
		軍簡三階（軍文）	一	辦理文電之核擬
	事務員	軍薦一階（軍文）	一	辦理全廠職員人事
		軍薦一（三）階（軍文）	一	
		軍委一階（軍文）	三	
		軍薦一（三）階（軍文）	三	一司稽查一司收發一專司保管印信
		軍委一（三）階（軍文）	三	一譯電 中西文打字各一
		軍委二（三）階（軍文）	八	繕校文稿

12-1

辦　　　　公

室別	職別	階級	員額	職掌
出納室	主任	軍簡三(荐二)階(軍文)	一	主持本室事務
	事務員	軍荐二(一)階(軍文)	一	辦理銀錢出納匯兑及發放薪餉等事
		軍委一階(軍文)	一	一、登記出納日記帳及銀行往來帳
		軍委一(荐三)階(軍文)	一	一、編製有關出納表冊
		軍委一(三)階(軍文) 軍委三(三)階(軍文)	二	結算員工薪餉
庶務室	主任	軍簡三(荐二)階(軍文)	一	主持本室事務
	事務員	軍荐二階(軍文)	一	
		軍委一(三)階(軍文)	三	
		軍委三(三)階(軍文)	二	
警衛稽	組長、副組長	軍[illegible]校(軍文) 軍[illegible]校(軍文)	各一	主持本組事務(副組長由警衛大隊長兼)
	組員	軍少校	二	

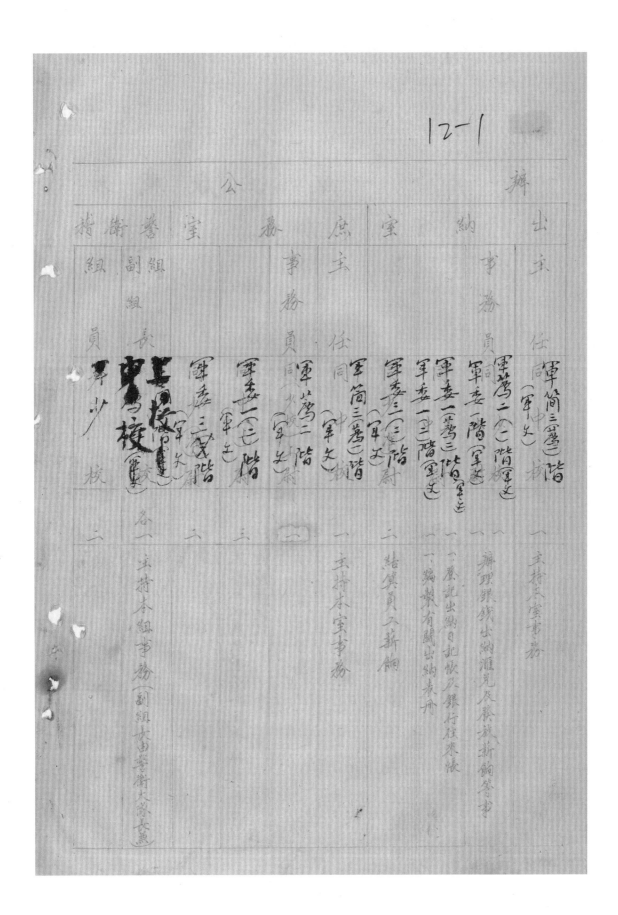

013

廳						處	辦記		
查組			印刷工場		會計處	書	課	課	
組員		司書	技術員			長	長	員	
上尉	中尉	少尉	軍委一(三)階(軍技)	軍委一(三)階(軍文)		軍簡三階(軍技)	軍薦一階(軍技)	軍委二階(軍技)	軍委(三)階(軍技)
一〇	二〇	四	一	一		一	一	三	三
		(外傳達士中士一 下士二 兵上等二 公役二 三等二 炊事士下士一 兵上等三)				一(軍簡委一(簡三)階)			

13-1

課	成本計算課				審核課				工課
司書	課長	課員		司書	課長	課員		司書	課長
同准尉 軍委[illegible]三(三)階(軍文)	委六 軍薦一階(軍技)	委八 軍薦三(薦一)階(軍技)	委十八 軍委一(二)階(軍技)	委 軍委二(三)階(軍[illegible])	委六 軍薦一階(軍技)	委八 軍薦二(委一)階(軍技)	委十八 軍委一(三)階(軍技)	同准尉 軍委[illegible](三)階(軍文)	委六 軍薦一階(軍文)
二	一	三	三	三	一	三	三	二	一

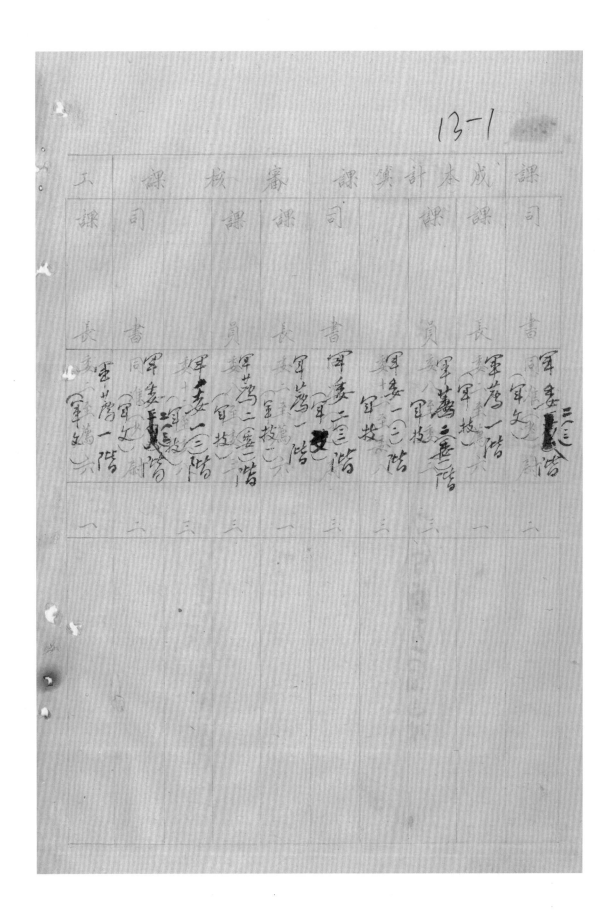

014

新計算課				工務處	總工程師			
課員			司書	工務處長	總工程師	工程師		繪圖員
委四至委二	委六至委四	委十至委六	同准文牘	薦六至簡六	薦四至簡六	薦六至薦二	薦六至薦四	委六至委五
軍薦二階（委一）（軍技）	軍委一（二）階（軍技）	軍委二（三）階（軍技）	軍委三（二）階（軍文）	軍簡三階（軍技）	軍簡三階（軍技）	軍薦一（二）階（軍技）（簡三）	軍薦一（三）階（軍技）	軍委一（三）階（軍技）
二	三	三	三	一	一	五	○六	十の

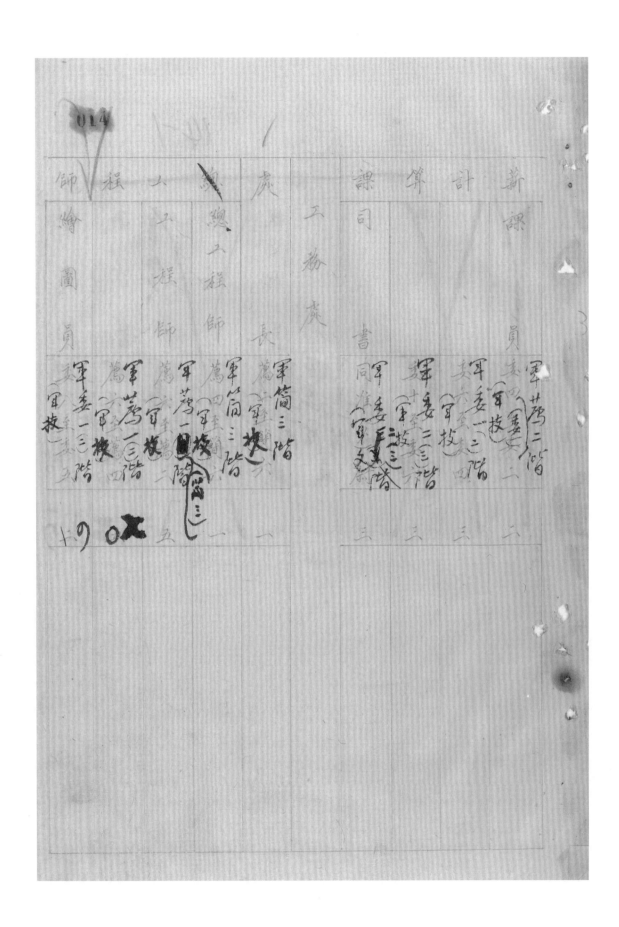

14-1

室 工 程 師 室

繪圖員	司書	工程師 事務員、		技術員			繪圖員	司書
軍委二(三)階(軍技)	軍委三(四)階(軍文)	軍委(三)階(軍技)	軍薦十階(軍技)	軍委二階 軍委一階(軍技)	軍委一階(軍技) 軍委一階	軍委(三)階(軍技)	軍委二(一)階 軍委二階(軍技) 軍委二階(軍技)	軍委三(四)階(軍文)
一	一	一	一	一 一	一 一	二	一 一 一	一

一〇 十 四 三

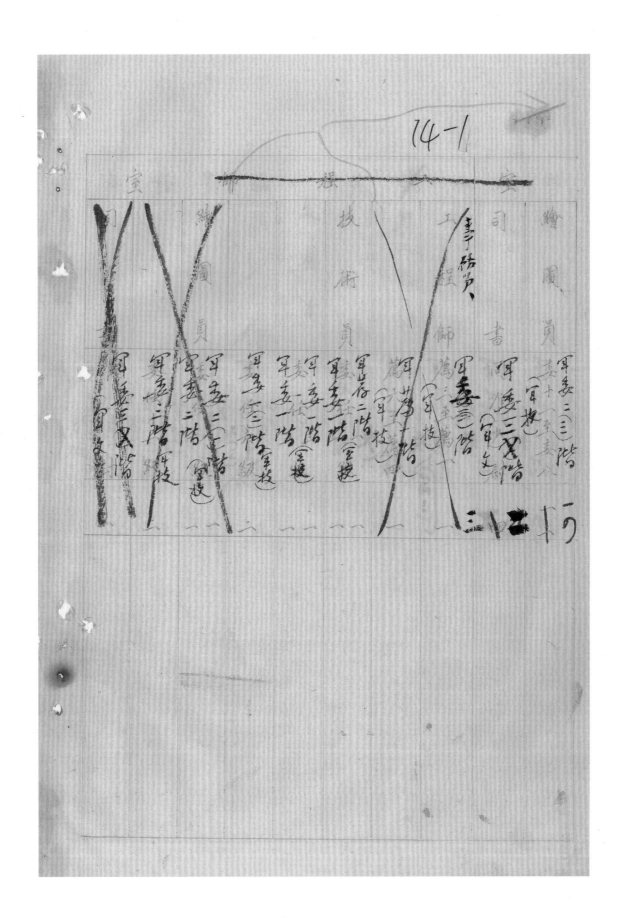

單位	職別	官階	員額
事務課	課長	中校 軍薦一階（軍文）	一
事務課	課員	軍薦二階（軍文）	二
事務課	課員	軍委一階（軍文）	二
事務課	司書	軍委三階（簡三）	三
工作課	課長	薦五至薦三 軍薦一階（軍技）	一
工作課	技術員	委一至薦五 軍薦一（三）階	二
準備課		委一 軍委一階（軍技）	二
準備課	課員	軍薦三（委三）階	一
準備課	課員	軍委（三）階（軍文）	一
準備課	司書	軍委三（委三）階（簡）（軍文）	二
工料課	課長	薦五至薦三 軍薦（簡）階（軍技）	一
工料課	技術員	委一至薦五 軍薦（三）階（軍技）	四

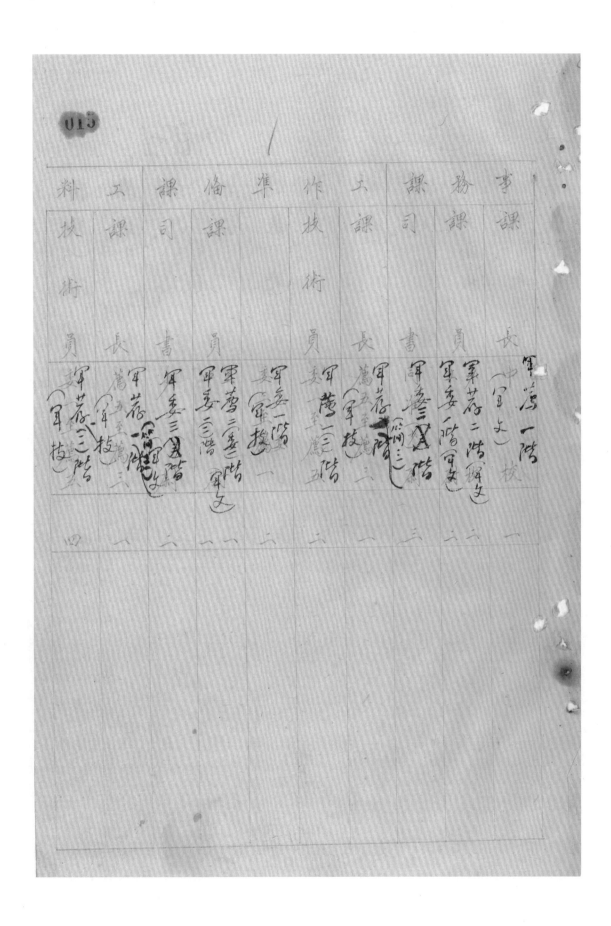

15-1

課別	職別	階級	人數
預算課	技術員	軍委一階（軍技）	四
	課員	軍委一階（軍文）	一
	司書	軍委三（五）階 軍文	二
工作分配課	課長	軍荐一階（簡三）	一
	技術員	軍荐三階（軍技）	三
		軍委一階（軍技）	三
	課員	軍委一階（軍文） 軍委一（二）階	一 一
	司書	軍委三（三）階 軍文	一
半成品	主任技術員	軍荐一階（軍技）	一
	技術員	軍荐二階（軍技）	二

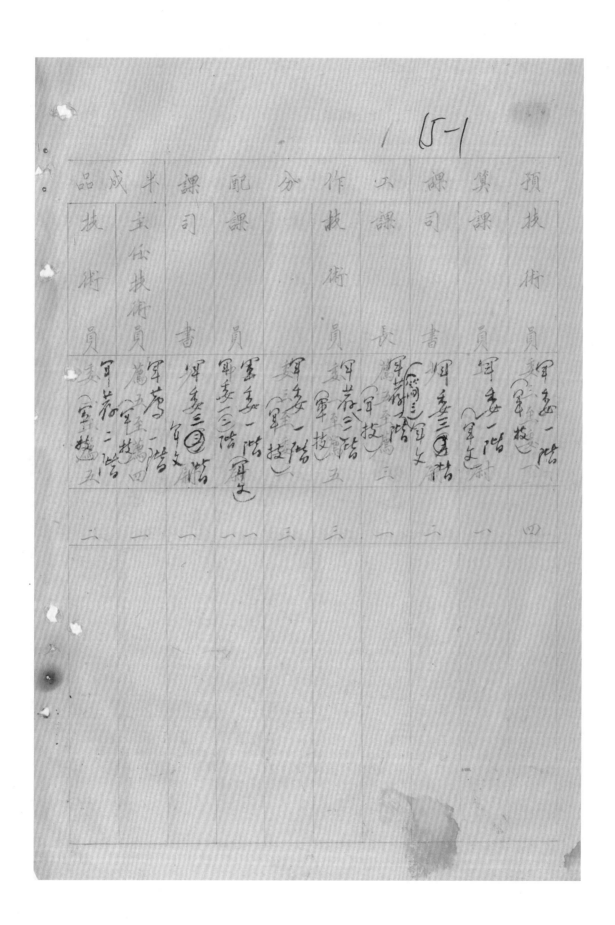

單位	職別	官等	人數
檢驗室		委三至委一 軍委一階（軍技）	二
	事務員	軍委一(三)階	四
敷施所	主任	薦四至薦二 軍薦一階（軍技）（滿三）	一
	技術員	薦六至薦四 軍薦一階（軍技）	二
		委二至薦六 軍薦二階（軍技）	二
		委四至委二 軍委一階（軍技）	二
	事務員	軍委一階（軍文） 軍委二	一一
		軍委二(三)階（滿三）	二
鍛工	主任技術員	薦六至薦四 軍薦一階（軍技）	一
	技術員	委二至薦六 軍薦一(三)階（軍技）	一

16-1

所别	职别	官等	改定官等	员额
所	事務員	中尉	軍委一(三)階（軍文）	一
彈夾所	主任	薦二	軍荐一(簡三)階（軍技）	一
	技術員	薦六至薦四	軍荐一階（軍技）	二
		委六至薦六	軍荐二階（軍技）	二
	事務員	上尉	軍委一二(三)階（軍文）	二
引信所	主任	薦四至薦二	軍荐一(簡三)階（軍技）	一
	技術員	薦六至薦四	軍荐一階（軍技）	二
		委六至薦六	軍荐二階（軍技）	一
	事務員	上尉	軍委一二階（軍文）	二一
工	主任	薦四至薦二	軍荐二(簡三)一階（軍技）	一

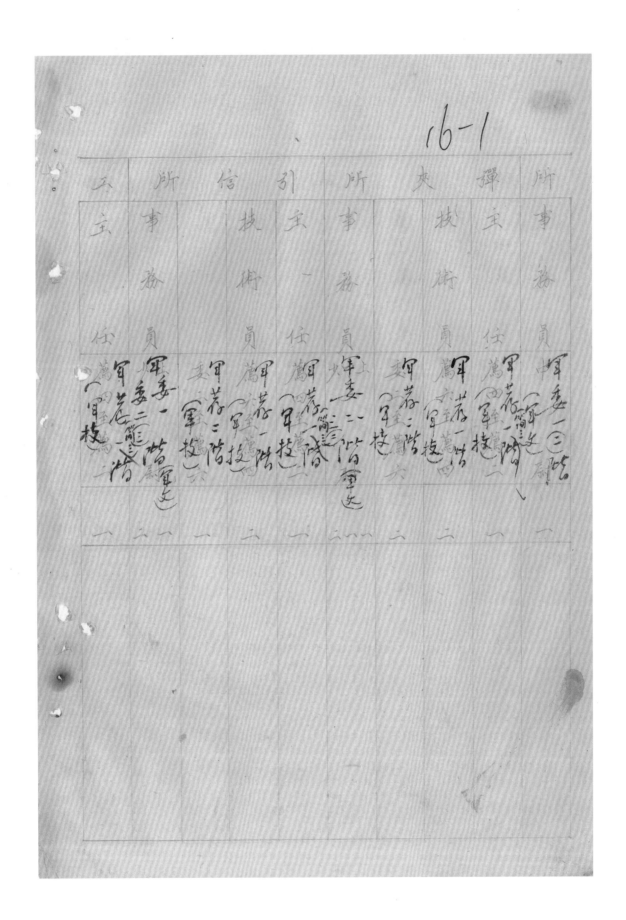

單位	職別	官等	員額
具樣板所	技術員	薦六至薦四 軍薦一階(軍技)	四
		委三至薦六 軍薦二階(委二)(軍技)	六
	事務員	軍委一階(軍文)	一
		軍委二(三)階	一
		委 軍委三(三)階(軍文)	五
木工所	主任技術員	委三至薦五 軍薦一階(軍技)	一
	技術員	委三至薦五 軍薦二(委三)階(軍技)	二
	事務員	委 軍委一(三)階(軍文)	二
水電	主任	薦五至薦三 軍薦一階(軍技)	一
	技術員	委三至薦五 軍薦一階(軍技)	二
		委三至薦五 軍薦二(委二)階(軍技)	二

17-1

所	鑄工所				火工所				
事務員	主任技術員	技術員	事務員		主任	技術員		事務員	司書
軍委一（三）階（軍文）	軍薦（簡）一階（軍技）	軍薦二（委二）階（軍技）	軍委一（三）階（軍文）	軍委二（三）階（簡三）（軍文）	軍薦一階（軍技）	軍薦二階（軍技）	軍委一（三）階（軍技）	軍委一（三）階（軍文）	軍委三（四）階（軍文）
二	一	二	二	一	一	二	三	一 二	一

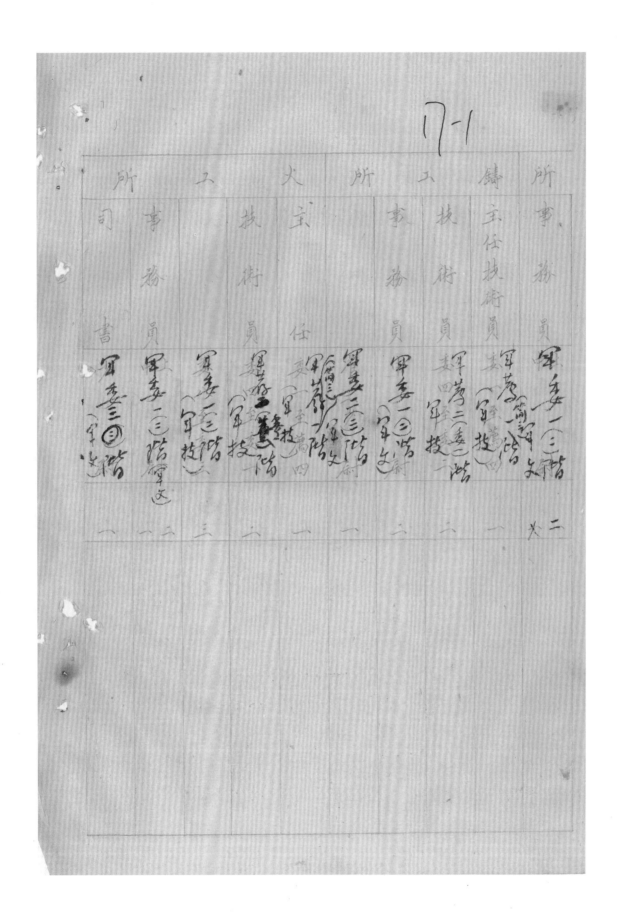

018

樣板所			
主任		軍薦一階（簡?）（軍技）	一
事務員		軍委一（三）階（軍文）上（中）	×二
司書		軍委三（四?）階（軍文）	一
檢驗股	股長	軍薦一階（軍技）	一
	技術員	軍薦二階（軍技）	一
		軍委一階（軍技）	一
		軍委二階（軍技）	二
製造股	股長	軍薦一階（軍技）	一
	技術員	軍薦二階（軍技）	一
		軍委一階（軍技）	二
		軍委一階（軍技）	一
		軍委二階	二

18-1

材物保管科			
科	長	薦四至薦二 軍薦一階（軍技）（簡三）	一
科	技術員	委二至薦六 軍薦一（三）階	一
本	科員	少校 軍薦一（三）階（軍文）	一
部	司書	委 軍委二（三）階（軍文）	二
材、	主任技術員	委四至 軍薦（三）階（軍技）	一
料	技術員	委六至 軍委一階（軍技）	一
庫	庫員	少尉 軍委二（一）階	四
半	主任技術員	委四至 軍薦二階（軍技）（委二）	一
成	技術員	委六至委四 軍薦二階（軍技）	一

品	庫員	軍委一(三)階(軍文)	三
庫		軍委三(三)階(軍文)	一
零	主任技術員	軍委一階(軍技)	一
件	技術員	軍委三(二)階(軍技)	一
庫	庫員	軍委二(二)階(軍文)	一
軍	主任技術員	軍薦二階(軍技)	一
械	技術員	軍委一階(軍技)	一
庫	庫員	軍委二(二)階(軍文)	一
襪	主任技術員	軍薦二階(軍技)	一
物	技術員	軍委一階(軍技)	一

19-1

庫	庫員	軍委二(二)階(軍文)	一
科	檢驗科長	軍簡三階(軍技)	一
科	技術員	軍薦一階(軍技)	一
本	科員	軍薦二階(軍文)	一
部	司書	(軍)委三(三)階	一
理	主任技術員	軍薦一階(軍技)	一
化	技術員	軍薦二(二)階(軍技)	三
試		軍委一階(軍技)	三
驗	事務員	軍委一階(軍文)	一

單位	職別	官階	員額
室	司書	軍委三階（軍文） （原列：尉）	一
成品檢驗室	主任技術員	軍薦一階（軍技） （原列：薦五至薦四）	一
	技術員	軍薦一（三）階（軍技） （原列：委一至薦五）	三
	事務員	軍委一（三）階（軍文） （原列：委……尉）	三
精確研	主任	軍薦一階（軍技） （原列：薦任級）	一
	事務員	軍委十一階（軍文） （原列：尉）	一
	司書	軍委三階（軍文） （原列：尉）	一
研究股	股長	軍薦一階（軍技） （原列：薦任級）	一
	技術員	軍薦二階（軍技） （原列：委任級）	一
		軍委一階（軍技） （原列：委任級）	一

20—1

研究室				採購科				地產科
測驗股								
股長	技術員			科長	科員		司書	
薦任五級 军荐一階（军技）	委任四級 军荐二階（军技）	委任六級 军委一階（军技）	委任八級 军委二階	薦任四級至薦任二級 军荐一階（兩三）	军荐二階（军技） 军委一階（军技）	军委二階（军技）	军委三階（军文）	
一	二	一	三	一	二	二	三	

職別		官等	員額
科長		軍薦一階（簡三）（軍技）	一
科員		軍薦二階；軍委一階（軍技）	一 一
事務員 / 司書		軍委二階（軍技）	
事務員 / 司書		軍委二（二）階（軍文）；軍委三階	三 二
土木工程室	主任	軍薦一階（軍技）	一
土木工程室	技術員	軍薦二階（軍技）	一
土木工程室		軍委一階（軍技）；軍委二階	一 一
土木工程室	繪圖員	軍委二階（軍技）；軍委三階（軍技）	一 一
土木工程室	事務員 / 司書	軍委二（二）階；軍委三階（軍文）	一 一
林場長		軍薦二階（軍技）	一

二十一

場			職工福利處	處	訓育課				事課
場員		司書		處長	課長	課員		司書 事務員	課長
委九至委五 军委一階(军校)	委九至委五 军委二階(军校)	委九至委五 军委三階(军上)		薦五至薦一 军簡三階(军校)	委一至薦四 军薦二(三)階 军技	委六至委一 军委一階(军技)	军委三階(军技)	军委二(三)階(军文)	委一至薦二 军荐一階 军技
二	二	一		一	一	一	二	一二	一

業課

課員		事務員 司書	院長	醫師		藥劑師	助産士	護士
軍荐二階 軍委一階（軍技）	軍委二階 軍委三階（軍技）	軍委三（三）階 軍委三階（軍文）	月薪三百至四百元 軍簡三階（軍技）	月薪二百至三百元 軍荐一階（軍技）	月薪一百五至二百元 軍荐二階（軍技）	月薪八十至一百二十元 軍荐二階（軍技）	月薪五十至八十元 軍委一階（軍技）	月薪[illegible] 軍委[illegible]
一 二	一 一	一 一	一	一	一	一	一	二

醫院

警衛隊

一六三

24-1

隊	隊長	中校	一
本隊	隊附	上（少校）尉	一
	副官	中（上）尉	一
	軍需	一（二）等佐	一
	軍醫	一（二）等佐	一
	書記	同中（少）尉	一
	文書軍士	上士	一
	軍需軍士	上士	一
	司號軍士	中士	一
	看護士	中（下）士	一
	兵	上等	二

U.5

部別	職別	階級	人數
部	傳達兵	下士	一
		上等	二
		一等	二
	炊事兵	上等	一
		一等	一
步兵中隊（三中隊）	中隊長	上尉	三
	分隊長	中尉	三
		少尉	六
	特務長	准尉	三
	文書軍士	同上士	三
	號兵	上等	六
	班長	中士	九
		下士	一八
	列兵	上等	五四
		一等	一〇八
		二等	一六二
	炊事兵	上等	三
		一等	六
		二等	一二

25-1

其他士兵役	傳達軍士	中、下士	一、一
	傳達兵	上等	四
	公役	一、二、三等	一、三、四
		四、五、六等	二七、一四、一四
	炊事兵	上(一)、二等	一、一七
機槍	中隊長	上(中)尉	一
中	中隊附	中尉	一
	特務長	准尉	一
	文書軍士	上士	一
	軍需軍士	上士	一

0.6

中隊（四拔制）

隊部						各分			
觀測軍士	軍械軍士	號兵	傳達兵	炊事兵	飼養兵	分隊長	分隊附	槍長	槍手
中士	中士	上等兵	上等兵	上一二等兵	一等兵	中少（少准）尉	上士	中下士	上一二等兵
一	一	二	三	一二一	一	一一	二	二二	一二八四

26-1

隊傳達兵	上等兵	二	
甲級消防隊			
隊長	上（中）尉	一	配駐廠房區（隊長兼任）
隊附	中（少）尉	一	兼任
管理員	中尉	一	專任
司機 助手	同少尉 准尉	一 一	〃
器材軍士	上士	一	〃
司號	上等兵	一	派兼
傳達	上等兵	一	〃
班長		六	〃
副班長		六	〃

U.7

14

隊員		六〇	〃
丙級消防隊			
隊長	中尉	一	駐大興湯住宅區（隊長兼任）
隊附	少尉	一	兼任
管理員	少尉	一	專任
班長		三	派兼
器材軍士	上士	一	專任
司號	上等兵	一	派兼
傳達	上等兵	一	〃
副班長		三	〃
隊員		三〇	〃

27-1

總計	
官佐	四四六
士兵役	五四三

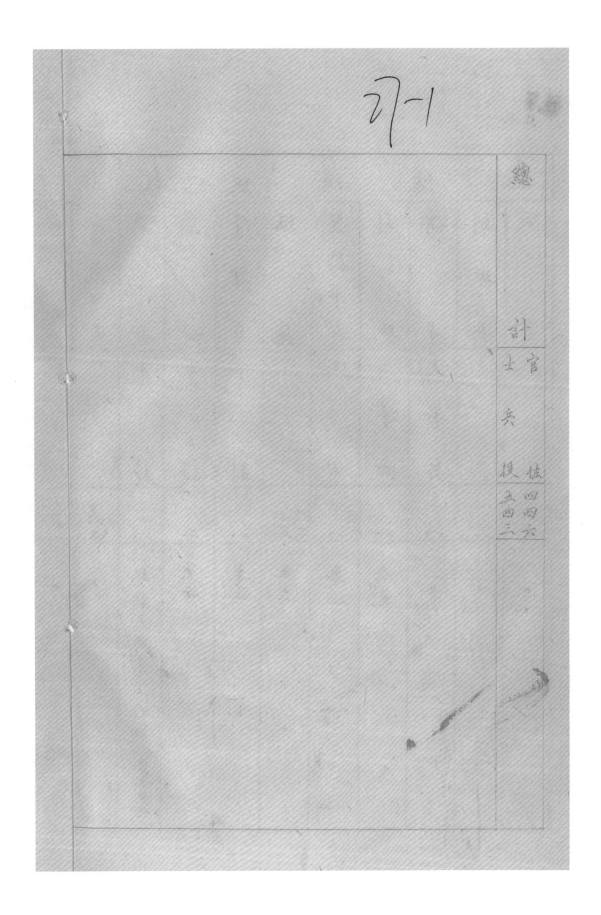

钟林为报军政部兵工署第五十工厂成都分厂草拟编制表致丁天雄的签呈（一九四五年三月二日）

附：军政部兵工署第五十工厂成都分厂草拟编制表

秘書室

總1114

簽呈　蓉分字第〇四二五號

三十四年三月二日

事由　為另行擬具分廠編制請　鑒核由

案查分廠於上年十二月三十日以蓉分字第二五四三號代電鍾代主任為擬具分廠編制請

核閱轉呈一案嗣准秘書室秘努字第一零二號箋奉

鈞批「秘書室核存」等因自應遵照惟查前擬編制與現時需要不甚適合茲另行草擬一份隨文

簽請

鑒核示遵

謹呈

廠長丁

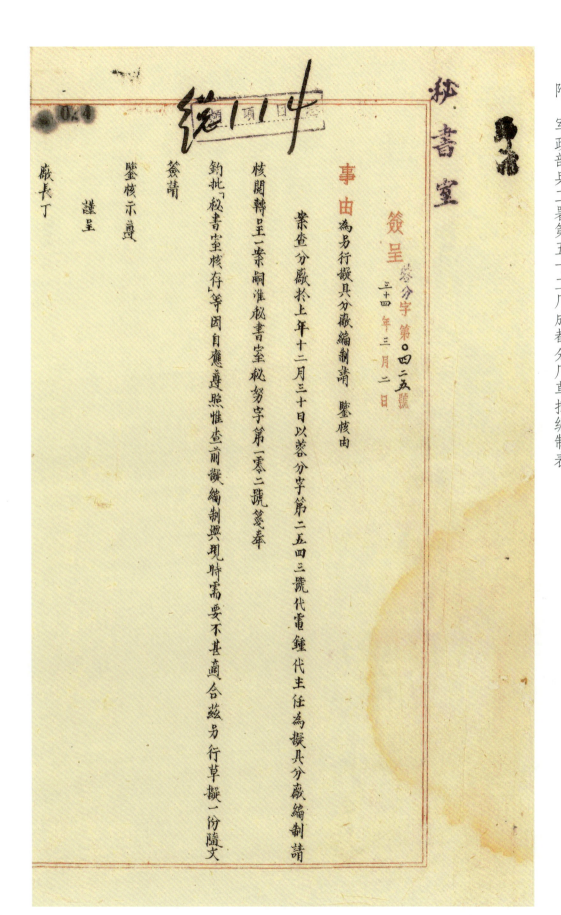

附編制一份

職 鍾林

批示

秘書室核辦 材 十一

附註 月 日

收到 年 月 日 午

第 字 號

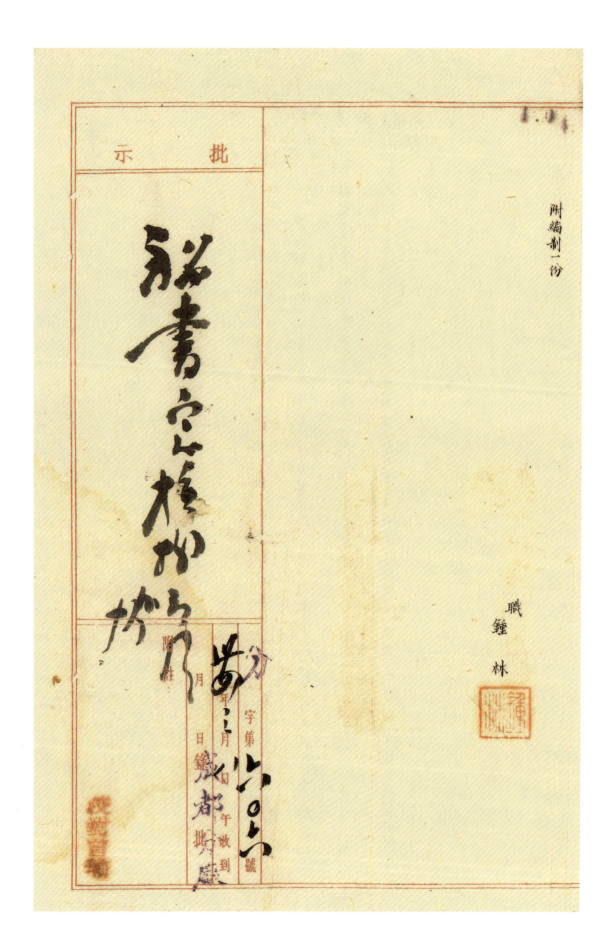

軍政部兵工署第五十工廠成都分廠草擬編制表

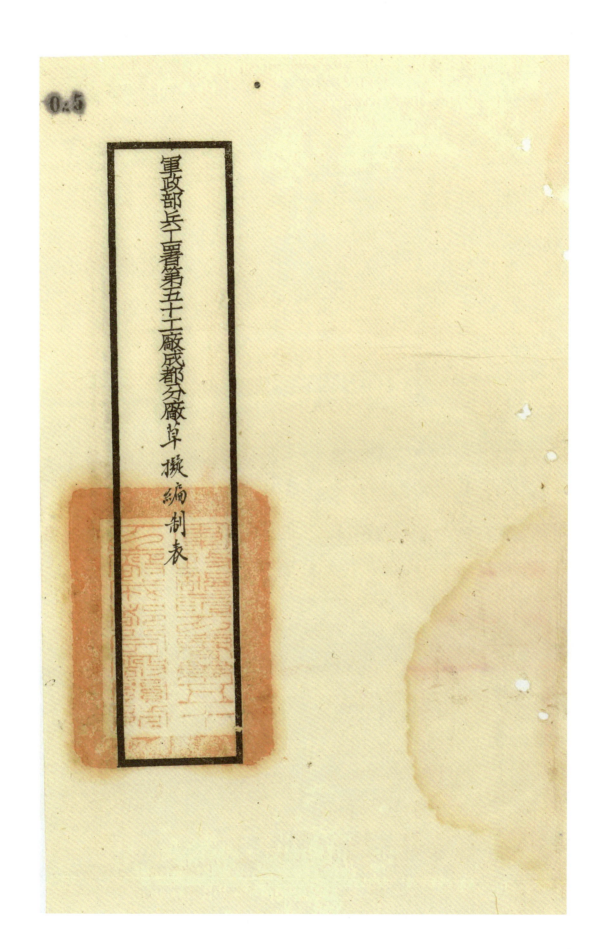

0.6

軍政部兵工署第五十工廠成都分廠編制表

「草擬」

	職別	階級	薪級	類別	員額	備考
主	主任	軍簡三(薦一)階	薦二至簡五	軍技	一	
秘書室	秘書主任	軍薦一階	薦六至薦一	〃	一	類別欄武官屬軍文委薦簡屬軍技以下同
	秘書	軍薦二(二)階	薦十至薦四 少(中)校	軍技 軍文	一	
		軍薦二(二)階	薦十二至薦六 少(中)校	軍技 軍文	一	
	辦事員	軍薦二(二)階	少(中)校	軍文	一	
	〃	軍委一(薦三)階	上(少校)尉	〃	一	
	〃	軍委二(一)階	中(上)尉	〃	二	
	司書	軍委四(三)階	同准(少)尉	〃	二	

26-1

工科	長	單薦一階	薦六至薦一	一
工程師室	主任	單薦一階	薦六至薦一	一
	工程師	單薦二(一)階	薦十至薦三	二
	技術員	單委二(一)階	委六至委一	三
	繪圖員	單委二(一)階	委八至委四	四
	司書	單委四(三)階	同准(少)尉	一
工作準備股	股長	單委一(薦三)階	委二至薦四	一
	股員	單委一(薦三)階	委四至薦六	一
	〃	單委三(二)階	委十至委三	二
	司書	單委四(三)階	同准(少)尉	一

0:7

部門	職別	階級	階級範圍		人數
工作支配	股長	單委一（荐一）階	委二至荐四		一
	股員	單委一（荐二）階	委四至荐六		一
	〃	單委二（委一）階	委六至委一		二
	司書	單委四（三）階	同准（少）尉		一
工政股	股長	單荐二（一）階	少（中）校		一
	股員	單委一（荐二）階	上（少校）尉		一
	〃	單委二（一）階	中（上）尉		二
	司書	單委四（三）階	同准（少）尉		一
檢驗	股長	單委一（荐二）階	委一至荐三		一
	股員	單委一（荐二）階	委四至荐六		三

27-1

務

造	製	一	第	庫		料	材	股	
〃	〃	技術員	主任	司書	〃	庫員	庫長	司書	股員
軍委三(二)階	軍委二(委一薦三)階	軍委一(薦二)階	軍委一(薦亡)階	軍委四(三)階	軍委二(一)階	軍委一(薦三)階	軍委一(薦亡)階	軍委四(三)階	軍委三(二)階
委十至委四	委六至薦十	委四至薦七	委二至薦三	同准(少)尉	委八至委四 中(上)尉	委四至薦八	委二至薦六 少(中)校	同准(少)尉	委十至委二
四	四	四	一	一	三	一	一	一	三

0.8

所別	職別	軍委階級	官等			員額
所	事務員	軍委三(三)階	少(中)尉			一
	司書	軍委四(三)階	同准(少)尉			一
第二製造所	主任	軍委一(荐二)階	委二至荐三			一
	技術員	軍委二(荐二)階	委四至荐七			四
	〃	軍委二(委一荐二)階	委六至荐十			三
	〃	軍委三(二)階	委十至委四			三
	事務員	軍委三(二)階	少(中)尉			一
	司書	軍委四(三)階	准(少)尉			一
第三	主任	軍委一(荐二)階	委二至荐三			一
	技術員	軍委一(荐二)階	委四至荐七			四

28-1

杆

製造所	技術員	單委二(薦委二)階	委六至薦十	三
	〃	單委三(二)階	委十至委四	三
	事務員	單委三(二)階	少(中)尉	一
	司書	單委四(三)階	同准(少)尉	一
第四製造所	主任	單委一(薦二)階	委二至薦三	一
	技術員	單委一(薦三)階	委四至薦七	三
	〃	單委二(薦委二)階	委六至薦十	二
	〃	單委三(二)階	委十至委四	三
	事務員	單委三(二)階	少(中)尉	一
	司書	單委四(三)階	同准(少)尉	一

職別	階級	軍階	員額
總務科科長	軍薦一([illegible])階	薦六至薦二	一
庶務股股長	軍薦二(一)階	少(中)校	一
股員	軍委一(薦三)階	上(少校)尉	一
〃	軍委二(一)階	中(上)尉	一
司書	軍委四(三)階	同准(少)尉	一
出納股股長	軍薦二(一)階	少(中)校	一
股員	軍委一(薦三)階	上(少校)尉	一
〃	軍委二(一)階	中(上)尉	一
司書	軍委四(三)階	同准(少)尉	一
營股長	軍委一(薦三)階	委二至薦五 少(中)校	一

291

科 繕股	股員	軍委一（薦二）階	上（少校）尉 委四至薦六		一
	〃	軍委二（一）階	中（上）尉 委八至委二		二
成品庫	司書	軍委四（三）階	同准（少）尉		一
	庫長	軍委二（薦一）階	委七至薦十		一
	庫員	軍委二（一）階	中（上）尉		二
	司書	軍委四（三）階	同准（少）尉		一
會計科	科長	軍薦二（一）階	薦十至薦二		一
	專員	軍薦二（一）階	薦十二至薦三		一
簿記股	股長	軍委一（薦二）階	委三至薦五		一
	股	軍委二（一）階	委八至委一		三

計

股別	職別	階級	薪級		人數
股	股員	單委三(二)階	委十二至委六		一
成本計算股	股長	單委一(薦二)階	委三至薦五		一
	股員	單委二(二)階	委八至委一		三
	〃	單委二(二)階	委十二至委六		一
新工計算股	股長	單委一(薦三)階	委三至薦五		一
	股員	單委二(一)階	委八至委一		三
	〃	單委三(三)階	委十二至委六		一
審核	股長	單委一(薦三)階	委三至薦四		一
	股員	單委二(一)階	委八至委一		二
	〃	單委三(一)階	委十二至委六		一

30-1

科股	司書	軍委四(三)階	准(少)尉	二
福利科	科長	軍薦二(一)階	薦十至薦二 少(中)校	一
福利科 事業股	股長	軍薦二(一)階	少(中)校	一
福利科 事業股	股員	軍委二(薦二)階	上(少校)尉	二
福利科 事業股	〃	軍委二(一)階	中(上)尉	二
福利科 事業股	司書	軍委四(三)階	准(少)尉	一
福利科 衛生股	股長	軍委一(薦三)階	委一至薦三	一
福利科 衛生股	醫師	軍薦二(一)階	薦十至薦二	二
福利科 衛生股	助理醫師	軍委二(一)階	委八至委二 二等軍醫(一等)佐	一
福利科 衛生股	藥劑師	軍委二(一)階	委八至委二 二等司藥(一等)佐	一

031

科股

購置科

運

看護長	雇用	八〇元至一二〇元		一
看護士	雇用	六〇元至八〇元		二
司書	單委四(三)階	准(少)尉		一
科長	單薦二(二)階	薦十二至薦二 少(中)校		一
科員	單委一(薦三)階	委四至薦十 上(少校)尉		二
〃	單委二(一)階	委八至委一 中(上)尉		二
〃	單委二(一)階	中(上)尉		二
司書	單委四(三)階	准(少)尉		一
科長	單薦二(二)階	薦十二至薦二 少(中)校		一
科員	單委一(薦三)階	委四至薦八		二

31-1

翰科	科員	簡委一階	上尉		二	
	〃	簡委二階	中尉		二	
	司書	簡委四(三)階	准(少)尉		一	
本署直屬二五子弟學校	校長	兼任				
	教務主任	聘任			一	
	教員	〃				視學生多寡酌定
	事務員	簡委二(一)階	中(上)尉		二	
警衛稽	組長	簡薦一階	中校		一	
	副組長	簡薦二階	少校		一	警衛隊長兼
	組員	簡薦二階	少校		一	
		簡委一階	上尉		三	
		簡委二階	中尉		五	

查組	直屬第五警衛中隊			
司書	軍委三階	少尉		一
中隊長	軍委一階	上尉		一
中隊附	軍委二階	中尉		一
特務長	軍委四階	准尉		一
分隊長	軍委二階 軍委三階	中尉 少尉		一 二
公役	一二三等			二二四
公役	四五六等			六八十
炊事兵	上一二等			四八八
合計	官一百九十六名 兵五十二名			

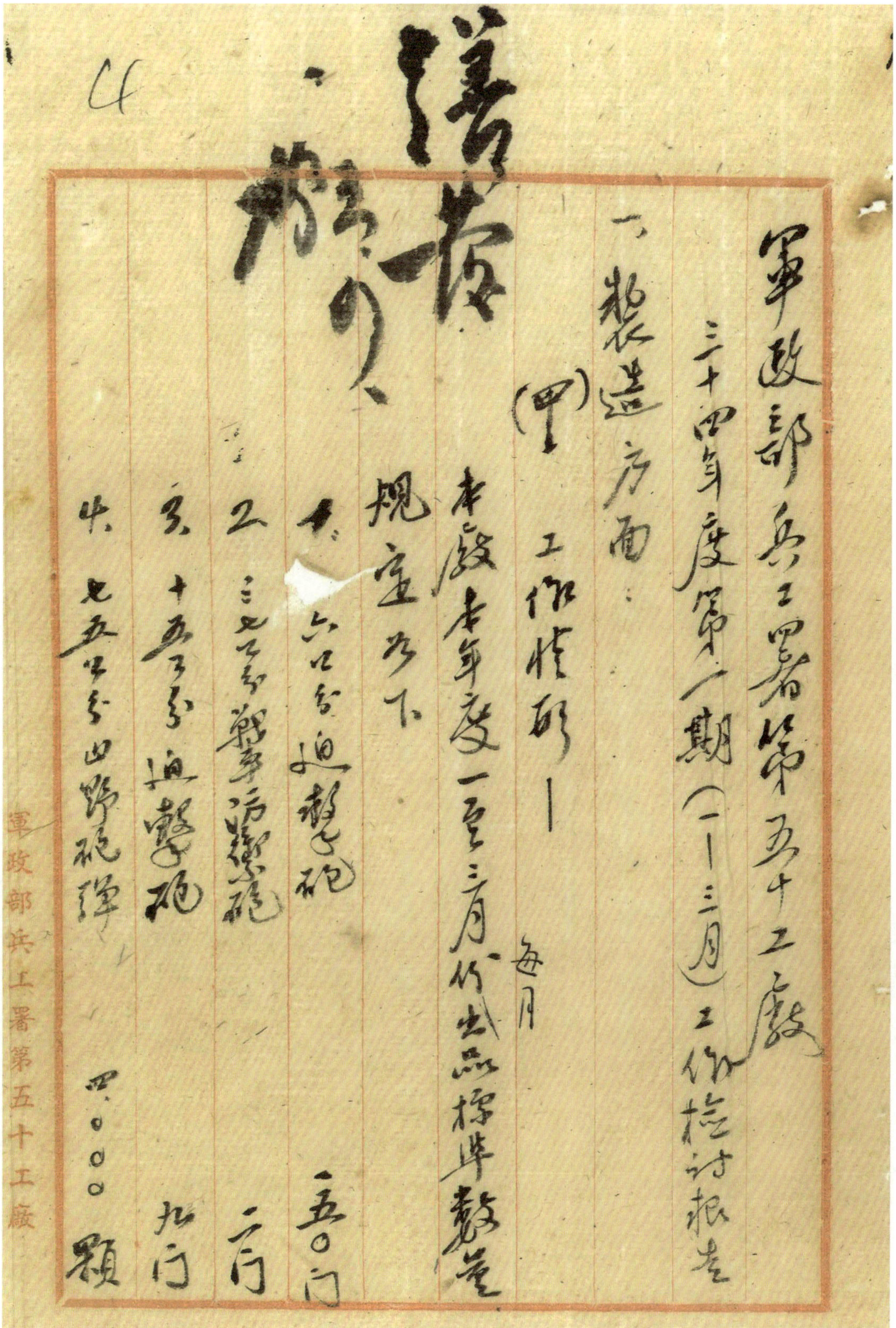

軍政部兵工署第五十工廠

三十四年度第一期（一—三月）工作檢討報告

一、製造方面：

（甲）工作情形——

本廠本年度一至三月份每月出品標準數量規定如下

1. 六〇公迫擊砲 一五〇門
2. 三七公戰車防禦砲 二門
3. 十五公分迫擊砲 九門
4. 七五山野砲彈 四〇〇〇顆

軍政部兵工署第五十工廠

6-1

5、十五公分迫擊砲彈　三、〇〇〇顆

此外並試造[illegible]卜福司山砲及仿造六公分迫擊砲彈、其他一切製造亦均以與上列產品直接間接有關者為範疇、其間屬於技術方面之困難問題、經悉心協同解決之後、大致尚能遂行業務

(乙)困難問題

1、設備——本廠在粵建廠之初、以購來原料及半成品來源較易、故採其設備、大都備

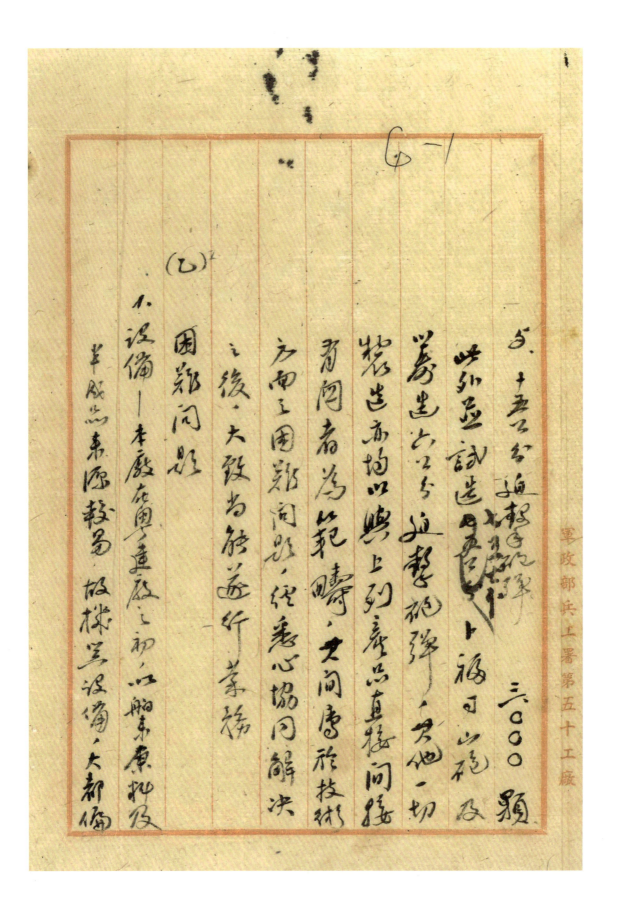

5

2

垂於裝配，遷川以後，海運四塞，一般材料多需自給，機器備感不敷，甚至缺略，有增置，但仍難一一配合需求，益以原有機器使用日久，損蝕剝落，又乏零件可供配修，故設備不充，為本廠當前第一困難。

二、技工——熟練技工，原屬不易羅致，而近年生活程度突飛猛進，一般物價從長增高，本署各廠待遇較低，而民營工廠復以提高工資爭相羅致

軍政部兵工署第五十工廠

見異思遷，流動甚大，訓練補充亦感緩不濟，急於如何安定技術工人生活，亦為急待解決之困難問題。

二、材料方面：

（甲）工作情形

1、本廠於向外國訂購前，均於一年或數個月前開列規格數量清單函呈由兵工署向外訂購，並派有專人分駐印度、昆明等地，照料材料，經運達立即接運前來

6

3

2、關於署屬友廠供應者，在一個月以前提出預定數量，造具預算，呈由本工廠分別令飭各廠製供。

3、關於當地採購者，即隨時通知採購科儘先採購，適時適供。

以上材料大致尚能維供應出品，但隨購隨用，隨用隨購，庫無餘料儲藏，不特成本因之提高，且時有停工待料之虞矣。

（乙）困難情形

軍政部兵工署第五十工廠

6-1

1、航空材料，限於空運（車運）時，常感供不應求，有時竟可利用國產材料，如製工具用之風鋼、衝模鋼、彈簧鋼、工具鋼等，產量完屬不敷，而性能較差，亦多不能持久耐用。

2、製造原料，如潤滑油、調水油、柴油、洗焦、煙煤等，來源缺乏，每虞斷絕。

三、運輸方面：

7

(甲)工作情形

1. 廠外運務

A. 國外內運器材大概由印加空運至宜賓，或空運至昆明，經川滇公路車運至瀘縣。此項器材由達宜瀘，即交招商局民生公司船運至廠。

B. 成都分廠需用器材，即分別緩急水運至宜賓、樂山，拖運起岸，或運裝自有汽車直駛成都。

C. 造繳成品，裝入廠船，用自有小輪拖曳至解繳械庫地點。

軍政部兵工署第五十工廠

7-1

2. 廠內運輸

器材、物品進出庫用工伕人力扛運至庫房，再由庫房運出發送廠房，以及廠房與廠房間之搬運等，均儘量利用人力或輕便之運輸工具。此項運輸經竭力調度調節，當能遂行一部分任務，但以限於工具人力，仍難達到整個要求。

（乙）困難問題

丙、汽車零件缺乏——汽車零件、物缺價昂

不易修配，尤以輪胎一項行駛過久，百孔千瘡，輪面平滑，途程稍遠，路面稍濕，即不敢開行，以致昆明等地以及臘戍保山下關等處原有存若干（有成批運到）材料可資利用者終不能自運應急，外間運輸機構，亦每以車少貨多，致外料每難如期到達

二、僱伕、僱船困難——伕力船租費用，極隨物價變動而增高，如依規定價格則無人受僱，不依規定價格僱用則

軍政部兵工署第五十工廠

无从报销，往往因一般一使租值之徵，
碍有其四，因而延误工作者亦在所难免。

四、福利方面：

8-1

（甲）工作状况

1.衣——除遵照规定造册具领官兵冬
夏被服及制服材料外，在可能范
围向蓉纱布管制局尽量购买
布疋价廉者，员工及其眷属服用
2.食——除向粮秣处领用军粮和依照
员工随往眷属人数向成都民
食供应处批购食米，计價

軍政部兵工署第五十工廠

9

7

蔬員工眷屬食用，此外並就廠

區隙地盡量利用種植菜蔬

及購大黃豆製作醬豆腐醬油醃

漬鹹菜等，供員工及眷屬食用

3. 住——就廠區徵得地畝，分區建

築員工宿舍，備員工眷及其眷屬

居住

4. 醫療衛生——建築醫院，設置

病床，備傷病員工醫療之用

有餘力時並撥收容同業傷病

軍政部兵工署第五十工廠

患者

以上諸端，已就人力所能辦到者治標

整頓，並所以能安定維繫，大

家賴此，但根本辦法，仍須去此

本身作業之缺憾。

（2）困難情形問題

1、配量不足——

A 衣的問題——編制內員工官兵，每年

每季得領單棉軍服及服料者總可

敷用，而一般技工及員工眷屬每年

軍政部兵工署第五十工廠

10

8.

領、棉布料不足之支，實、難敷禦寒，抗戰將近八年，舊衣既已腐敝，新製衣無力添置，故服料之配發，亦為安定生活中之最重問題。他如日用必需品，配量亦少，極不敷用。

乙、住的問題——在簡單合用原則下之計劃建置員工住宿房舍，但人多房少，雖經儘量調節，仍不敷分配，而安居問題影響工作效率至深且巨，故如何擴展建設營房以為興建

軍政部兵工署第五十工廠

員工膳食之資亦屬當務之急

五、其他

（甲）工作情形

1. 人事管理——在工作時間嚴密管理，提高其工作情緒及效率之外，尤須注重其〔隨時利用機會講解三民主義等課，藉陶冶其思想〕工餘之生活，如提倡高尚娛樂，以資〔調劑，特別〕〔如圖書閱覽〕有關時局之電影畫片，組織〔業餘〕交響樂、音樂隊及一般有關健身運動之球類比賽等，其他賭博及一切萎靡墮落性之習慣，則在絕對嚴切禁止之列

軍政部兵工署第五十工廠

01　　9.

三、警戒防範——廠區遼闊，員工眾多，對於防奸防宄實為不容忽視之任務，故對人員之進出，物品之攜帶，郵電之檢查均在嚴密之稽查取締下嚴切執行，一般總務任務均能遂行，環境尚稱安謐。

(乙)困難問題

1、屬於人事者——提高工作情緒及效率自以安定生活為先決條件，以現時技術員工之事得於人之際，均以重值爭致，實

軍政部兵工署第五十工廠

爲不可避免之事實，而現在一般軍用技術人員待遇實較一般文職公務員爲低，技工待遇亦較一般民營工廠爲下，故對員工維繫，開來繼往均感困難。

乙、廠區遼廓且地形複雜，警衛員兵過少且不足額，武器亦缺乏充分配備，平時防範已感能力，應付意外更多掣肘。

六、希望改善

1、補充機器，求製造上能達到自給自足

軍政部兵工署第五十工廠

12

10

為目的

2、供給材料：甲、增加外料空運及車運數位求達到適時供應無停工待料之虞為目的

3、暢通運輸：增撥車輛大量購輸入零件輪胎備修配之用求達到材料成品運入與輸出能配合官機為目的

4、調整待遇：員工薪給與一般公務員及民營工廠平衡求達到最低生活

軍政部兵工署第五十工廠

要求為目的

12-1

軍政部兵工署第五十工廠

军政部兵工署第五十工厂一九四五年七月统计图表（一九四五年八月五日）

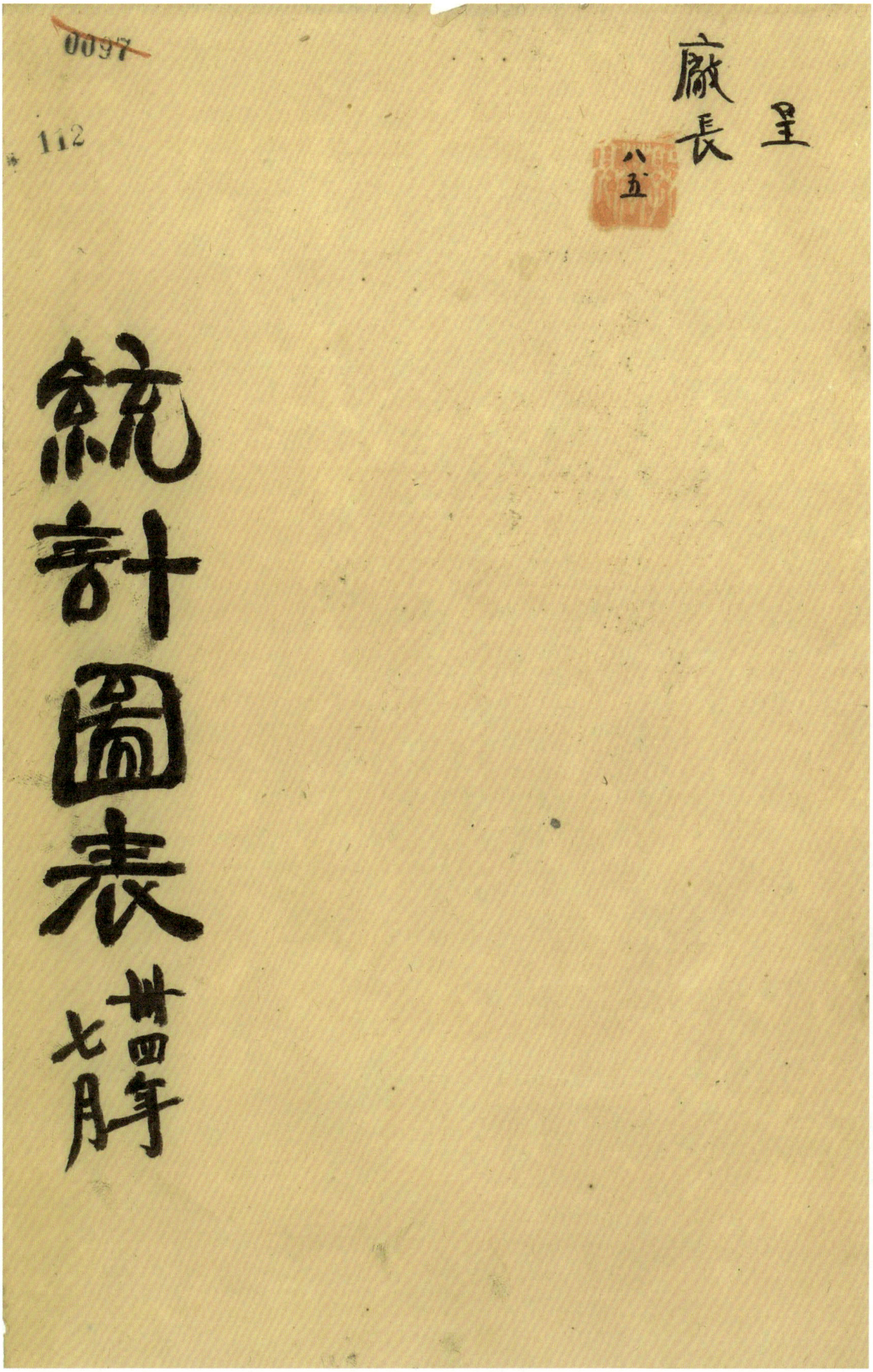
0097

112

呈

廠長

八五

統計圖表

卅四年七月

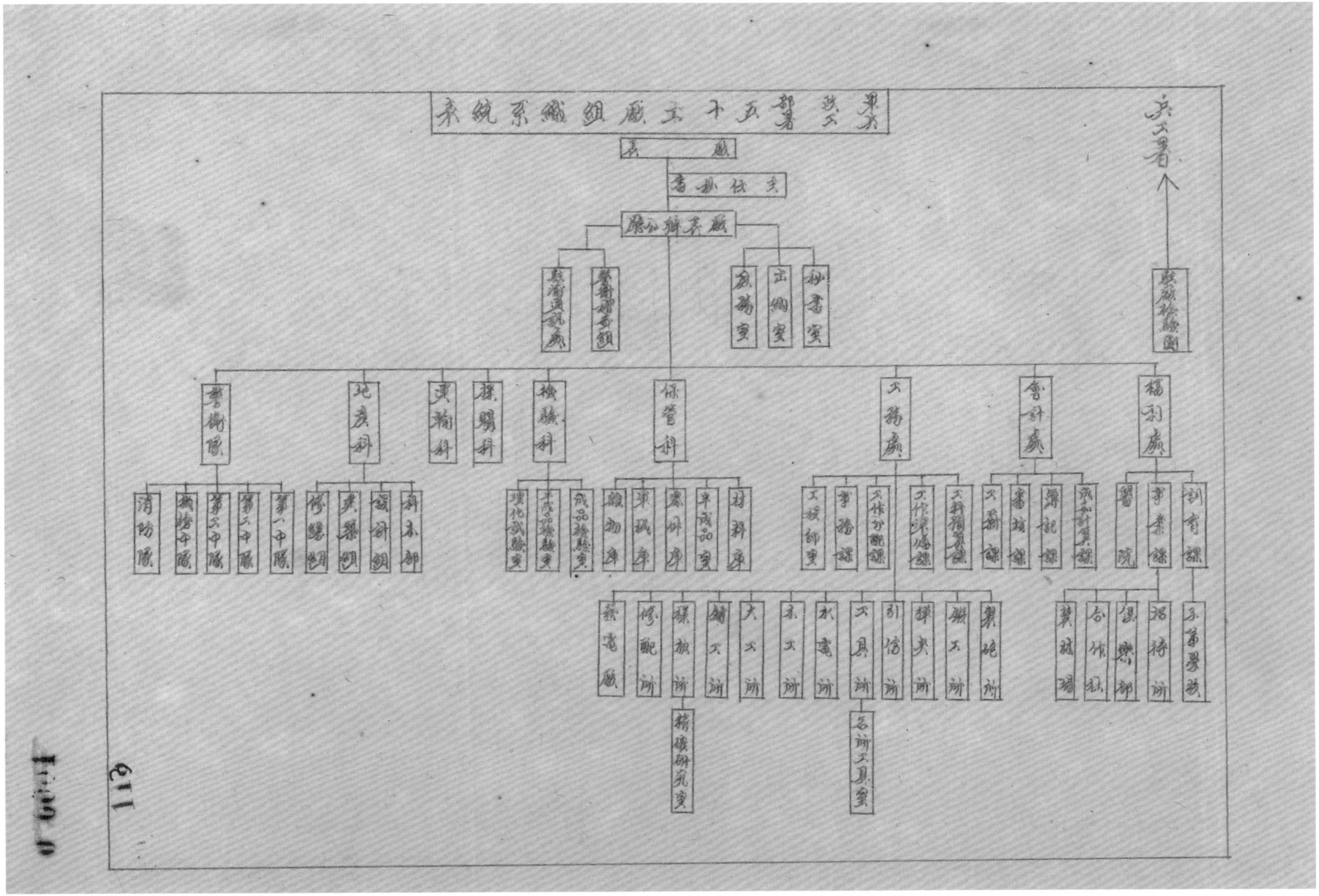
军政部兵工署第五十工厂组织系统表
厂长
兵工署
秘书室
警卫队
工务处
会计处
福利处
消防队
第一中队
第二中队
第三中队
113

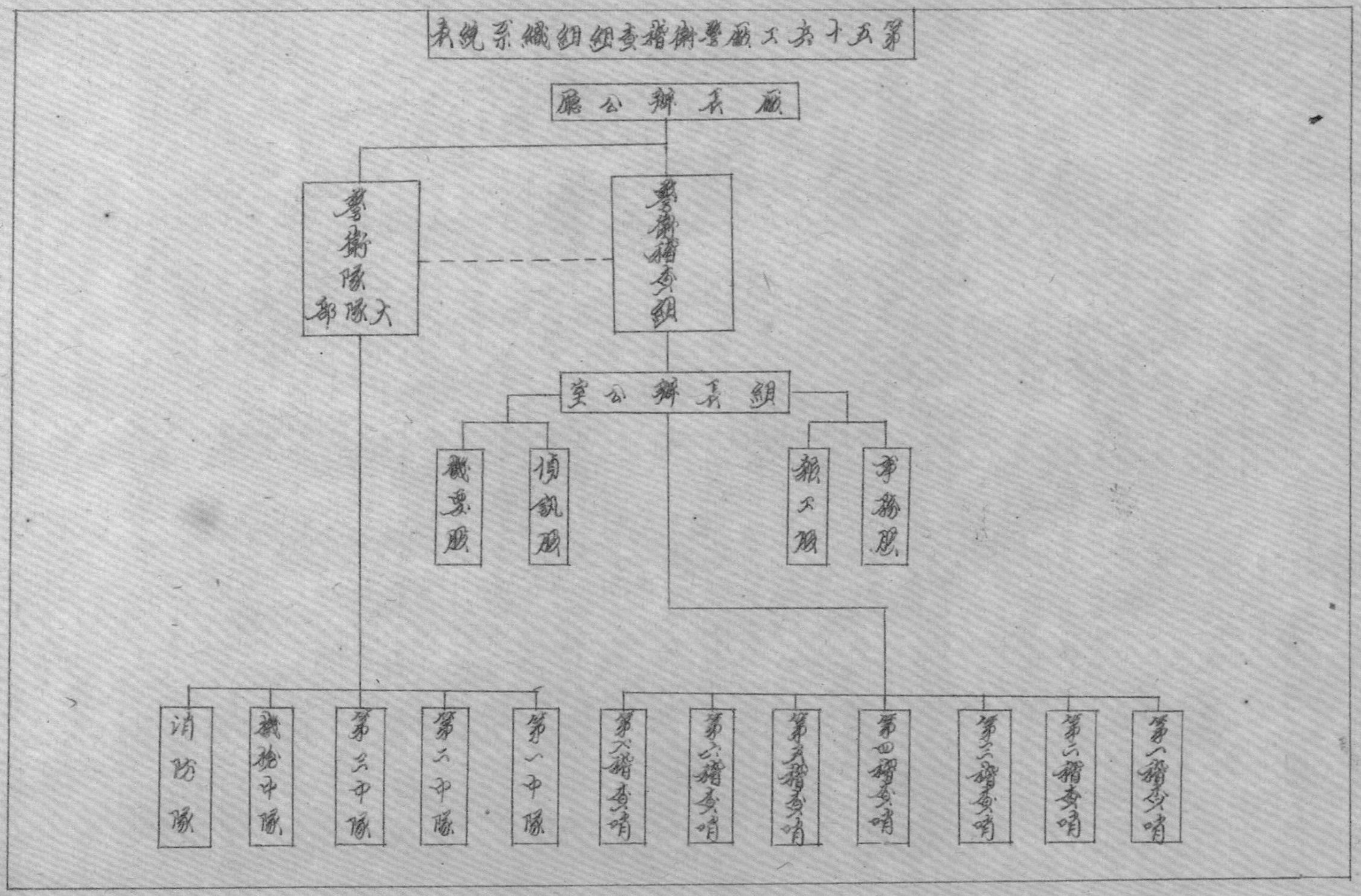
第五十六工廠警衛稽查組組織系統表
廠長辦公廳
警衛稽查組
警衛隊大隊部
組長辦公室
事務股
偵緝股
機要股
第一中隊
第二中隊
第三中隊
機槍中隊
消防隊
第一稽查哨
第二稽查哨
第三稽查哨
第四稽查哨
第五稽查哨
第六稽查哨
第七稽查哨

115

军政部兵工署第五十工厂警卫稽查组勤务分掌表

三十四年八月份

勤务区分	姓名	级职	勤务分掌	
组部办公室	郭綮亮	上校组长	负全组事务总责	
	汪墨	中校副组长	负警卫业务总责	
	秦瑞	[illegible]股长	[illegible]	
	沈惠池	[illegible]股长	[illegible]	
	张贵实	[illegible]股长	[illegible]	
	何君贵	中尉股员	[illegible]	
	卓公豹	中尉股员	[illegible]	
	胡凍武	准尉股员	[illegible]	
	樊作惠	事务股少尉股员	负责人保[illegible]一切事宜	[illegible]
	吴景朗	少尉股员	外收发兼管卷	[illegible]
	林琪发	准尉股员	[illegible]	
	侯志超	助理员	司书	（原派勤外人员）
第一警卫稽查哨	罗尉滨	上尉哨长	负全哨业务总责及户口调查	
	杨景瑞	准尉哨员	仓库警卫及其他	
第二警卫稽查哨	蔡[illegible]琳	少校哨长	负全哨业务总责及户口调查	[illegible]
	黄[illegible]麒	上尉哨员	仓库警卫及其他	[illegible]
	胡文瑛	助理员	什务	（原派勤外人员）
第三警卫稽查哨	徐[illegible]森	上尉哨长	负全哨业务总责	
	李[illegible]贤	中尉哨员	户口调查及其他	
	王志荣	少尉哨员	仓库警卫及其他	
第四警卫稽查哨	陈国禄	中尉代哨长	负全哨业务总责及户口调查	
	赵蔚广	中尉哨员	仓库警卫及其他	
第五警卫稽查哨	赵景文	上尉哨长	负全哨业务总责及户口调查	
	侯鸿钦	中尉哨员	仓库警卫及其他	[illegible]
第六警卫稽查哨	赵蔭溪	少校哨长	负全哨业务总责	
	吴濬生	上尉哨员	派驻[illegible]工作	
	潘武海	上尉哨员	户口调查及其他	
	余克禄	上尉哨员	仓库警卫及其他	
	杨惠林	中尉哨员	派驻[illegible]	
第七警卫稽查哨	秦安民	中尉代哨长	负全哨业务总责及户口调查	
	曾鸿钧	准尉哨员	仓库警卫及其他	[illegible]
差假人员	吕佩霖	上尉组员		[illegible]
	彭涛	少尉组员	派驻[illegible]	[illegible]

~~0101~~
~~0 ……4~~

116

兵工署第五十工廠全廠員工人數統計表(三十四年六月份)

部別	職員	助理員	技術工	普通工	小工	長工	士兵	合計
廠長辦公室	3							3
秘書室	12							12
出納室	6	1						7
總務室	5					40	(公役)40	85
工務處處本部	54	7	3	3	6			73
製砲所	13	12	225	91	123			464
彈夾所	7	9	99	31	156			302
修理所	6	4	88	15	43			156
鍛工所	5	2	16	23	21			67
鑄工所	7	4	114	27	137			289
木工所	7	5	168	46	114			340
火工所	8	5	60	49	108			230
發電廠	8	4	46	19	59			136
水電所	4	7	46	23	31			111
工具所	12	11	54	20	36			133
引信所	5	8	74	15	63			165
機械所	8	8	35	14	31			96
福利處處本部	39	6	30	17		343		435
合作社	9	7	25			16		57
農林場	6	1	19	2		84		112
會計處	43	1						44
檢驗科	28	6	25	6	76			141
保管科	20	4	2	16		46		88
運輸科	17	3	60			196		276
採購科	13	3						16
地產科	13	13	145	36	111			318
警衛稽查組	30	2				27		59
警衛隊	28						378	406
駐渝辦事處	4							4
總計	426	133	1334	452	1115	752	418	4625
備考	(一)福利處職員內有黨部工作人員6人、合作社專職11人。 (二)另有醫院醫師職員51人、子弟學校教員44人。							

軍政部兵工署第五十工廠職員工士兵房民包商及眷屬統計表（三十四年八月份）

類別	人數	類別	人數
本廠職員及其眷屬	職員515人	本廠士兵	士兵378人
	助理員133人	包商工人及其眷屬	工人207人
	眷屬1085		眷屬18人
本廠工人及其眷屬	工人3694人	房民	男288人
	眷屬2798人		女224人
合計	8225人	合計	1115人
總計			9340人

第五十工廠全廠戶籍貫統計表（三十四年七月份）

類別	合計	男	女	成人	婦女	兒童
員工人數	二八二二人	二七二三人	九九人	二六八七人	九九人	二五人
員工眷屬	三八八三人	九〇八人	二九七五人	五一五人	二〇四四人	一三二四人
居民人數	五一二人	二八八人	二二四人	一八八人	一六〇人	一六四人
包商工人	二二五人	二〇七人	一八人	二〇五人	一九人	一人
總計	七四三一人					

員工及眷屬籍貫

四川 三四三八人	江蘇 五九九人	湖南 四六一人	湖北 三九八人	廣東 三八〇人	河南 三六〇人	浙江 二九八人	安徽 二〇〇人	河北 一七四人	山東 一二二人	遼寧 七七人
福建 五三人	江西 四一人	山西 三六人	廣西 二五人	陝西 一三人	貴州 一一人	甘肅 三人	吉林 二人	熱河 二人	察哈爾 一人	

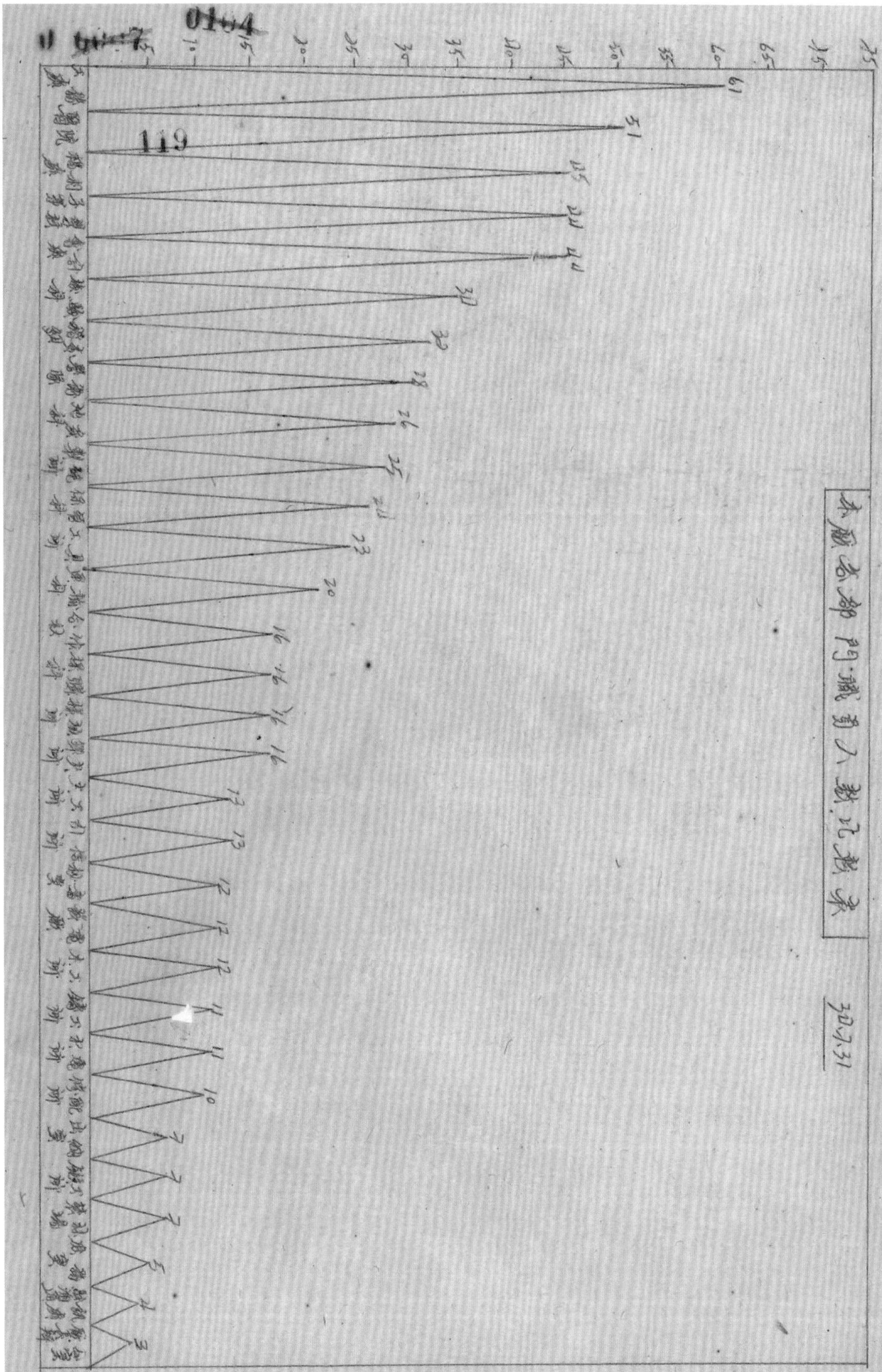
本廠各部門職員人數比較表
30.7.31

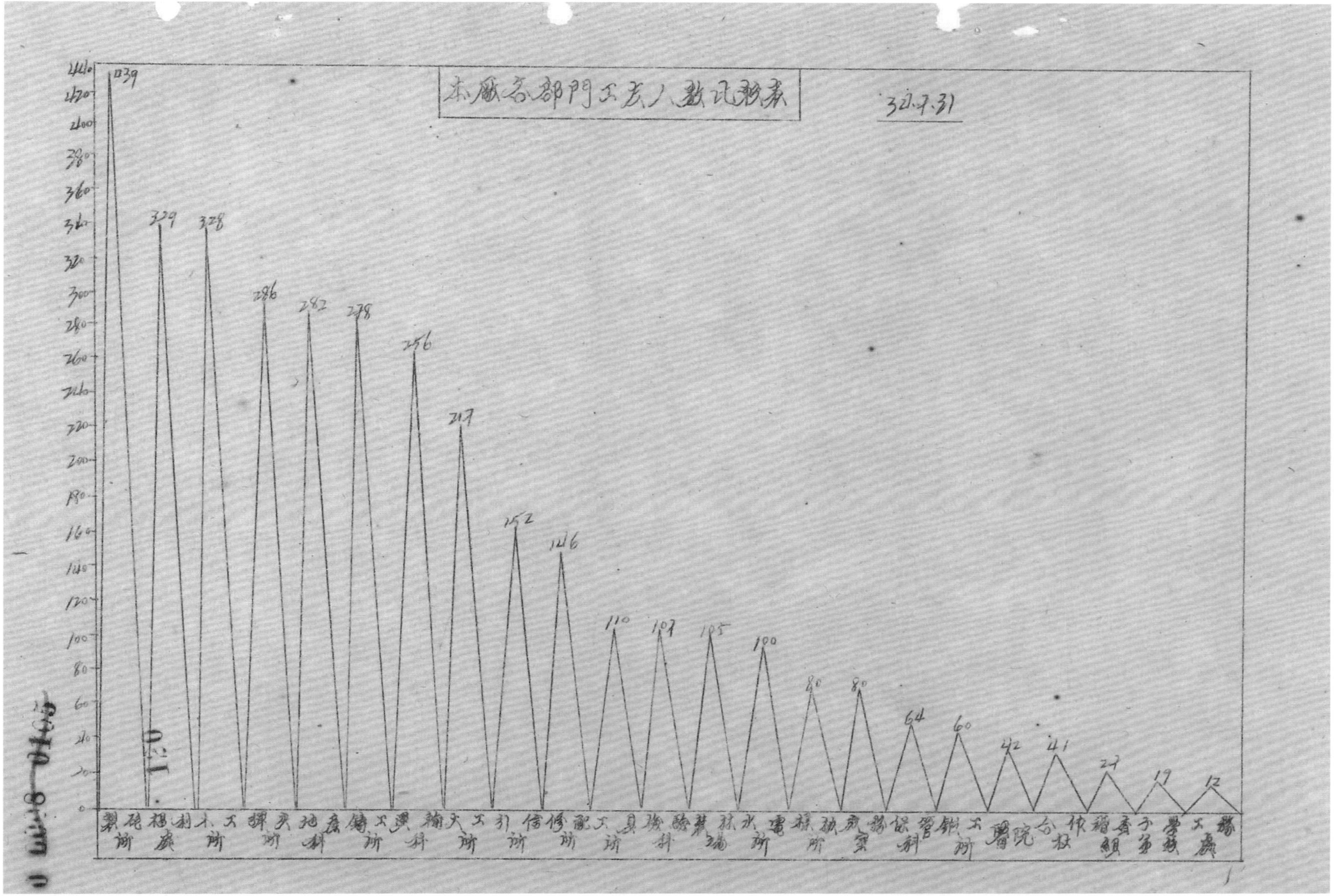
本厰各部門工友人數比較表
32.7.31
439
329
328
286
282
278
256
217
152
126
110
107
105
100
80
80
64
60
42
41
27
19
12
120

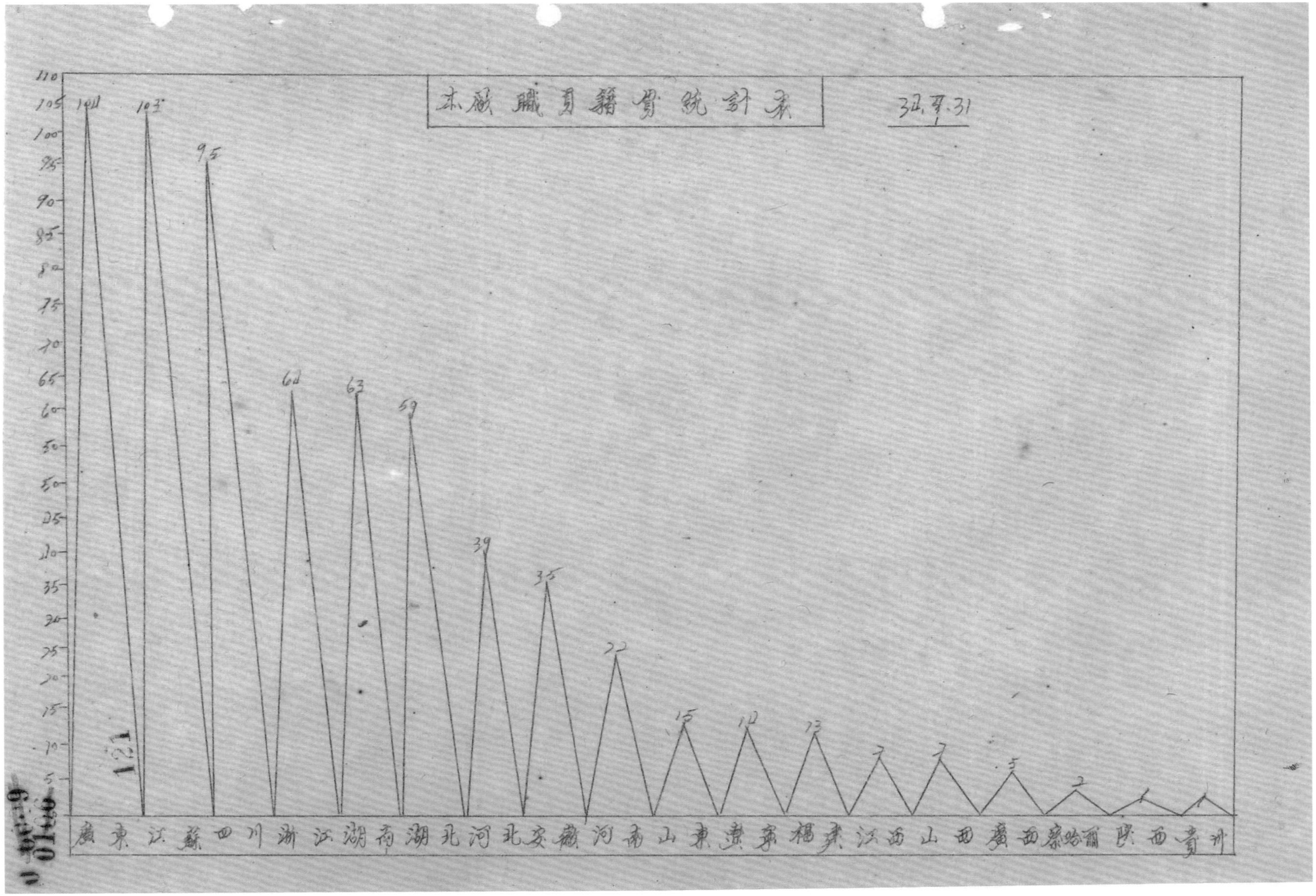
本廠職員籍貫統計表
34.5.31
廣東 江蘇 四川 浙江 湖南 湖北 河北 安徽 河南 山東 遼寧 福建 江西 山西 廣西 察哈爾 陝西 貴州
103
95
63
59
39
35
22
15
13
7
7
5
2
121

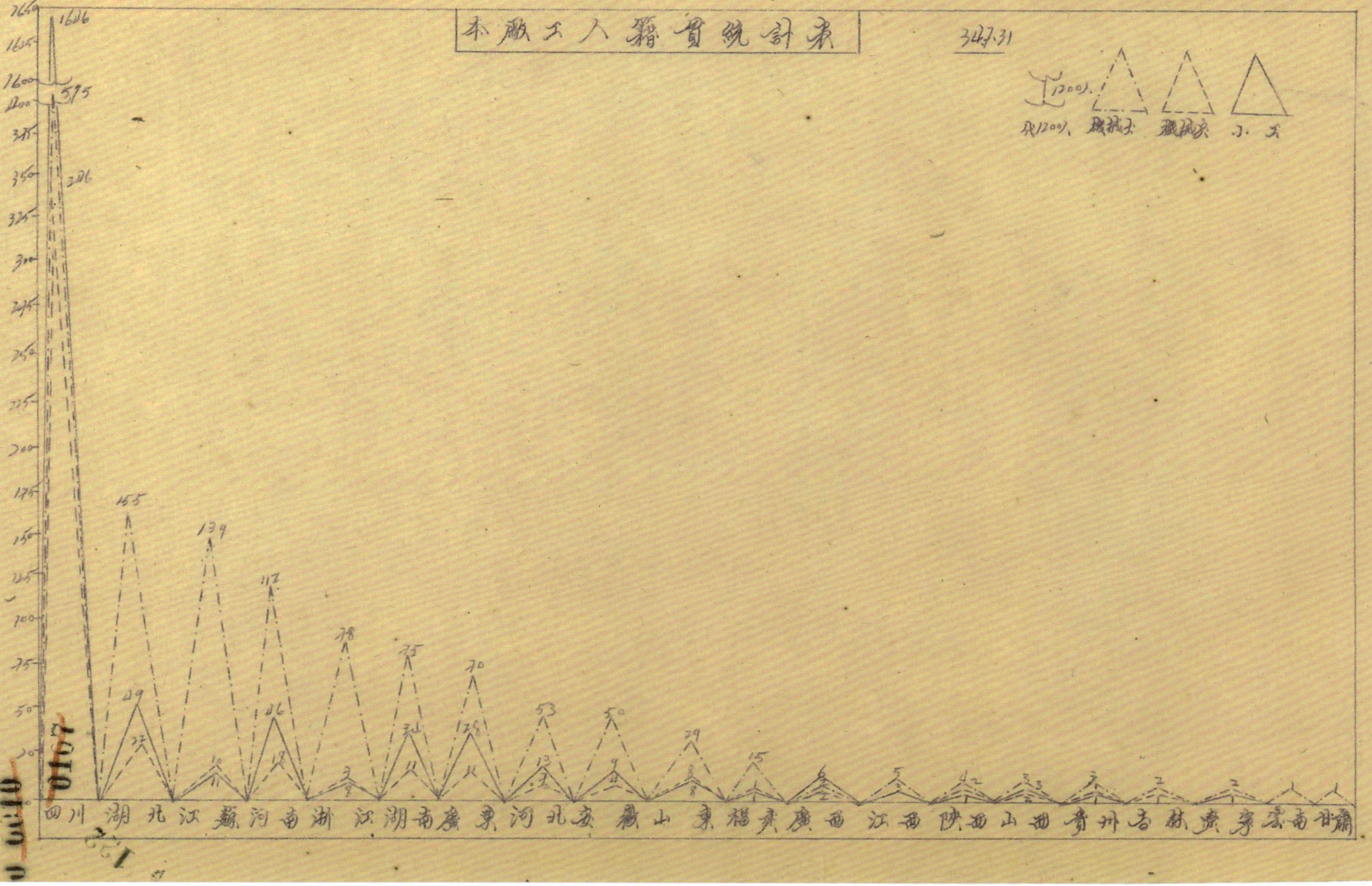
本廠工人籍貫統計表
34.7.31
工(1200)、
代(1200)、職招工
職招來
小工
四川
湖北
江蘇
河南
浙江
湖南
廣東
河北
安徽
山東
福建
廣西
江西
陝西
山西
貴州
吉林
遼寧
雲南
甘肅
1616
595
306
165
139
112
78
75
70
53
50
29
15
49
36
34
25
25
0 0010
0107
122

0108
0 0011

123

本厰職員身份統計表 三十三年八月份

職員總計648名	技術人員	事務人員	教育人員	警衛人員
男	132名	362名	13名	計60名
女	3名	43名	31名	
計	135名	409名	44名	
百分比	20.83%	63.13%	06.79%	09.25%

籍貫	省別	人數	百分比
	廣東	一〇四	一六.〇五
	江蘇	一〇三	一五.八九
	四川	九五	一四.六六
	浙江	六四	九.八八
	湖南	六三	九.七二
	湖北	五九	九.一〇
	河北	三九	六.〇四
	安徽	三五	五.四〇
	河南	二二	三.三九
	山東	一五	二.三一
	遼寧	一四	二.一六
	福建	一三	二.〇〇
	江西	七	一.〇八
	山西	七	一.〇八
	廣西	五	〇.七七
	察哈爾	二	〇.三一
	陝西	一	〇.一五
	貴州	一	〇.一五

年歲	未滿二十歲	二十一歲以上二十九歲以下	三十歲以上三十九歲以下	四十歲以上四十九歲以下	五十歲以上五十九歲以下
人數	2	250	272	118	6
百分比	00.30%	38.58%	41.99%	18.21%	00.92%

教育程度	留學（畢業）	國內大學	專科學校	高中	初中	其他
人數	7	90	153	145	97	156
百分比	01.08%	13.88%	23.61%	22.37%	14.97%	24.08%

備攷：
一、技術人員指工務處以下各工廠所[illegible]技術員[illegible]
二、事務人員[illegible]
三、專科學校包括[illegible]
四、高中包括[illegible]
五、初中包括初中初師
六、其他包括[illegible]

~~0109~~
~~0 0012~~

1.4

本廠工人身份統計表

三十四年六月份

職工總計 4072名	技術工人		普通工人		警衛兵夫
	男 1786名	女 1名	男 1805名	女 102名	計 378名
	計 1787名		計 1907名		
	43.90%		46.83%		09.27%

籍貫	省別	人數	百分比
	四川	〢〨〡〣	〦〩.〇〨
	河南	〢〤〇	〥.〨〩
	湖北	〢〤〇	〥.〨〩
	江蘇	〡〦〇	〣.〩〣
	湖南	〡〣〦	〣.〣〤
	廣東	〡〢〤	[illegible]
	浙江	〩〨	〢.〤〡
	河北	〧〣	〡.〧〩
	安徽	〧〇	〡.〧〢
	山東	〤〥	〡.〡〇
	福建	〡〧	.〤〢
	廣西	〡〤	.〣〤
	山西	〨	.〡〩
	江西	〨	.〡〩
	陝西	〨	.〡〩
	貴州	〦	.〡〥
	雲南	〥	.〡〢
	遼寧	〣	.〇〧
	吉林	〣	.〇〧
	甘肅	〡	.〇〢

年歲	十六歲未滿	十六歲以上四十五歲以下	四十六歲以上
階級 人數	52	3991	29
百分比	01.28%	98.01%	00.71%

教育程度	曾受技術教育	正受技術教育	曾受普通教育	識字	不識字
階級 人數	1334	453	792	708	785
百分比	32.76%	11.15%	19.44%	17.38%	19.27%

備考

一、技術工人指機械技工
二、曾受技術教育者指機械技工
三、正受技術教育者指機械技工
四、曾受普通教育者指高小初小及私塾部份
五、識字與不識字者指長工小工公役部份
六、普通工人指長工小工公役

每月處理案件統計表

案別		盜竊	賭博	潛逃	違犯廠規	冒領平價米	盜竊彈藥	火燭	鬥毆	通姦	所獲贓款價值
一月份	件數	4	4		15		1				38.624元
	人數	5	13		27		1				
二月份	件數		4		3	1					8.900元
	人數		14		3	1					
三月份	件數	4	5		10						13.232元
	人數	6	31		29						
四月份	件數	4	7		5						36.758元
	人數	5	31		6						
五月份	件數	2	6	1	6			1			7.393元
	人數	2	23	1	29			2			
六月份	件數	2	3		6	2			1	1	710.930元
	人數	3	19		6	2			1	2	
七月份	件數	4	3		15				1		25.901元
	人數	4	6		16				1		
八月份	件數										
	人數										
九月份	件數										
	人數										
十月份	件數										
	人數										
十一月份	件數										
	人數										
十二月份	件數										
	人數										
總計	件數	20	32	1	60	3	1	1	2	1	2221.782元
	人數	25	137	1	132	3	1	2	2	2	

0 0043
0110
125

軍政部兵工署第五十工廠員工生育統計表

三十二年度		三十四年度	
一月份		一月份	30人
二月份		二月份	26人
三月份		三月份	31人
四月份		四月份	32人
五月份	22人	五月份	24人
六月份	21人	六月份	24人
七月份	15人	七月份	28人
八月份	20人	八月份	
九月份	34人	九月份	
十月份	39人	十月份	
十一月份	28人	十一月份	
十二月份	32人	十二月份	
總計	231人	總計	195人
備考	生育數字係根據生育補助金名冊之數而來		

本廠防空洞調查表

洞號	地點	長度(公尺)	洞門	容量(人數)	管理人	備考
1	辦公廳	一一〇	二	五五〇	第七稽查哨	
2	消防隊共第一稽查哨	一五五	三	七七〇	第一稽查哨	
3	大溪山	一二〇	二	六〇〇	第二五稽查哨	
4	A廠房	七〇	二	三五〇	第三稽查哨	
5	B廠房	六〇	二	三〇〇	第一稽查哨	
6	大興場	一八〇	三	九〇〇	第六稽查哨	
7	銅罐峽		三	四五〇	第四稽查哨	真係據報所分借所新廠房計十六洞
合計			一七	三九二〇		

军政部兵工署第五十工厂成都分厂简略报告（一九四五年十月）

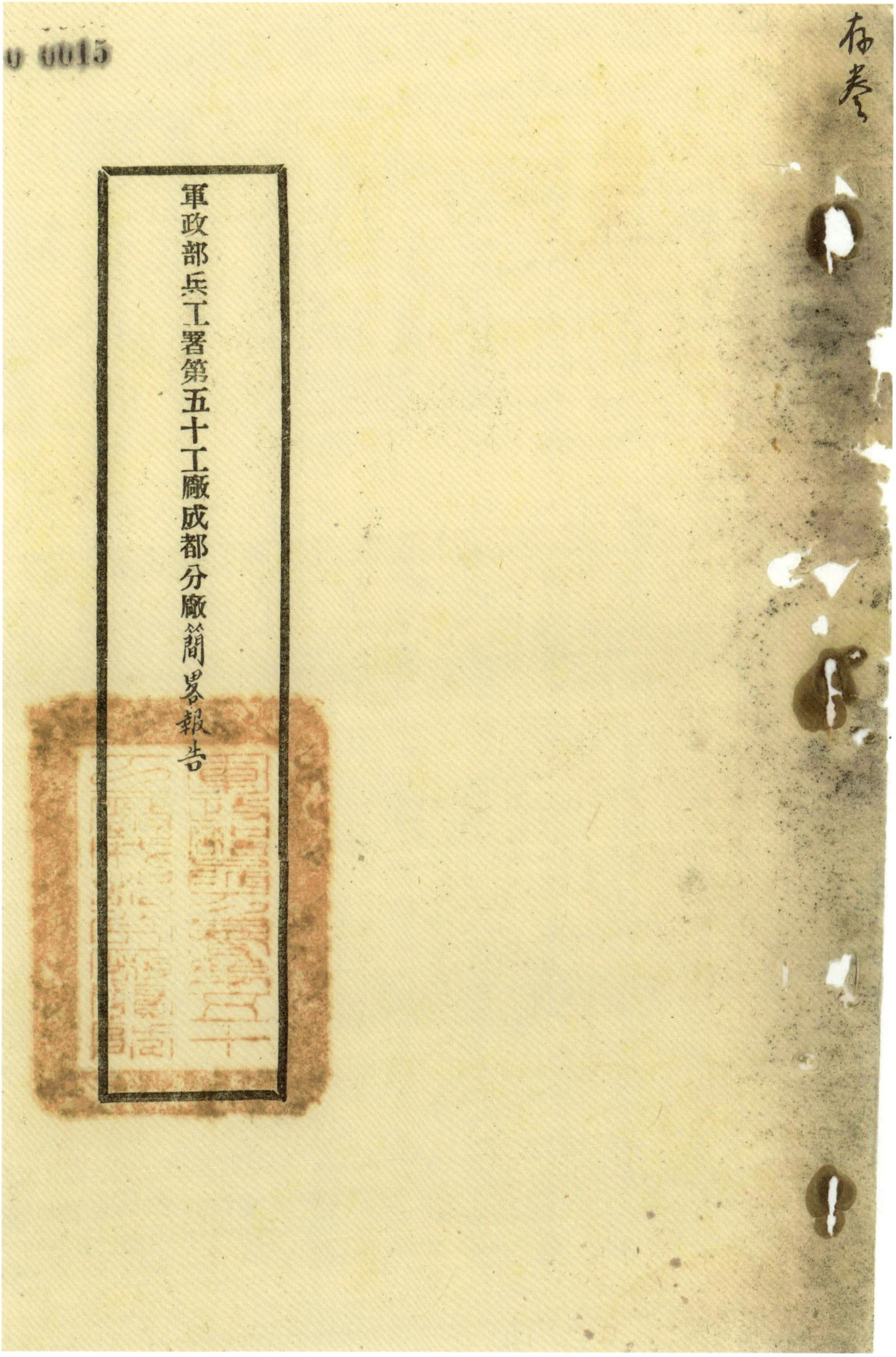

0015

存卷

軍政部兵工署第五十工廠成都分廠簡畧報告

軍政部兵工署第五十工廠成都分廠簡略報告

(一)本分廠沿革

清末造兵工業萌起滬漢等處均先後建立兵器製造廠光緒二十九年四月總督丁寶楨創辦四川兵工廠位於成都外東望江樓下濱水陸交通均稱便利建築設備頗屬完好此即本廠之前身也遜清而後頻更川戰房屋多有焚燬機器大部散失敗屋頹垣荒涼滿目民二十六年軍政部兵工署先後派員調查二十七年冬派五十廠工程師鄭大強來蓉整理將僅存殘餘機器加以修理用以訓練藝徒越年後成績卓然二十八年四月奉令成立兵工署第五十工廠藝徒學校派鄭大強代行校長職務二十九年九月奉令改藝徒學校為兵工署第一技工學校仍隸五十工廠亦由鄭大強代行校長同年十二月奉令飭代國防最高委員

16-1

會技工訓練處代辦技工訓練班，當即在河南招收技生二百五十名開始訓練，并代辦事務人員訓練班，后分送各友廠服務。三十年七月奉令成立兵工署第五十工廠成都分廠，并任鄭大強為分廠主任，製造六公分迫擊炮彈及維持之錄遺技術問題未獲解決，炮彈不能大量出品，虧欠甚多，以無法維持。三十二年六月號廠丁廠長天雄蒞廠整理廠務。三十二年七月鄭主任大強[illegible]令調任兵工研究委員，分廠主任一職由丁廠長兼任，并派兵工委員鍾林兼任工務科長。經數月之極積整理，工作漸上軌道，出品續有增加。同年十月丁兼主任返渝時，指派兵工委員鍾林代理分廠主任。此后出品逐漸增多，內部益臻充實。三十四年八月奉准任用鍾林為分廠主任。此即本分廠先後經過之概況也。

（二）編制

本分廠編制於三十年九月奉軍政部渝務軍字第四一八八號訓令核准在案
三十三年六月丁廠長滋蓉整理時以前方急需軍品應予大量生產原定
機構亟待充實乃新成立運輸組并增設工務科第四製造所三十四年一月
奉令草擬新編制以符業務需要正繼續簽擬呈署核辦中

（二）本分廠大事記要

前四川兵工廠由軍政部接收後民國二十七年一月第五十工廠工程師鄭大強奉
署令來蓉整理
二十八年四月廿日奉署渝(28)甲字第二九三〇號訓令設立兵工署第五十工廠藝徒
學校派鄭工程師大強代行職務
二十九年二月兵工委員鍾林派來蓉利用前四川兵工廠之舊有藥廠試作各種火

17-1

工研究並籌設火工製酸製酒精等部門

二十九年九月二十八日署渝造(29)甲字第八〇二七號訓令改組為兵工署第一技工
學校并代辦事務人員訓練班

二十九年十二月署渝造(29)甲第一二三二號代電轉奉部令飭代國防最高委員
會技工訓練處代辦技工訓練班在豫招收技生六百五十名開始訓練

二十九年十二月利用廠屋空地籌建桑田以備飼蚕取絲製成琴絃供給手榴彈
拉火綫之用

三十年七月一日改組技工學校為五十工廠對部分廠籌討製造六公分迫擊砲彈經
於同年十月二十五日奉署渝造(卅)甲字第一〇七七九號訓令轉奉軍政部渝
務軍字第四一八八〇號訓令批准正式成立

0018

三十年八月將前四川兵工廠製藥廠并入分廠第二製造所正式籌製底火硫
酸硝酸酒精白藥等實由兵工委員鍾林主持籌理
三十年十月本分廠第二製造所鉛室硫酸間成立月可製66°波美硫酸六十噸
三十年十二月五日分廠編制奉部渝務署第四一八八零號訓令正式核定并任鄭
大強為分廠主任
三十年十二月奉令代辦兵工訓練處續招第二期技生一班
三十一年十二月六日分廠迫擊砲彈底火正式出品
三十二年一月會計機構依據部頒編制□開始設計會計制度
三十二年四月會計制度根據公有營業會計制度之規章草擬竣事并開
始試用以前所有收支會計同時編造計算報銷并結束

18-1

三十年五月 六八公分炮彈繼續改善

三十一年七月技工學校結束

三十一年八月酒精間正式成立，月槽裝（或）乾酒作原料，月可製99度酒精叁千加侖

三十一年八月奉署令成立警衛稽查組，直屬於警衛稽查處，又派侯隊長兆埼來廠改編警衛隊

三十一年十二月自製各種底火，計有15公分、12公分、82公分、6公分、47公分及各種礮槍彈底火，此為兵工界首創之舉，此後無須仰給於舶來品矣

三十二年二月奉令成立念五子弟學校，專為本分廠員工子女而設

三十二年五月鄭主任大強奉令出差赴西昌參加航空兵器試驗

三十二年五月四日丁厰長天雄蒞臨分厰視察整理厰務并派鍾委員
林兼任工務科長
三十二年六月六日分迫彈改善工作（1）調整彈体重心（2）糾正彈体中心綫（3）
鑄脫改由尾部注入鉄水（4）增加尾翼焊接點均經迅速完成開始大
量製造
三十二年七月一日為國防最高委員會技工訓練處代辦之技工訓練班於
本月結束停辦
三十二年七月十六日會計制度遵用兵工會計規程
三十二年七月十五日鄭主任大強奉調兵工署丁厰長兼理分厰主任
三十二年十月丁兼主任赴渝派兼工務科長鍾林代行主任事務

191

三十六年十月□用鋼皮製造護層經已告成功

三十六年十二月自製之引信体已陸續出品

三十六年十月利用鋼骨邊渣鎔鑄鋼條以作引信体之用

三十七年一月以後自製全部引信

三十七年二月一日奉准任用鍾林為分廠主任

(四)工作概況

三十八年籌辦藝徒學校曾招收藝徒三百名從事技藝訓練當時全廠房屋七百餘間已經□建應用者達十分之八適用機器修復而安裝者達五十餘部工料廠方面尚未計入此項工程費僅用去數萬元已收事半功倍之效

三十九年學生達五百餘名更名為第一技工學校除授課訓練外并從事生

產工作並設廠場製造鋼絲以供各友廠手榴彈拉火線之用又籌製工作機及硝酸硫酸等以作製造武器彈藥之準備是時兵工署計劃籌製六公分迫擊砲彈派員極積研究鑒於技術環境可以利用即指派專門技術人員專案籌劃專心設計至三十年七月奉令成立為兵工署第五十工廠成都分廠正式製造60迫彈在製造初期大量出品不無困難致額造之數未能按期達到然基礎已奠一切工作自可循導進正軌亦創辦人員之苦心孤詣勞績昭著實為本分廠歷史中最重要之一頁也

(五)各種出品改良之經過

甲 六公分迫擊彈之改革

查六公分迫擊彈為本廠主要出品雖製造年餘難免尾管不牢尾翼不脫之疵

病因而引起迫彈妨碍應用經多方研究乃於三十六年冬澈底改善正式出品茲將改善經過簡述如下(八)調整迫彈体重心將引信縮入彈体內經多次試射無八千六百公尺以下之迫彈發生於是方知原来彈体重心近於后面雖有尾翼帮助但若翻沙後面略重則發射時不免有輪轉現象後乃將舊彈之後部車薄使重心移向前面新造者將後面減輕前部加重使重心趋前如是則發射時無輪轉現象(九)糾正彈体中心綫經多次檢查因彈体之口螺彈帶尾螺係三次車成故欲求裝配全合中綫必須經過精確檢驗乃克有濟此項中心綫之檢驗異常重要如中綫有欠正確砲彈射出后便有擺動現象射程大為減少因而發生迫彈妨碍應用欲求良好彈道必須將彈体口螺及尾翼加以精確之製造并須作高速轉動之檢驗使全体各部中心

均在□心線上始能合用。(三)尾翼焊接之改進　過去尾翼鐵皮焊接三點射擊時常有脫落因而發生近彈后將焊接增為六點即無脫翼現象經上述三項改進后60迫□之近彈問題乃獲完全解決(四)彈體鑄件之□章　最初翻沙殼率過低多數尾螺經水壓檢驗即行漏水始知鐵水因□面流入尾螺上部冷却收縮故不免底漏現象因此又將鐵水改由尾部注入上項現象遂有大大減少此為鑄件發生之縫道也(五)提高水壓檢驗　分廠初因砲彈翻沙殼率不高故指定檢驗水壓為60磅壓后因發生意外乃即改進鑄工增高翻沙效率將水壓檢驗增至150磅壓且規定水壓兩次以策安全此□出品之安全程度益為增加此為分廠最可告慰之事也

已自達引信

分廠火公分迫彈之引信以前大部份由重慶二十一廠供給殊為不便三十二年四月籌劃自製但應用機器無法購得乃自行設計造製機器經最艱苦之過程已於同年十二月起自行製造引信体此造引信体所用銅條原係舶來品由重慶運來接濟頗成問題時有待料停工之虞乃自行籌設鑄銅設備三十三年十月即已正式出品以供應用又以六〇彈之製造最重要者為引信部門除可製引信体及火帽充管外其他部份尚賴重慶友廠供給刻以各承製友廠皆以本身工作頻繁未便供應乃自行設計製造引信應需各件於三十四年六月份皆完成現整個引信全可自製每月可達一萬數[illegible]台至於銅條源源濟用即可完全自給不另仰給於他廠矣

丙 鉛室硫酸廠之成立

0 0022

查前四川兵工廠附設之製藥廠集中製酸棉，但在昔內戰時期多被毀損散剩餘殘件為五十三廠運去，本分廠乃利用舊有破碎鉛皮及烘櫃木架，并於重慶渝鑫鋼廠購買耐酸鉛錫十三只，乃於廿九年底完成鉛室硫酸廠，每月可製66°波美之硫酸五十噸，除自用外，當可供給[illegible]廠之用。

丁 製造硝酸之設備

三十年利用破廢物料，并在重慶天盛耐酸陶廠購有耐酸陶器各套，自鑄[illegible]酸鍋[illegible]個，乃裝成可造48°之硝酸月產四噸之設備。

戊 酒精製造之建設

三十一年利用汽油桶製造酒精蒸流塔一所，直接火者每月能製95度酒精六千加侖，間接火者每月能造四千加侖，并可製無水酒精[illegible]三千加侖。是年秋修理舊

22-1

夜之打水機及馬達並製大木桶十個及小木桶二個用糖漿發酵乃製成可
造99°之酒精月產五千加侖之設備

已製造琴絃及改設蚕種場之始末

本廠奉令製造琴絃作手榴彈拉火索之用需用生絲甚多乃於廿九年十二月
因鑒廠區空地適植桑樹飼蚕取絲大量製造手榴彈拉火綫以應抗戰需要旋
於三十一年春政府以兵器關係奉令停製遂乃改育優良蚕種由四川省政府
建設所配銷各地農民蚕用本分廠特於福利科下設蚕種場派有專人主持辦
理

茲將歷年製造產量

三十四年八月抗戰勝利各項業務奉令減產嗣後於製造方面當更精益

0 0023

求精作進步之研究求技術之革新

辛 將來工作計劃

本廠視力人力頗覺充裕為大後方之唯一工廠刻以勝利後廢壞武器甚多

擬繼從舊有機彈槍械之修理及整理藉充軍實

(六)出品種類

本分廠自三十年四月成立后極積籌製各項及應用機器並分別詳列如左

(一)成品

60迫擊砲彈

47迫擊砲彈

15 13 8.2 6.0 4.7等公分底火

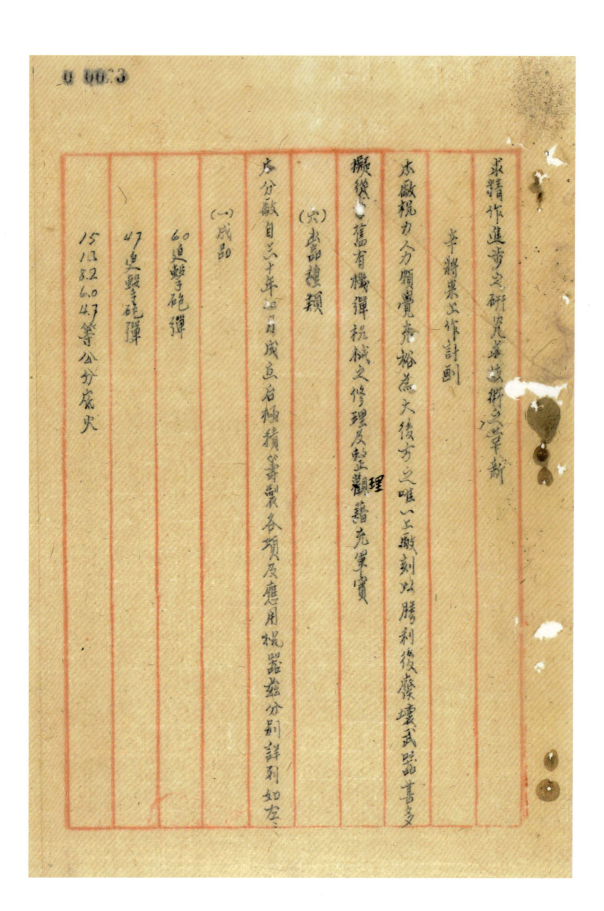

23-1

引信
硫酸

硝酸

酒精

(二)應用機器

8′[illegible]床

6′車床

六角車床

彈體專門車床

引信零件專門車床

D 0024

[illegible]定機

水壓機

抽風機

彈尾檢驗機

（七）會計制度之革新

本分廠係於二十六年七月一日由第一技工學校設立，而第一技校則於二十九年九月間由藝徒學校改設而成，以言會計沿革，當自二十八年三月[illegible]三日藝徒學校成立之日起，予以追溯，在倡辦藝徒學校時期，因範圍較小，事務簡單，僅採用收支會計制度，支出經費均按月造具計算，呈報核銷。

自廿九年[illegible][illegible]改組技工學校以後，事務較繁，又因奉令代國防最高委員會設立技工訓練班受訓人數亦益增多會計業務亦趨繁重當時經費開支雖仍採用報銷制度而內部賬務系統已因事實需要亟漸予以改進三十年七月一日成立分廠業務性質既殊會計制度亦異因瀨分廠成立之初當時內部無多人力欠充雖經遵照兵工會計制度實施辦理而內部人事仍嫌薄弱自三十一年春起迄三十二年夏季經年餘慘淡經營始克漸具規模自丁廠長派蔡盤理兼任分廠主任以來分廠會計行政已悉遵署頒制度辦理一切均已趨上軌道矣

附編制表壹份

0 0025

中華民國三十四年拾月日

主任鍾林

（印：鍾林）

75

兵工署第五十工厰成都分厰概况

76

本廠沿革

光緒二十九年四月總督丁葆楨創辦四川兵工廠位於成都外東望江樓下游水陸交通均稱便利此即本廠之前身民國以來頻遭內戰房屋多有焚燬機器大部散失民國二十六年軍政部兵工署先後派員調查二十七年冬派五十廠工程師鄭大強來廠整理收集殘餘機器加以修理二十八年四月奉令成立兵工署第五十廠藝徒學校派鄭大強代行校長職務二十九年九月奉令改為兵工署第一技工學校仍隸五十廠亦由鄭大強代行校長同年十一月奉令飭代國防最高委員會技工訓練處代辦技工訓練班當即在河南招收技生貳百伍拾名開始訓練並代辦事務人員訓練班畢業後分送各友廠服務三十年七月奉准成立兵工署第五十廠成都分廠並任鄭大強為分廠主任製造六公分迫擊砲彈因經年之試造技術問題未獲解決砲彈不能大量出產虧欠甚多無法維持三十二年六月五十廠廠長丁天雄蒞廠整

76-1

理廠務三十二年六月鄭主任大強奉令調任兵工研究委員分廠主任一職由丁廠長兼任同年十
月丁兼主任返渝指派兵工研究委員鍾林代理分廠主任此後出品逐漸增多內部益臻
充實三十四年二月奉准任用鍾林爲分廠主任

本廠現況

(1) 組織

本廠編制於三十年九月奉軍政部渝務軍字第四八八號訓令核准迨至三十二年六月丁廠長莅崧整理時以前方急需軍品應予大量生產原定機構亟待充實乃新成立運輸科並增加工務科第四製造所曾先後草擬新編制以符業務需要仍由上峯核辦中

(附現行編制一份)

(2) 製造事業之概况

二十八年辦理藝徒學校曾招收藝徒三百名從事技能訓練當時全廠房屋七百餘間已經修建應用者達十分之八適用機器修後而安裝者達五十餘部二十九年學生達五百餘人更名爲第一技工學校除授課訓練外並準備生產工作是時兵工署計劃籌製六公分迫擊砲

77/

彈派員積極研究鑒於技校環境可以利用即指派專門技術人員來蓉籌劃專心設計三十年七月奉令成立兵工署第五十廠成都分廠正式製造六公分迫擊砲彈勝利以前曾日夜加班每月最大產量為貳萬伍仟發勝利以後因兵工署經費困難每月僅飭造壹萬伍仟發

(3) 結束情形

本工廠於三十六年一月二十六日奉兵工署工理(卅六)字第三〇七號訓令飭於三月底以前全部結束惟本廠因經費困難所存款項不敷結束使用乃申請延長結束日期趕造成品而利順利完成經呈准延至四月底在此期間製成六公分迫擊砲彈叁萬伍仟發均經驗收合格解繳四月底以後除留少數員工辦理善後工作外大部份員工均先後資遣

(4) 交代情形

78

本廠所有機器設備房屋地產物料等均由兵工署規定分配(甲)機器設備儀器工具等由五十廠及三十一廠接收其不堪利用者呈請兵工署決定(乙)物料由五十廠照帳面單價撥收(丙)房屋地產交聯合勤務總司令部營產處接收以上各項均在辦理中

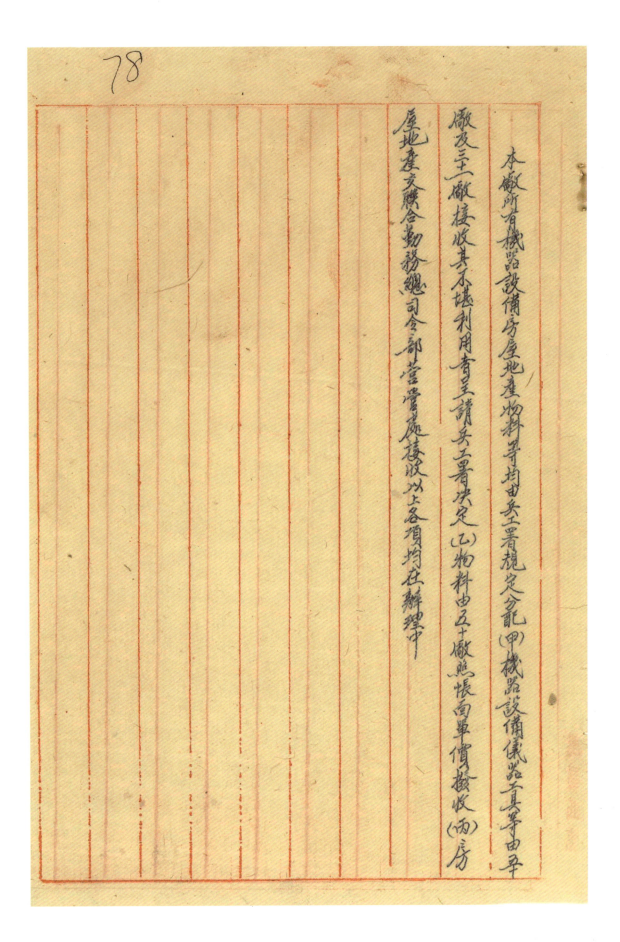

製造程序

本廠奉到飭造命令後由工務科工作支配股繕造工作令四份一份送製造部一份送工作準備股一份送會計科成本股一份留工作支配股製造部份奉到工作令照實際需要材料開具領料單叁份送工作準備股審核由工務科長復核呈請廠主任批准由材料庫發料領料單材料庫一份會計科成本股一份領用部份留一份材料領齊後開始工作製成半成品由檢驗股檢驗製成配成品再由檢驗股抽驗合格送請兵工署駐廠檢驗委員抽驗其標準為千分之八經檢驗委員驗收合格解繳兵工署指定之軍械庫

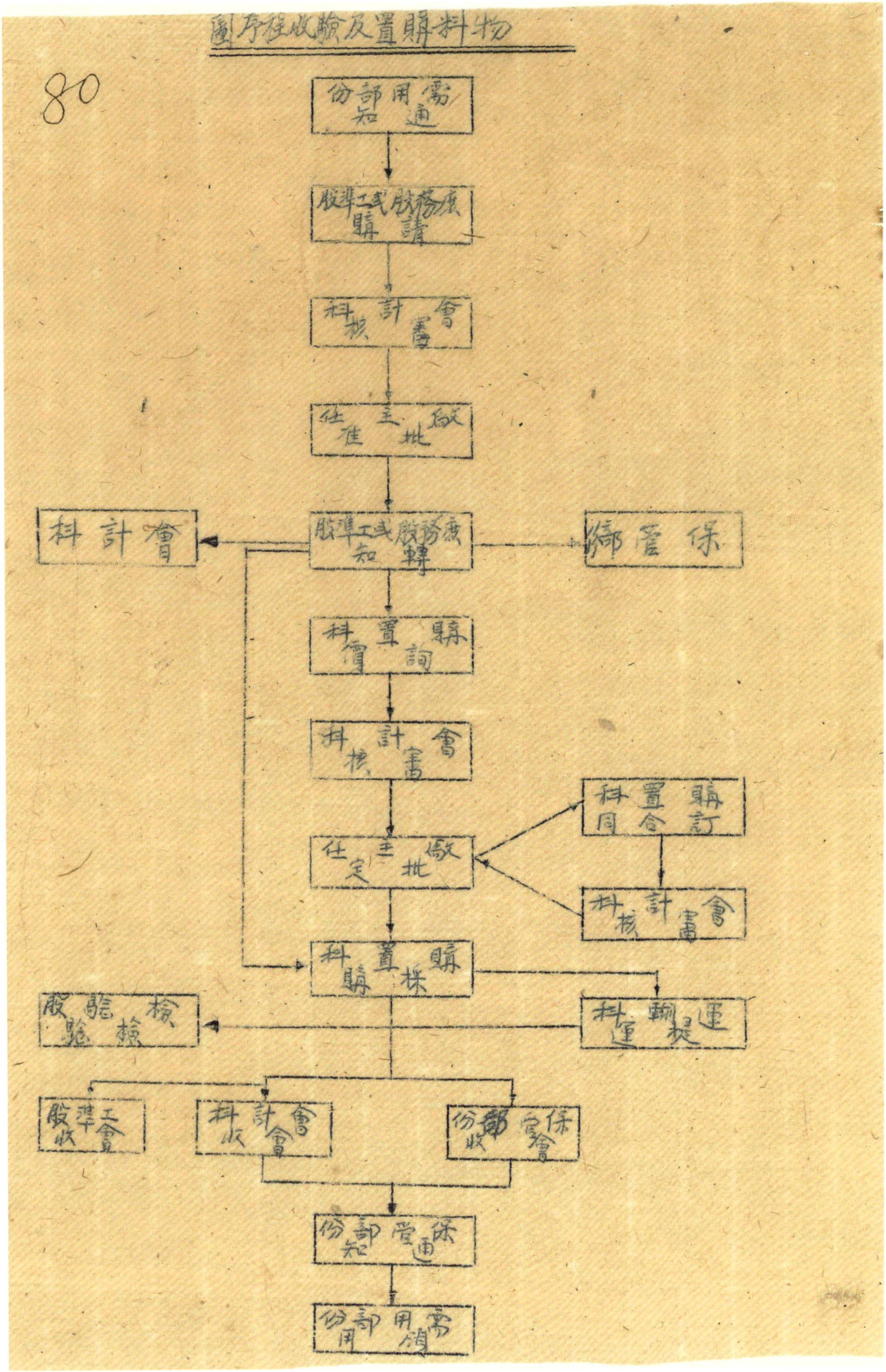
物料購置及驗收程序圖
80
需用部份通知
廠務股工準股請購
會計科審核
廠主任批准
會計科
廠務股工準股轉知
保管課
購置科詢價
會計科審核
購置科訂合同
會計科審核
廠主任批定
購置科採購
運輸科提運
檢驗股檢驗
工準股會收
會計科會收
保管部份會收
保管部份通知
需用部份領用

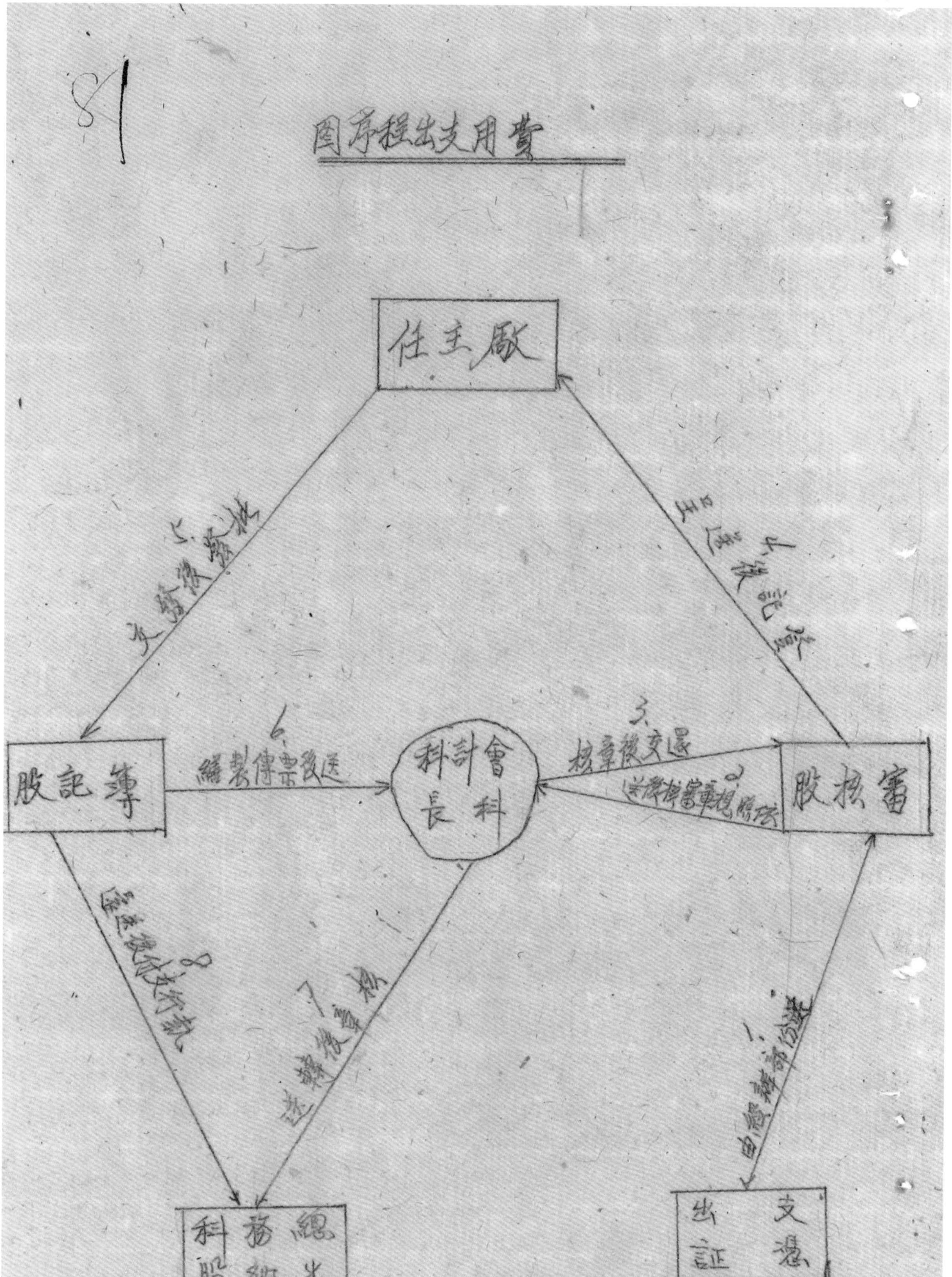
費用支出程序圖
廠主任
簿記股
6. 編製傳票後送
會計科科長
3. 核章後交還
審核股
總務科出納股
支出憑証

82

資本來源

本廠前辦理藝徒學校及技工訓練班歷年所購傢俱器皿物料等自成立分廠後所有經費均在製造費項下開支故將上項各戶價值轉入資本戶內

83

製造費之來源

本廠製造費係由兵工署撥發五十總廠由五十總廠轉撥本廠其標準按飭造成品數額酌

扣一部份材料費每月結算一次

84

薪工計算標準及發放標準

本廠薪工計算發放係遵照上峯命令辦理除警衛稽查組及警衛隊按照武官標準發放外其餘各部份職員薪俸係按文職標準發放

二、章则办法

0001

2

軍政部廣東第二兵工廠組織總則

第一條 本組織總則，根據本廠暫行編制制定之。

第二條 本廠直轄於軍政部兵工署，管理本廠一切事宜。

第三條 本廠得設置一廳及左列各處、科與一警衛隊。

一 廠長辦公廳

二 會計處

三 工務處

四 材料保管科

五 檢驗科

六 採備科

21

七 地産科
八 職工福利安
九 警衛隊
第四條 廠長辦公廳分秘書、出納、庶務、稽查四室及印刷工場掌理左列事項：
一 關於本廠機密事項。
二 關於本廠一切牘類之收發、分配、承轉、審查、校对、編纂、印刷、保存各事項。
四 關於典守廠印、管理文庫及保管一切雜物事項。
五 關於本廠編制事項。

六 關於本廠之人事事項

七 關於行政統計及報告事項

八 關於廠內軍紀風紀及營衛事項

九 關於稽查、巡視、檢驗各事項

十 關於本廠典禮、會議、交際、出納、庶務及其他不屬於各處科隊事項。

第五條 廠關於辦公廳組織規程另定之（2）

第六條 會計室掌理左列事項

一 關於歲計會計事項

二 關於營糧薪津統計及簿記事項

3-1

三　關於成本計算事項

四　關於審核事項

五　關於工薪計算事項

六　關於統計及其他不屬於各處科隊事項

第七條　會計處[redacted]組織規程另定之

（5）

第八條　工務處掌理左列事項

一　關於設計繪圖事項

二　關於工製造、技術事項

三　關於材料廢品事項

0003

4

四　關於預算分工配置事項

五　關於半成品檢驗事項

六　關於製砲鍛工事項

七　關於彈夾引信事項

八　關於工具樣板事項

九　關於木工水電事項

十　關於彈藥軍械保管事項

二　關於兵器發明及改良事項

三　關於機器修理改造及其不屬於各廠安料隊事項

第九條　工務處[redacted]組織規程另定之（8）

4-1

第十條　材料保管科□定之（8項

一　關於材料及半成品保管事項

二　關於零件軍械彈藥保管事項

三　關於统计及雜物保管事項

四　關於其他不屬於各廠處科隊保管事項

第十一條　材物保管科组织规程另定之

第十二條　檢驗科掌理左列事項

一　關於理化研究事項

二　關於設計、彈藥製式事項

三　關於技術彈藥事項

0004

5

四 關於成品檢驗事項

五 關於圖樣統計事項

六 關於檢驗及其他不屬各廠處科隊事項

第十三條 檢驗科[redacted]組織規程另定之

(21)

第十四條 採購科掌理左列事項

一、關於材料（購置）機器之購事項

二 關於物品及其他不屬於各廠處科隊之購置事項

第十五條 採購科[redacted]組織規程另定之

第十六條 地產科掌理左列事項

一 關於徵收[redacted]使用事項

5-1

二 関於建修登記事項

三 関於不動産保管事項

四 関於工程設計事項

五 関於道路修築事項

六 関於掩蔽及其他不屬於各廠股科隊事項

第十七條 地産科組織規程另定之

24

第十八條 職工福利股掌理左列事項

一 関於職工子弟、藝徒教育事項

二 関於職工軍訓及訓育事項

三 関於合作社公餘娛樂事項

四　關於園林職工福利事項

五　關於職工安全衛生及醫院事項

六　關於教育衛生設計

七　關於司藥看護養卹事項

八　關於册籍圖表格式事項

九　關於各種教程圖書之編譯保管事項

十　關於報章雜誌保管及其他不屬於各廠安科隊事項

第十九條　職工福利安[redacted]組織規程另定之（7）

第二十條　警衛隊掌理左列事項

一　關於警戒守護事項

71

二 關於本隊軍紀風紀事項

三 關於士兵訓練事項

四 關於士兵考選事項

五 關於炊事號令事項

六 關於衛生及其他不屬於各廠處科各事項

第廿一條 警衛隊辦事細則另定之

第廿二條 本廠設廠長一人簡任總理全廠事務

第廿三條 本廠置主任秘書一人承廠長之命助理事務廠長離職時為代理職務之人

如主任秘書離職時由廠長於秘書中指定一人代理之

第廿四條　本廠設秘書三人編撰譯述及文牘事項

第廿五條　本廠廠長辦公廳設辦公廳主任一人統理廳務或由主任秘書及其所指定秘書[redacted]担任之

第廿六條　本廠設處長三人科長四人院長一人課長九人主任九人總工程師一人主任技術員十二人場長一人隊長一人分掌各主管事務

第廿七條　本廠事務員、技術員、科員、課員、稽查員、庫員、書記、医師、軍醫、中隊長、分隊長等及其他軍用文官技術員等分任事務係遵照本廠暫行編制規定

第廿八條　本廠事務因之必要得呈准聘用顧問與專门人員又因子

8-1

務上之繁簡對於編制範圍內之定額得自行分配增減之

第廿九條　本廠廠處科課隊各軍用文官技術員及軍官軍佐均按照本廠暫行編制表任命之

第三十條　本廠職工視工作之繁簡得由廠長隨時增減之

第三十一條　本廠各委員會組織及各項須知另定之

第卅二條　本總則自經　廠長核准轉呈准備案公布之日施行

0008

9

2廠長辦公廳組織規程

第一條　本規程依照本廳總則第五條制定之

第二條　本廳設置左列各室

一　秘書室

二　出納室

三　庶務室

四　稽查室

第三條　秘書室掌理左列事項

一　關於本廠公牘電訊機密事項

二　關於公牘收發、分配、承辦、轉承、審核、校對、編纂保

9-1

存各事項

三 關於廠令公佈事項

四 關於典守印信及保管文卷等事項

五 關於本廠職員進退、升降、懲戒、登記事項、

六 關於行政統計、設計、及報告事項

七 關於本廠典禮會議事項

八 關於其他不屬於出納、庶務、稽查事項

第四條 秘書室辦事細則另定之 (3)

第五條 出納室掌理左列事項

一 關於職工軍官士兵薪餉發放事項

~~0009~~

10

二　関於銀錢出納及滙兑事項

三　関於結算職員工人薪餉事項

四　関於登記出納日記賬簿及銀行往来賬目事項

五　関於編製有関出納表事項

六　関於其他不屬於秘書、庶務、稽查各室事項

第六條　出納室辦事細則另定之

第七條　庶務室掌理左列事項

一　関於交際應接各事項

二　関於辦理材料成品之廠外運輸事項

三　関於物品公役之管理事項

10-1

四 關於雜務及其不屬於秘書、出納、稽查各室事項

第八條 庶務室辦事細則另定之 ④

第九條 稽查室掌理左列事項

一 關於檢查及登記全廠職工進出時間事項

二 關於檢查及登記各廠门物品材料出入事項

三 關於秘密製造所之門警、維持廠房内外秩序事項

四 關於防备偵探、間諜等密查事項

五 關於协辦防護及設計事項

六 關於其他不屬於秘書、出納、庶務各室事項

第十條 稽查室辦事细則另定之

第十一條　印刷工場掌理全廠所需印刷品及各項表冊簿籍等事項

第十二條　本辦公廳置主任一人承廠長之命總理本廳事務

第十三條　辦公廳主任關於日常例行事務在規定以內得先行妥理稟報廠長備查

第十四條　秘書室設秘書三人事務員十人司書八人分別辦理及承辦各事項

第十五條　出納室置主任一人主持室務事務員四人司書二人分別承辦各事項

第十六條　庶務室置主任一人主持室務事務員四人司書二人分別承辦各事項

第十七條　稽查室置主任一人主持室務稽查員十三人至二十人文書

114

軍士二人分别承辦各事項

第十八條 印刷工場置技術員一人主持場務，助理一人協同辦理本場各事務

第十九條 本廠職工之考核或進退、奬懲事項，須按照職工奬懲委員會組織規程辦理之

第二十條 本規程如有未盡事宜，得呈准廠長隨時修正之

第廿一條 本規程經廠長核准施行

12

3

秘書室辦事細則

第一條　本細則根據廠長辦公廳組織規程第四條制定之

第二條　秘書室設置左列各組

一　文書組

二　機要組

三　審編組

第三條　文書組掌理左列事項

一　關於收發、承轉、承辦、擬辦事項

二　關於繕寫、校對、登記、頒佈廠令事項

三　關於文件保管、人事進退及獎懲登記事項

121

四　關於其他不屬於各組事項

第四條　文書組置組長一人，由廠長指定秘書一人担任之

第五條　文書組組長承廠長、主任秘書及辦公廳主任之命辦理本組一切事務

第六條　文書組置事務員十人、司書八人，承組長之命分别辦理本組一切事務

第七條　文書組置左列各股

一　文書股：專司收發、分辦、承轉、撰擬、統計人事登記及其他不屬於各股各事項

二　繕稿股：專司繕寫、校對、登記及其他不屬於各股事項

0012

13

三　保管股：專司文件歸檔、調卷、清查、及其他不屬各股事項

第八條　文書組各股股長於事務員中由廠長或主任秘書指派之承組長之命分別辦理各股事務

第九條　機要組掌理左列事項

一　關於文書機要及公佈廠令事項

二　關於典守印信事項

三　關於譯述文電事項

四　關於其他不屬於各組事項

第十條　機要組組長一人由廠長指定秘書一人擔任之

13-1

第十一条　機要組組長承廠長主任秘書及辦公廳主任之命辦理本組一切事務

第十二條　機要組置事務員二人、司書一人承組長之命分别辦理本組一切事務

第十三條　審編組掌理左列事項

一　關於審核重要文電事項

二　關於統計及報告事項

三　關於設計及審編各項法規事項

四　關於其他不屬於各組事項

第十四條　審編組置組長一人由廠長指定秘書一人擔任之

~~0013~~

14

第十五條　審編組組長承廠長及主任秘書之命辦理本組一切事務

第十六條　審編組置事務員二人、司書一人、承組長之命分別辦理本組一切事務

第十七條　審編組審編各項材料及參考文書均須由本廠各安科隊及本廳各室組彙集審訂之

各項材料須於事前由各安科隊及本廳各室組有關之件彙送閱核之

第十八條　本室文書須經各組組長順序閱核之

第十九條　本室各組組長因故離職時由廠長或主任秘書指定代理之

14-1

第二十條　本細則如有未盡事宜得呈准廠長隨時修正之

第廿一條　本細則經廠長核准施行

25

4 廠長辦公廳庶務室辦事細則

第一條 本細則依據本廠廠長辦公廳組織規程第八條制定之

第二條 庶務室（以下簡稱本室）置主任一人承廠長及主任秘書辦公廳主任之命總理室務

第三條 本室置事務員六人技術員助理員各一人承主任之命分別辦理本室事務

第四條 本室辦理本廠一切庶務及其不屬於各處科室隊事務

第五條 事務員承主任之命分別辦理左列事項

一 關於全廠材料成品器材之運輸、押運、裝卸及登記事項

二 關於交際招待來賓及參觀（但須呈准廠長後辦理）

28-1

事項

三 關於軍運護照及各項護照之請領保管與核銷事項

四 關於修繕、整理、清潔、宿舍支配事項

五 關於特種燈火管理事項

六 關於領用不屬於任何部分之雜用物品事項

七 關於公役伕役餉冊服裝之收發請領及保証保管事項

八 關於全廠臨時小工招僱事項

第六條 主任對於本室職員公役有請假三日以內者得先核准然後呈請辦公廳主任主任秘書及廠長備查

第七條 凡全廠器材火藥等項之運輸須於奉令之日即派妥押

26

00.5

運人員士兵并照章辦理要車要船文件車船到達時須

從速裝卸得參照軍運須知辦理之

第八條　凡成品之解繳及領運彈藥等項奉到廠長命令及保管

科通知後除會同秘書室照辦一切例行文電外即由押

運員照料裝車點驗數目相符然後由承押運員出

具臨時收據交庫存案俟解繳完畢領到正式收據呈報廠長備案後須將該存之臨時收據

及正式收據呈報廠長備案後須將該存之臨時收據

換回并由本室登記之

第九條　本室編組裝卸長伕專供裝卸車輛及搬運什物等

事務如不足用時得臨時僱用小工或請派警衛隊協

26-1

助倘各處科隊需用臨時伕役時須於前一日通知得由本室代僱之

第十條 本室附設印刷工場置技術員助理員各一人

第十一條 技術員助理員承主任之命專司本廠印刷改善及裝訂事宜

第十二條 本廠印刷文件須經主任秘書辦公廳主任及廠長核准後交由主任分發辦理之

第十三條 技術員應將印刷各件按成本定價列表送交會計處成本計算課辦理之

第十四條 凡印妥文書表冊等件須移交保管科以備各處科隊

27

領用或分交各有關係處科隊

第十五條　全廠油印事宜應由本室派專人負責收發登記及繕寫梓印

第十六條　印刷工人視工作之繁簡得隨時呈請增減之

第十七條　全廠汽車汽船須由本室派員負責管理非奉令不得糾駛之

第十八條　本廠公役伕役之補、升、降、革、奬懲等項及保證與工作之支配應各造表冊以資存考

第十九條　全廠馬路公共地區之清潔及灌溉花木概由本室專派役管理之

271

至以公共地區或俱樂部及林場花木之設計及設置事項須商承職工福利處及地產科辦理之

第二十條 公役伕役之訓練須商承職工福利處辦理之

第二十一條 全廠消防由本廠役伕中選擇隊員三十六人擔任之并訓練須商承職工福利處辦理之

第廿二條 本室領用什物須逐一登記并辦理核銷手續

第廿三條 職員及公役宿舍住宅須經本室登記核准後方准遷入

第廿四條 郵電封件之收發派專人負責辦理并負支配廠郵工作

第廿五條 本室除應辦事務在本細則規以內如遇全廠發生特别或臨時事宜時得承主任秘書辦公廳主任及廠長之

指導共同與各關係處科隊辦理或由本室主任指派
專員辦理之

第廿六條　本細則如有未盡事宜得隨時呈准廠長修正之

第廿七條　本細則經廠長核准施行

军政部广东第二兵工厂会计处组织规程（时间不详）

0014

15

5 會計處[redacted]組織規程

第一條 本[redacted]規程依據本廠組織總則第七條制定之

第二條 本處置處長一人承廠長之命總理本處事務

第三條 本處置左列各課：

一 審核課

二 簿計課

三 成本計算課

四 工薪計算課

第四條 審核課掌理左列事項

一 關於物料單價審查事項

15-1

二　關於原始憑證審查事項

三　關於購進物料檢驗事項

四　關於材料保管庫存物料檢驗事項

五　關於簿計課賬簿及傳票審查事項

六　關於成本計算課各種記賬審查事項

七　關於工薪計算課工資審查事項

八　關於出納課庫存現金審查事項

九　關於本廠各項經費預概算審查事項

十　關於各項收支報告表審查事項

十一　關於擬辦不屬於其他課事項

0015

第五條　審核課置課長一人，承廠長之命，辦理本課一切事務，課員六人，司書二人，承課長之命，分别辦理事務。

第六條　簿計課掌理左列事項

一　關於本廠傳票表單編制及保管事項

二　關於本廠各種經費預算與概算編製事項

三　關於本廠会計報告編制事項

四　關於会計上統計事項

五　關於計算本廠職員士兵、伕役、薪餉事項

六　關於編造每月職員薪津餉項發放表事項

七　關於會同成本計算課計算本廠財產折舊各事項

16-1

八 關於編造本廠結算时資產負債表事項

九 關於本廠賬簿表冊登记保管事項

十 關於擬辦不屬於其他課事務

第七條 簿计課置課長一人承處長之命辦理本課一切事務課員六人司書三人分别辦理本課事務

第八條 成本計算課掌理左列事項

一 關於材料分清賬及分析登记事項

二 關於物料月報表編造事項

三 關於成本會计單及雜費明细分類賬及登记事項

四 關於工具分清賬分類及登记事項

0016

17

五　関於零件分清賬及配件分清賬登記事項

六　関於繕製共簿記課賬目有関係之各種分錄憑單

事項

七　関於會同冇簿記課計算本廠財産折舊各事項

八　関於其他不屬於各課事項

成本計算課置課長一人承廠長之命辦理本課一切事務

課員六人司書三人承課長之命分别辦理本課事務

第九條

第十條　工薪計算課掌理左列事項

一　関於每天記工表登記事項

二　関於缺工統計表編造事項

三　関於每半月工薪發放名冊編造事項

171

四 關於核對工務安與稽查室送來報工單事項

五 關於排工工人工作狀況與工作時間事項

六 關於工薪滙記表及工資攤費計算表編造事項

七 關於協助發放工資等事項

八 關於其他不屬於各課事項

第十一條 工薪計算課置課長一人承處長之命辦理本課一切事務

課員八人司書三人承課長之命分別辦理本課事務

第十二條 本處職工之考核或進退及獎懲事項須按照本廠職工

獎懲組織規程辦理之

第十三條 本處会計規程另定之 (6)

本處各股辦事細則另定之

第十四條　本處[redacted]組織規程如有未盡事宜得呈請廠長修正之

第十五條　本[redacted]規程核准之日施行

0018

17

6 會計處會計規程

第一條 本規程依據本處[redacted]組織規程第十三條制定之

第二條 本廠會計[redacted]上一切事宜除法令另有規定外概依本規程辦理之

第三條 本廠會計上一切事宜由会計處長承廠長之命辦理之

第四條 本廠款項之出納概依下列規定辦理之

甲、關於本廠款項收入事項

一 關於本廠奉到軍政部兵工署付款憑証撥發本廠所需經臨各款時應由出納課填具領款書經廠長及會計處長核閱蓋章後如數出支式具領所領款項如數收

191

到後再由出納課繕寫通知書交會計處簿記課編製收入傳票入賬事項

二 關於本廠銀行存款利息應按其根據銀行存摺或結單由出納課具報會計處簿記課編製收入傳票入賬事項

三 關於本廠其他各項進款均須交出納課并隨時通知會計處簿記課編製收入傳票入賬

四 關於特種收入事項

乙、關於本款項支出概依下列規定辦理之

一 關於各項支付款項應取具憑單呈經廠長照付字樣交由會計處簿記課編製支出傳票再交出納課付款事項

二　關於本廠發放俸薪工餉時應先期由会计處編造俸薪工餉等清册收據送經廠長支准照付後始得編製支出傳票交出納課付款事項

三　關於其他支付事項

第五條　本廠每日之庫存現金銀行存款及其他暫存現金物證應逐日由出納課編造庫存表日報表交會計處核封蓋章後呈送廠長蓋章

第六條　出納課對於会计處交來之傳票應速設法登記完後不得任意延緩

第七條　出納課庫存現金及其他單據得由會計處隨時派員檢驗之

第八條　本廠會計處審核人員審核收支單據傳票賬册書表

20-1

時應注意左列事項

一　關於各項付款單據是否合於支出憑證單據証明規則之規定事項

二　關於各種手續是否完備？規式是否符合（數目有無錯誤）各事項

三　關於記賬有無重複漏記誤記等情事々項

四　關於各項付款曾否列入預算科目名稱是否恰當各項

五　關於是否合於承辦契約之規定事項

第九條　審核課審核單據傳票賬冊書表時如有發現第八條所列一至五項之情事應即陳明會計處長核辦轉交

21

原經手人及原編製人更正之

第十條　審核課審核各項憑單傳票賬目書表報告等相符

一　或終了後應於原件或審核報告上簽名蓋章證明之

第十一條　本廠會計處審核課得隨時審查出納課庫存現金及

其賬單

第十二條　本廠簿記之登入款項及賬目概依左列規定辦理之

甲：關於記賬應注意事項

一　關於本廠一切賬目記載均應根據憑單登記所有科目

名稱說明金額等一經登載概不得任意改更事項

二　關於每日記賬前應將各種傳票順序彙集先收入次

21

支出收付賬編定號碼依次登賬事項

三 關於傳票未按照規定手續辦妥以前不得記賬事項

四 關於記賬員對於與主管應記之賬應於當日登記完竣不得任意延緩

五 關於各種賬簿未屆年度終結時不得更換新簿但已經頁數用盡及有特殊情形者不在此限等事項

乙：關於每屆年度終結時應辦理左列事項

一 關於本年度應收未收之進款或收入補收之賬事項

二 關於將本年度應付未付之用款或支出補付之賬事項

三 關於將本年度預收之進款或收入自進款或收入科目

22 0021

提轉負債科目事項

四　關於將本年度預付之用款或支出自用款或支出科目提轉資產科目事項

五　關於計算資產折舊及保賬損失數目分別結帳兩項

六　關於進款用款或收入支出數科目應一律結清負債兩數科目均結轉下期事項

七　關於全部賬目結賬後應根據總分類賬製資產負債表事項

八　關於根據總分類賬　參證成本計算課送來之分類憑單須製損益計算書事項

221

第十三條 會計上應用憑單分原始單據及記賬單兩種為一切賬目記載之根據

第十四條 原始憑单分左列各種類：

一 關於商行發票收據及其附屬書類事項

二 關於出差旅費清单及附件事項

三 關於請款書憑單付款書憑證及領款等收據事項

四 關於俸薪清册工餉清册及收據事項

五 關於事務上及其他部分零星開支清单及附件事項

六 關於收款通知書繳款收據存根及解款書等事項

七 關於記賬通知单及附件事項

八 關於物料請購訂購及收發单事項

九 關於折舊計算單及附屬証明書類事項

十 關於預收收入預付支出應收未收收入及應付未付支出計算清单及附件事項

十一 關於其他一切現金及轉賬收支之原始憑証事項

第十五條 記賬憑單爲傳票分左列三種由登記員根據原始憑单編製之

一 收入傳票

二 支付傳票

三 轉賬傳票

23-1

第十六条　每張傳票限記一種事實如一張不足得接用第二張但須編列同一號數并分註第幾張字樣以便稽查

第十七條　原始憑單有左列情事之一者不生效力簿記員亦不得編製傳票

一　關於商號發票收據其附屬書類未經商号蓋有正式戳記者事項

二　關於祇有發票并無收據而發票上又未經商号蓋章簽收者事項

三　關於其他各項收據未經收款人正式蓋章簽收者事項

四　關於記賬通知書類未經各主管人員機關長官蓋章者

事項

五　關於旅費報銷之未經長官核准者事項

六　關於物料請購定購及收發寄書核未經長官核准蓋章者事項

七　關於其他手續不全或與法令規定不符者事項

第十八條　各種傳票在未按照規定手續經出納課長及會計處簿記課長審核課長會計處處長蓋章不發生效力

第十九條　各種原始憑單及其附屬書類均應附入傳票其事寔上不能附入者得變通辦[illegible]之

第廿條　本規程如有未盡事宜得呈准廠長修正之

24-1

第廿一條　本規程經核准　廠長　施行

（上部各條文字跡模糊難辨）

五、關於服裝靴帽等事宜及事務

六、關於收回嗇靜歲領庶務市書郵各本科分掌事務

29

7

職工福利處組織規程

第一條　本組織規程依據本廠組織總則第十九條制定之

第二條　本廠職工福利處（以後簡称本處）分左列各課、院、

一　訓育課

二　事業課

三　醫院

第三條　本處置處長一人承廠長之命總理本處事務

第四條　本處訓育課掌理左列事項

一　關於本廠所屬職工軍事訓練事項

二　關於工人在廠时管理事項（但須會同各關係處科隊

29-1

商辦之）

三 關於語言補習班設立及其他教育實施事項

四 關於職工官兵生活狀况調查事項

五 關於職工官兵統計事項

六 關於職工官兵訓育事項

七 關於職工官兵考查事項

八 關於職工子弟學校籌備及設計事項

九 關於藝徒學校籌備事項

十 關於推行新生活運動事項

十一 關於士兵教育（另須成立士兵教育委員會）事項

00.9

30

十三 關於職工體育及其他訓育事項

第五條 本處事業課掌理左列事項

一 關於消費合作社組織及其發展業務事項

二 關於圖書館組織及設備事項

三 關於閱報室管理事項

四 關於攝影室管理事項

五 關於職工聯歡社籌備事項

六 關於本廠俱樂部及娛樂籌備設備事項

[redacted]

七 關於園藝設計（須會同地產科籌劃之）事項

八 關於創辦其他不屬於各課院室事項

30-1

第六條 本處醫院掌理左列事項

一 關於醫務規劃及寔施事項

二 關於各項清潔須知之訂定及實施事項

三 關於防疫設計籌備及寔施事項

四 關於衛生宣傳事項

五 關於各職工官兵伕役診斷傷病治療事項

六 關於衛生勤務調查事項

七 關於有害衛生防護事項

八 關於本廠職工官兵伕役體格檢查事項

九 關於衛生材料保管事項

十　關於衛生人員訓育事項

十一　關於各種衛生檢驗事項

十二　關於臨時防疫药品購辦（但須會同採購科商辦之）事項

十三　關於其他醫務衛生事項

第七條　本處各課及各院各置課長一人及院長一人承處長之命分別辦理各該課院事務

第八條　本處各課置課員八人司書五人承課長之命分別辦理各課事務

第九條　本處醫院置醫師二人药劑師一人助産士一人護士二人承院長之命分別辦理醫務

31-1

第十条　本處關於職工及士兵之訓育課程，由本處處長商同廠長訂定之。

第十一條　本處職員之考核或進退獎懲事項，應按照本廠職工獎懲委員會組織規程辦理之。

第十二條　本處職員視工作繁簡，得由本處處長商同廠長隨時增減之。

第十三條　本規程如有未盡事宜，得呈准廠長隨時修正之。

第十四條　本規程經廠長核准施行。

（8）工務處組織規程

第一條：本規程依據本廠組織總則第九條之規定制定之。

第二條：工務處（以後簡稱本處）分左列各室、課、所：

一、總工程師室；

二、事務課；

三、工作準備課；

四、工料預算課；

五、工作分配課；

六、半成品檢驗室；

七、製砲所；

34-1

八，鍛工所；
九，彈夾所；
十，引信所；
十一，工具樣板所；
十二，木工所；
十三，水電所，
第三條；本處置處長一人，承廠長之命，綜理本處事務。
第四條；本處置左列各人員：
一，總工程師一人；
二，工程师十人；

0042

35

三，課長四人；

四，課員九人；

五，主任技術員三人；

六，主任五人；

七，技術員五十二人；

八，課員九人；

九，绘圖員十四人；

十，事務員二十七人；

十一，司書十二人。

第五條：本委各室、課、所、应分办事项，于各该室、課、所，办事細則

354

列入之。

第六條：本處各室、課、所、办事細則另定之。(9)(10)—(20)

第七條：本處関于工務特殊工作，由 廠長指定办理之。

第八條：本處職工薪餉，按照本廠職工薪餉規定，或由 廠長核准之。

第九條：本處職工視工作之繁簡，得呈准 廠長隨时增减之。

第十條：本處職員之考核，奬懲，或進退事項，應按照本廠職工奬懲委員会組織規程办理之。

第十一條：本規程如有未盡事宜，得呈准 廠長隨时修正之。

第十二條：本規程經 廠長核准施行。

36　0043

工務處總工程師室辦事細則

第一條：本處總工程師室辦事細則，依據本處組織規程第六條之規定制定之。

第二條：本處總工程師室（以後簡稱本室）掌理左列事項：

一、關於設計新器材事項；

二、關於研究並改良製造品事項；

三、關於繪製圖樣事項；

四、關於收發藍圖事項；

五、關於燒燬殘圖事項；

六、關於其他不屬於各室、課、所事項。

第三條：本室置總工程師一人，承本處處長及　廠長之命，綜理本

361

室事務。

第四條：本室置工程师十人，承本室總工程师及室長之命，分别办理本室事務。

第五條：本室置绘图員十四人，承總工程师、或工程师之命，分别承办绘图、图樣收及發事宜。

第六條：本室置司書四人，承總工程师及工程师之命，分别办理本室事務。

第七條：本室工程师如有改良及發明製造品者，得按照本廠职工奬懲委員会組織規程呈請嘉奬，或予以專利之特權。

第八條：本细则如有未盡事宜，得呈准 廠長隨时修正之。

0044

37

第九條：本細則經廠長核准施行。

38

0045

(9) 工務處事務課辦事細則

第一條：本處事務課辦事細則，依據本處組織規程第六條之規定制定之。

第二條：本處事務課（以後簡稱本課）置左列各組：

一、文書組；

二、人事組。

第三條：本課置課長一人，承本處處長之命，綜理課務。

第四條：本課置課員四人，承課長之命，分別辦理本課事務。

第五條：文書組掌理左列事項：

一、關於文件收發事項；

二、關於工作命令事項；

384

三、關于工作报告事項；

四、關于承办核拟事項；

五、關于繕校事項；

六、關于其他不屬于人事組事項。

第六條：文書組置組長一人，由本課課長于課員中指定一人担任之。

第七條：人事組掌理左列事項：

一、關于職工進退登記事項；

二、關于職工調動登記事項；

三、關于職工考勤事項；

四、關于其他不屬于文书組事項。

第八條：人事組置組長一人，由本課課長于課員中指定一人担任之。

第九條：本課置司書三人，承課長及組長之命，分別辦理繕校及收發事務。

第十條：本細則如有未盡事宜，得呈准 廠長隨時修正之。

第十一條：本細則經 廠長核准施行。

40 0047

(10)工務處工作準備課辦事細則

第一條：本細則依據本處組織規程第六條之規定制定之。

第二條：工作準備課（以後簡稱本課）掌理左列事項：

一、関於繪圖製圖事項；

二、関於沖晒圖則事項；

三、関於履行工作命令及一切工作準備事項；

四、関於儀器工具及其他準備事項。

第三條：本課置課長一人，承處長之命，綜理課務。

第四條：本課置技術員四人，承課長之命，分別辦理本課事務。

第五條：本課置課員二人，承課長之命，分別襄辦本課事務。

40-1

第六條：本課置司書二人，承課長之命，办理本課所分派之事務。

第七條：本課関于一切工作準備及設計事宜，由本課各技術員或課員計劃之。

第八條：本細則如有未盡事宜，得呈准厰長隨時修正之。

第九條：本細則経厰長核准施行。

（11）工務處工料預標課辦事細則

第一條：本細則依據本處組織規程第六條之規定制定之。

第二條：本處工料預標課（以後簡稱本課）掌理左列事項：

一、關于工作命令計標各種製造品所需材料事項；

二、關于所需材料名称、種類、數量事項；

三、關于工别及工作时间事項；

四、關于預標成本及其他工料預標事項。

第三條：本課置課長一人，承本處處長之命，綜理本課事務。

第四條：本課置技術員八人，承課長之命，分別办理本課事宜。

第五條：本課置課員一人，承課長之命，襄理本課事宜。

611

第六條：本課置司書二人，承課長之命，分別承辦本課所分辦事宜。

第七條：本課關于工料預标及特別設計事項，亦由本課技術員或課員計劃之。

第八條：本細則如有未盡事宜，得呈准廠長隨時修正之。

第九條：本細則經廠長核准施行。

~~0049~~

42

（12）工務處工作分配課办事细則

第一條：本细則依據本處組織規程第六條之規定制定之。

第二條：本處工作分配課（以後簡稱本課）掌理左列事項：

一、關于本處各所機器能力及大小事項；

二、關于人工多寡及工作时间分配事项；

三、關于規定工作程序事项；

四、關于其他分配工作事項。

第三條：本課置課長一人，承本處處長之命，綜理本課事務。

第四條：本課置技術員六人，承課長之命，分別办理本課事務。

第五條：本課置課員二人，承課長之命，襄理本課事務。

事

42-1

第六條：本課置司書一人，承課長之命，承辦所分派事務。

第七條：本課關于工作分配及特殊設計事宜，分由本課技術員或課員承辦計劃之。

第八條：本細則如有未盡事宜，得呈准 廠長隨時修正之。

第九條：本細則經 廠長核准施行。

0050

13

工務處半成品檢驗室辦事細則

第一條：本細則依據本處組織規程第六條之規定制定之。

第二條：本處半成品檢驗室（以後簡稱本室）掌理左列事項：

一、關于製造品檢驗事項；

二、關于製造品有無缺点，應須註明事項；

三、關于製造品所檢驗之缺点，應通知主造机關或負責者修補及另造事項；

四、關于檢驗設計及其他事項。

第三條：本室置主任技術員一人，承本處處長之命，綜理室務。

第四條：本室置技術員四人，承主任技術員之命，分別辦理引信、火

六、砲、及砲彈檢驗事宜。

第五條：本室置事務員四人，承主任技術員之命，分別襄理本室事宜。

第六條：本室關于檢驗之特殊工作計劃事項，分由本室各技術員或事務員承办之。

第七條：本細則如有未盡事宜，得呈准 廠長隨时修正之。

第八條：本細則經 廠長核准施行。

44

~~0051~~

14

工務處製砲所辦事細則

第一條、本細則依據本處組織規程第六條之規定制定之。

第二條、本處製砲所（以後簡稱本所）掌理左列事項：

一、關于砲類製造事項；

二、關于砲類配合事項；

三、關于砲類製造所需要材料事項；

四、關于履行工作命令事項；

五、關于製砲改良設計及其他事項。

第三條、本所置主任技術員一人，承本處處長之命，辦理本所製砲事務。

44-1

第四條：本所置技術員六人，承主任技術員之命，分別辦理本所一切製砲事宜。

第五條：本所置事務員四人，承主任技術員之命，襄理本所事務。

第六條：本所關于製砲設計改良、或發明事項，分交本所各技術員或事務員研究之。

第七條：本所技術員或事務員對于製砲有改良或發明者，得呈准本[illegible]委員長及　廠長特呈嘉獎、或予專利之特權。

第八條：本細則如有未盡事宜，得呈准　廠長隨時修正之。

第九條：本細則經　廠長核准施行。

工務安鍛工所办事細則

第一條：本細則依據本安組織規程第六條之規定制定之。

第二條：本安鍛工所（以後簡称本所）掌理左列事項：

一、關于各種製造品中之鍛工事項；

二、關于淬火、退火事項；

三、關于履行工作命令事項；

四、關于鍛工及其他設計事項。

第三條：本所置主任技術員一人，承本安安長之命，办理本所事務。

第四條：本所置技術員一人，承主任技術員之命，办理本所事務。

第五條：本所置事務員一人，承主任技術員之命，兼办本所事宜。

65-1

一

第六條：本所關于鍛工設計改良事項，分交本所技術員或事務员承辦之。

第七條：本細則如有未盡事宜，得呈准　廠長隨時修正之。

第八條：本細則經　廠長核准施行。

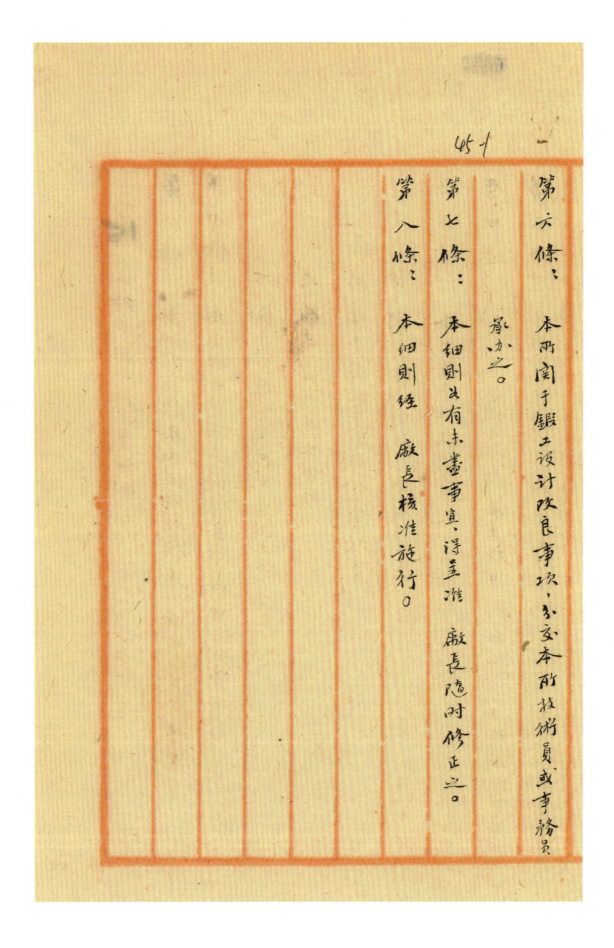

46

0053

16

工務處彈夾所办事細則

第一條：本細則依據本處組織規程第六條之規定制定之。

第二條：本處彈夾所（以後簡稱本所）掌理左列事項：

一、関于砲彈製造及裝配事項；

二、関于履行工作命令事項；

三、関于彈夾改良及設計事項。

第三條：本所置主任一人，承本處處長之命，總理本所事務。

第四條：本所置技術員四人，承主任之命，分別办理本所事務。

第五條：本所置事務員四人，承主任之命，分別办理本所事務。

第六條：本所関于彈夾改良及設計事項，分由本所技術員或事務

46-1

員研究之。

第七條：本細則如有未盡事宜，得呈准 廠長隨時修正之。

第八條：本細則經 廠長核准施行。

47

0054

17 工務處引信所办事細則

第一條：本細則依據本處組織規程第六條之規定制定之。

第二條：本處引信所（以後簡稱本所）掌理左列事項：

一、關于各種引信製造事項；

二、關于引信裝配事項；

三、關于履行工作命令事項；

四、關于引信其他設計改良事項。

第三條：本所置主任一人，承本處處長之命，綜理本所事務。

第四條：本所置技術員三人，承主任之命，分別办理本所引信一切製造事宜。

47-1

第五條：本所置事務員三人，承主任之命，襄理本所事宜。

第六條：本所關于引信改良及設計事項，分由本所技術員或事務員研究之。

第七條：本細則如有未盡事宜，得呈准　廠長隨时修正之。

第八條：本細則經　廠長核准施行。

48　0055

18

工務處工具樣板所辦事細則

第一條：本細則依據本處組織規程第六條之規定制定之。

第二條：本處工具樣板所（以後簡稱本所）掌理左列事項：

一、關於修造各種工具樣板事項；

二、關於一切机器上設備事項；

三、關於履行工作命令事項；

四、關於工具樣板設計改良及其他事項。

第三條：本所置主任一人，承本處處長之命，綜理本處事務。

第四條：本所置技術員十人，承主任之命，分別办理本所事務并得兼理各所机器修理及管理各所工具室事項。

48-1

第五條：本所置事務員七人，承主任之命，襄办本所及承办事宜。

第六條：本所關於樣板改良及設計事項，分由本所技術員或事務員研究之。

第七條：本細則如有未盡事宜，得呈准 廠長隨时修正之。

第八條：本細則經 廠長核准施行。

19

工務處木工所辦事細則

第一條：本細則依據本處組織規程第六條之規定制定之。

第二條：本處木工所（以後簡稱本所）掌理左列事項：

一、關于製造砲彈箱各種模型事項；

二、關于各種製造品器具及製造品附件之木工部份事項；

三、關于履行工作命令事項；

四、關于木工改良、設計及其他事項。

第三條：本所置主任技術員一人，承本處處長之命，綜理本所事務。

第四條：本所置技術員二人，承主任技術員之命，分別办理本所事宜，及兼理各製造品裝箱事務。

49-1

第五條：本所置事務員二人，承主任技術員之命，分別承辦本所事務。

第六條：本所關於工作改良、設計事項，分交本所技術員或事務員承办之。

第七條：本細則如有未盡事宜，得呈准　廠長隨時修正之。

第八條：本細則經　廠長核准施行。

50

0057

20

工務處水電所辦事細則

第一條：本細則依據本處組織規程第六條之規定制定之。

第二條：本處水電所（以後簡稱本所）掌理左列事項：

一、關於管理電機及整理事項；

二、關於本廠各處科隊發電事項；

三、關於履行工作命令事項；

四、關於設計改良及其他事項。

第三條：本所置主任一人，承本處處長之命，綜理所務。

第四條：本所置技術員四人，承主任之命，分別辦理本所事務，并兼理主持修理工場事項。

50-1

第五條：本所置事務員二人，承主任之命，襄理本所事務。

第六條：本所關于改良、設計事項，分由技術員或事務員攷研之。

第七條：本細則如有未盡事宜，得呈准 廠長隨時修正之。

第八條：本細則經 廠長核准施行。

21

檢驗科組織規程

第一條：本規程依據本廠組織總則第十三條之規定制定之。

第二條：本科掌理左列各項之檢驗事宜：

一、關於會同有關各要科驗收一切傢具什物文具事項；

二、關於檢驗本廠所用各種材料品質成分事項；

三、關於檢驗本廠各種製造之完成品事項；

四、關於試驗各種火藥炸藥事項；

五、關於本廠各種出品實驗試射事項；

六、關於支配登記考察本科工人工作事項；

七、關於佈置材料陳列事項；

511

八、関于在製品成品陈列事项。

第三條：本科因第二條之規定運到之材料，应会同有関係各安科先行点驗数量，暂行交庫保管，经本科复驗認為合格时，各工廠方得領用。

第四條：本科因第二條之規定本廠各種出品、須经本科檢驗認為合格时，方得交庫，視為完成品。

第五條：本科对於本廠各種出品，除按照規定檢驗外，遇必要时，得隨时呈准廠長提出檢驗。

第六條：本科对于本廠各工廠之樣板，得隨时提出校对，是否與標準樣板尺碼相符。

第七條：本科置科長一人，承[redacted]廠長之命，綜理本科事務。

第八條：本科分左列各室：

一、理化試驗室；

二、成品檢驗室。

第九條：理化試驗室分左列各部：

一、物理試驗部；

二、化学試驗部；

三、材料陳列部。

第十條：理化試驗室，專司関于物理化学試驗及試驗材料之陳列事項。

52-1

第十一條：理化試驗室置主任技術員一人、技術員六人，事務員一人，司書一人。

第十二條：成品試驗室置左列各部：

一、完成品檢驗部；

二、在製品成品陳列部。

第十三條：成品檢驗室專司檢驗試射一切成品及本廠製品之陳列事項。

第十四條：成品檢驗室置主任技術員一人，承科長之命，綜理本室事務。

第十五條：成品檢驗室置技術員三人、事務員三人，承主任技術員

53

0060

之命，分别办理本室一切事務。

第十六條：本科科本部置技術員一人，科员一人，司書一人，承科長之命，分別办理本部一切事務。

第十七條：本科科長如因故離職时，得由 廠長或主任秘書派員代理之。

第十八條：凡由採購或代採購科購到之傢具什物文具等項，须由採購科通知，并定期会同有関係各处科点驗數量品質，由本廠会計处審核价格驗收之。

第十九條：本科所屬各職工之考核、或進退、及獎懲事項，应按照本廠職工獎懲委員会組織規程办理之。

531

第二十條：本科所屬各室辦事細則另定之。（22）

第二十一條：本規程如有未盡事宜，得呈准　廠長隨時修正之。（23）

第二十二條：本規程經[redacted]　廠長核准施行

54 0061

22

檢驗科理化試驗室辦事細則

第一條：本細則根據本廠檢驗科組織規程第二十條之規定制定之。

第二條：理化試驗室（以後簡称本室）分左列各部：

一、物理試驗部；

二、化学試驗部；

三、材料陳列部；

第三條：本室物理試驗部專司關于物理一切試驗事項。

第四條：本室化学試驗部，專司關于化学一切化驗事項。

第五條：本室材料陳列部，專司關于陳列一切試驗完竣之材料事項。

第六條：本室置主任技術員一人承　廠長及本科科長之命綜理室務。

541

第七條：本室置技術員六人，承科長及主任技術員之命，分別辦理本室事務。

第八條：本室置事務員六人，承主任技術員，技術員之指導，襄助本室一切事宜，

第九條：本室置司書一人，承主任技術員、技術員、或事務員之指揮，繕寫本室文件。

第十條：本室對于到廠之材料試驗手續完畢後，其化学成分或物理性質之差別，須逐一列表呈核，并須註明其材料之來源批明到廠日期，及交驗日期，以便稽核。

第十一條：本室遇必需某項器具或某項材料，得隨时向各工廠提取，

但須列簿登記，以昭慎重。

第十二條：本室一切玻璃器材藥品等之銷耗，應逐月列表呈报核銷。

第十三條：本室对于成分或性質不合之材料，有簽請退回之責。

第十四條：本室関于凡試驗完竣之材料，均须鐫碼登記陈列之。

第十五條：本室凡備試驗之材料，其需要數量，不须繕具領单，由庫領取，但須列表備查。

第十六條：本室在未設置完備以前，凡関于本廠購到或领到之材料，须经本料会同各应用該種材料之各工廠所主管人員公認為合格时，方得领用。

第十七條：本细则如有未盡事宜，得呈准 廠長隨时修正之。

551

第十八條：本細則經[redacted]廠長核准施行

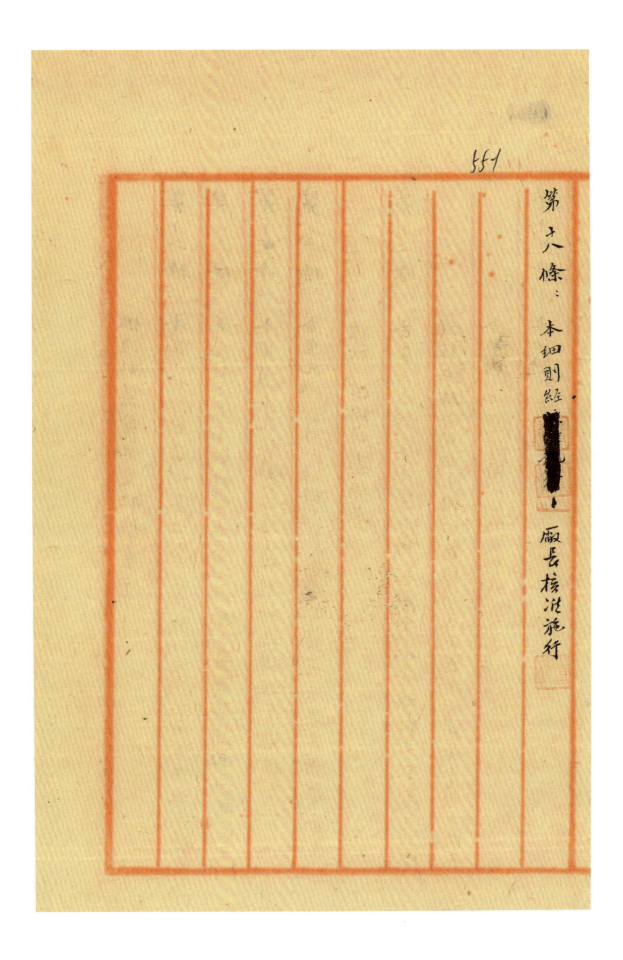

0063

23

檢驗科成品檢驗室辦事細則

第一條：本細則根據本科組織規程第二十條之規定制定之。

第二條：成品檢驗室（以後簡稱本室）分左列各部：

一、成品檢驗部；

二、在製品成品陳列部。

第三條：本室成品檢驗部，專司檢驗及試射一切完成品。

第四條：本室在製品成品陳列部，按照成品製造步驟逐一列陳之。

第五條：本室置主任技術員一人，承廠長及本科科長之命，綜理室務。

第六條：本室置技術員三人，承主任技術員及本科科長之命，分別掌理砲及砲彈之檢驗與試射事項。

561

第七條：本室置事務員二人，承本室技術員、主任技術員及本科科長之指揮，襄助本室一切事務，并繕寫文件表冊等事宜。

第八條：本室对于成品之檢驗試射，除完善者不計外，若有疵弊者，有發請退收之责，但须註明玷疵之点，以便修理。

第九條：本室对于成品之不合樣板或图樣者，但亦無法退修者有發請報廢之責。

第十條：本室為便于檢查起見得隨时向各工廠提取檢件，但須出具收据，并列簿登記，以資攷查。

第十一條：本室遇必需某项器材时，得隨时向各工廠提取，但須出具收据，并列簿登記，以資攷查。

0064

57

第十二條：本室為防杜流弊起見，对于試験砲弹，須嚴密稽查，其第一次領用之砲弹，在第二次領用时，須將銅壳退還，以清手續。

第十三條：每次試用弹数，須於試験表内註明，以便隨时核对。

第十四條：本室在未設置完備以前，各工廠所出品，暫歸各工廠所主管負責檢験之。

第十五條：本細則如有未盡事宜，得呈准 廠長修正之。

第十六條：本細則經[redacted]廠長核准施行

军政部广东第二兵工厂地产科组织规程（时间不详）

24

地產科組織規程

第一條：本規程依據本廠組織總則第十七條之規定制定之。

第二條：本科分左列各室場：

一、土木工程室；

二、林場。

第三條：本科置科長一人，承[redacted]廠長之命，綜理本科事務。

第四條：本科科本部置科員四人，承科長之命，分別辦理本科一切事務。

第五條：本科置司書五人，承科長之命、担任收發及繕寫事務。

第六條：本科科員掌管左列事項：

58-1

一、關于圖則儀器材料文件之保管事項；

二、關于圖則儀器材料之領用及發給事項；

三、關于圖則儀器及材料登記事項；

四、關于各項材料登記、應於月終列表及書面報告事項。

第七條：土木工程室置主任一人，承科科長之命，掌理左列事項：

一、關於房屋修繕事項；

二、關于道路建修事項；

三、關于掩蔽工程事項；

四、關于設計及測量事項；

五、關于建修及估價單事項；

59

0066

六、关于仪器图则、及材料管理事项。

第八条：土木工程室置技术员三人，绘图员二人，司书二人，承科长及本室主任之命，分别襄理本室一切事务。

第九条：本科林场置场长一人，掌理栽植掩护森林及本厂次用木材事项。

第十条：本科所属职工之考核、奖惩、或进退事项，应按照本厂职工奖惩委员会组织规程办理之。

第十一条：本科所属土木工程室及林场办事细则另定之。

第十二条：本规程如有未尽事宜，得呈准厂长修正之。

第十三条：本规程经核准施行。

25
26

60　0067

25

地產科土木工程室辦事細則

第一條：本細則根據本科組織規程第十一條之規定制定之。

第二條：土木工程室（以後簡稱本室）置左列各組：

一、工程設計組；

二、測量繪圖組；

三、材料監工組。

第三條：工程設計組，專司關於建修房屋、道路、掩蔽、[illegible]、設計及工程估價事宜。

第四條：測量繪圖組，專司關於測量、描繪、沖晒圖樣、各項及管理儀器、測伕事宜。

601

第五條：材料驗工組，專司關于監工，核發工程費，發覺各種房屋道路有破漏崩陷之處，依照圖則，監理工程，及管理材料事宜。

第六條：本室各組，各置組長一人，於技術員及繪圖員中，由 廠長或科長指派之。

第七條：本室各組組長，承主任技術員或本科科長之命，分別辦理各該組事務。

第八條：本室置司書二人，承主任技術員及組長之命，襄辦本室各組公牘收發及繕寫事宜。

第九條：本細則如有未盡事宜，得呈准 廠長隨時修正之。

61 0068

第十條：本細則經廠長核准施行。

26

地產科林場辦事細則

第一條：本細則根據本科組織規程第十一條之規定制定之。

第二條：林場（以後簡称本場）掌理左列事項：

一、關於林場設計事項；

二、關於栽植撫護森林事項；

三、關於樹苗花苗播種及移植地區事項；

四、關於播種施肥及灌溉事項；

五、關於林場土壤選擇事項；

六、關於本廠需用木材事項；

七、關於場圃池塘、溝渠築濬事項；

62-1

八、關于管理本場工人及增減工人事項。

第三條：本場置場長一人，承本科科長之命，辦理本場事務。

第四條：本場置場員四人，承場長之命，分别承辦本場事務。

第五條：關于本場特殊設計事項，得商承本科科長會同職工福利處辦理之。

第六條：關於本場樹苗改良及清除害虫，分由負責場員研究辦理之。

第七條：本場樹苗之選擇播種，須考察土壤之是否適合，然後栽種之。

第八條：本場樹苗應分種類播種之。

63

0070

第九條：本場樹苗應分科、目、種類、名稱、等項，逐一表列於各該樹苗上。

第十條：本場樹苗應分別造詳細名冊，規定左列各項：

一、漢文名稱；

二、英文、或德、法、蘇俄文名稱；

三、種類；

四、科、目；

五、產於何地區（或生於本地）；

六、播種年月日；

七、單葉、雙葉、或複葉；

63-1

八、灌木或喬木；

九、樹質之構造及成分、可否適用何項建築材料；

十、樹苗生長之狀况；

十一、適用何種肥料；

十二、適於何種土壤；

十三、其他；

十四、備考。

第十一條：本場應將樹苗或各種樹木、逐月分別列表具報。

第十二條：本細則如有未盡事宜、得呈准　廠長隨時修正之。

第十三條：本細則經　廠長核准施行。

军政部广东第二兵工厂工役惩罚暂行条例（时间不详）

職工福利處

0 0042

軍政部廣東第二兵工廠公役懲罰暫行條例

第一章 凡有下列情況之一者得分別情形記大過一次至二次

(一)不敬國旗徽無禮節者
(二)逃避公務無故外出者
(三)藉病請假規避職務者
(四)言行不檢屢戒不悛者
(五)互相戲謔或口角謾罵者
(六)屢次請假誤及本身公務者
(七)造謠及誣告同人者
(八)性情乖戾蕩檢逾閑者
(九)誑報事實互送是非者
(十)違抗官長指揮者

第二章 凡有下列情事之一者開除之其情重者得依法懲處之

(一)侮辱國旗謾罵長官者
(二)違抗命令犯上作亂者
(三)侵吞公款洩漏公事密秘者
(四)散布流言捏造黑白者
(五)遺誤公事及毀壞公物者（並責令賠償之）
(六)言語粗暴禮貌不周或毆打及群毆者
(七)飲酒賭博者
(八)有盜竊行為者
(九)記大過三次以上者
(十)不請假而擅離職守者

035

本廠招致机械士兵暫行簡章

第一條　本廠頃擬招致机械士兵，額定六十五名（內甲種車工十名，甲種鉗工十五名，乙種鉗工五名，甲種銑工五名，甲種鉚工一名，甲種鍛工四名，甲種電動机工四名，甲種外綫工二名，乙種外線工一名，甲種乙種水管工各一名，甲種漆工一名，甲種鐫刻鋼字匠一名，小工十四名。）

第二條　凡年齡在二十歲以上，四十歲以下（其有特別技能者，不在此限），品行端正，体格強健，毫無嗜好，而富有机械技能，具左列各款之一之資格，得有証明書文件，或其他有效証明者，由本廠職員一員或机械士兵二名以上之介紹，得報名應試，~~與有特別技能者准報名應試~~（其即具左列各款之資格，報考）。（小工資格不在此限）

（A）曾在工廠服務十年以上者，得~~投~~充甲種机械士兵考試

35-1

（B）曾在工廠服務七年以上者得报应乙種机械士兵之考試

第三條　本廠職员介紹投考人應考，以介紹人確知其品行端正，技術優良者為限。

第四條　本廠机械士兵介紹投考人應考，以介紹人現在本廠服役，或近似之部門為限。

第五條　投考人具有前列之介紹條件者，可自備二寸半身正面像片（脫帽）二張，及証明文件，交介紹人代為报名。經審查合格後方准應試。

第六條　报名日期

（A）第一次自八月一日起至十日截止。

（B）第二次自九月一日起至十日截止。

(C)如第一次取録満額时，第二次招攷，暫停止举行。

第七條 报名地点，在本廠考选委员会。

第八條 攷試日期及地点，於报名期満後，另行佈告週知。

第九條 檢験体格、及试験科目，試験技術。

(A)檢験体格，由本廠医師檢查，不及格者，不得參加攷試。

(B)试験科目分口試、筆試、及技術三種。

(1)口試、看图，不及格者，不得參加其他試験。(小工不在此限)

(2)筆試、國文、算術。

(3)技術(小工考体力)

第十條 凡工人攷取入廠服役时，应覓妥保，填具保证書。

136-1

第十一條 待遇。分左列叁種，均計日給資。凡經考取者，以其技術經驗之高低，分為甲、乙、丙三

種機械士兵。

（A）甲種機械士。日資自壹元三角起至貳元止。（國幣）如有

特別技能者，不在此限。

（B）乙種機械士兵。日資自八角四分起至壹元貳角止。（國幣）

C（小工日資自二角八分起

第十二條 本簡章自公佈日施行。

军政部兵工署第五十工厂为检送艺徒学校收容学生办法、学生训练大纲等致兵工署制造司的笺函
（一九三九年六月十五日）

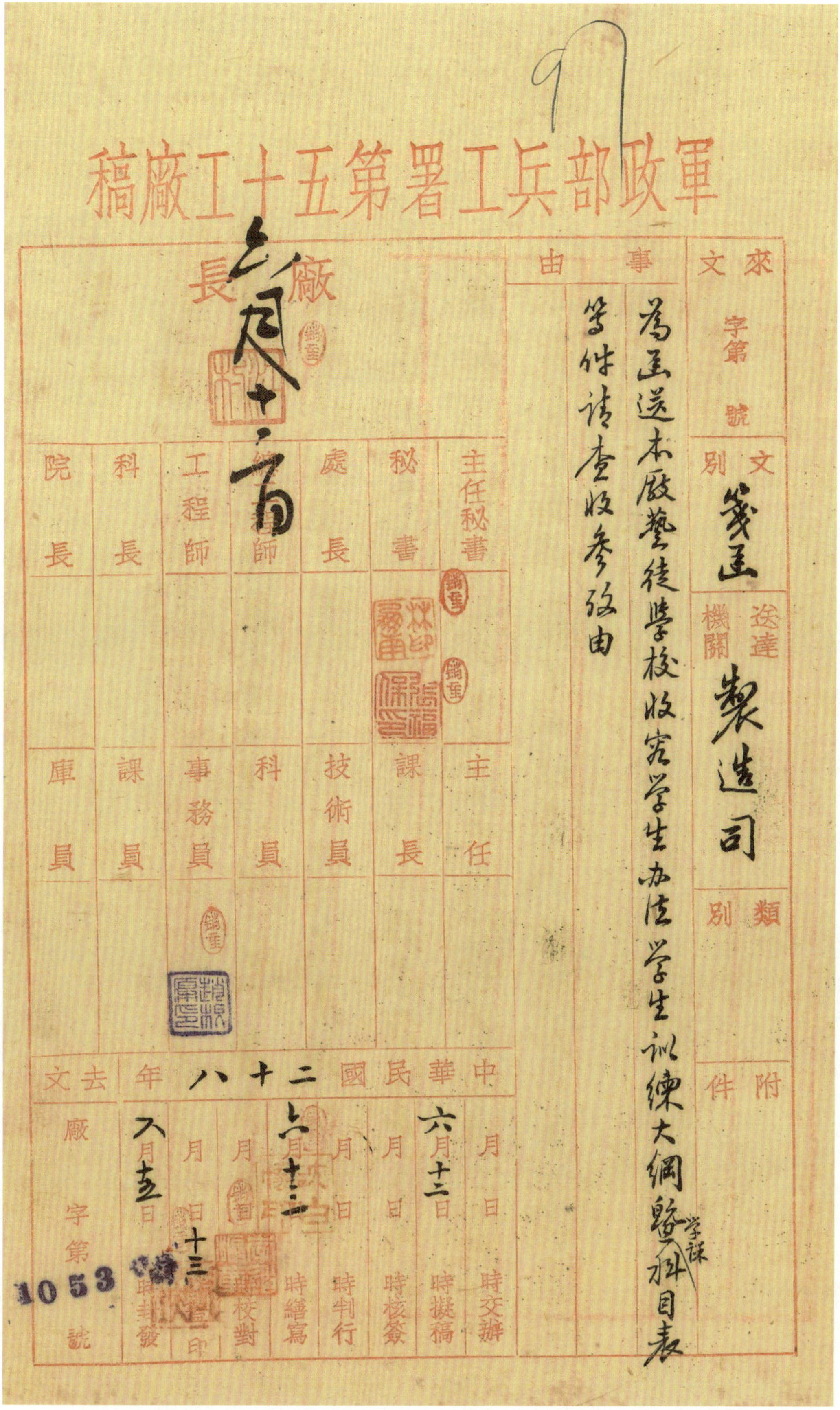

軍政部兵工署第五十工廠稿

來文	字第　號
文別	箋函
送達機關	製造司
類別	
附件	
事由	為函送本廠藝徒學校收容學生辦法學生訓練大綱暨學課科目表等件請查收參考由

廠長						
主任秘書	秘書	處長	總工程師	工程師	科長	院長
主任	課長	技術員	科員	事務員	課員	庫員

中華民國二十八年去文

交辦	擬稿	核簽	判行	繕寫	校對	蓋印	封發	廠
月　日　時	六月十二日　時	月　日　時	月　日　時	月　日　時	月　日	六月十三日	六月十五日　時	字第 1053 號

97-1

箋函

案准

貴司四月廿四日渝製(六)甲字第362號箋函：為整理各廠藝徒教育，亟須規定劃一辦法，屬將招考藝徒之年齡規定、學歷、考試章程、課程表及課本講義等項各檢送一份，以資參考等由；經飭據藝徒學校檢寄收容學生辦法、學生訓練大綱及學課科目表等件前來；相應備函送達，即希

查收參攷為荷！

此致

108

~~109~~

製造司

計檢送藝徒學校收容戰時兒童保育會學生辦法一份學生

訓練大綱一份 學課科目表一份

廠戳啟 月 日

附（一）军政部兵工署第五十工厂艺徒学校收容战时儿童保育会学生办法

儀正

101

军政部兵工署第五十工厂

○○厰藝徒學校收容戰時兒童保育會學生辦法

一、主旨：以培養學生熟練技能持續抗戰建國力量

二、標準：

（一）範圍：就保育總會及在川各分院挑選

（二）年齡：十三歲至十八歲

（三）性別：男

（四）程度：曾在高小畢業或五年級以上程度

（五）體格：身體强健能刻苦耐勞而無傳染疾病

三、考試：

（一）科目：一、體格檢查　二、國文　三、常識　四、公民

101-1

五、算術、六、口試、

(二)組織：本廠臨時組織考試委員會並函請保育會指定一人至二人參加辦理入學試驗

(三)程序：一、初試：由考試委員會分赴各保育院舉行取錄名額比照本廠藝校招考學生名額增取二分之一

二、複試：由考試委員會集合初試學生錄取指定地點舉行

(四)成績記分：以體格佔百分之四十學識佔百分之三十品性及其他佔百分之三十

四、入校：

102

一、學生取錄後即通知報到入學填具入學志願書保證書

二、學生入學三個月後予以甄別試驗決定去留

三、學生入校後保育會可定期派員到校調查

四、學生入學後不得中途退學或要求轉學

五、學生畢業後須在本廠服務五年以上非經核准許可者不得轉其他機關工作

六、學生有屢違守規或不堪造就者得隨時送回保育會

五、費用：

徵送學生費用全由本廠藝校負担但學生食宿管理須自學生取錄後報到入學之日起由本廠藝校供給

軍政部兵工署第五十工廠藝徒學校學生訓練大綱

(甲)訓練之科目：

一、精神（心）

二、術課（體）

三、學課（腦）

四、藝課（手）

一、精神之訓練：依教育部頒發之青年訓練大綱辦理之注重民族思想修養品德信仰三民主義服從最高領袖
蔣委員長

二、術課之訓練：分童子軍操法球類運動田徑賽運動普通操

103-1

國術救護偵察訊號器械操旗語游泳射擊防空等項

三、學課之訓練：除按第一表學習外並學習童子軍一切學課

四、藝課之訓練：暫分車工鉗工鍛工鑄工電工木工六部第一、二學年分期輪流在工場實習車工鉗工各六個月鍛工鑄工電工木工各三個月此為普通實習第三學年按照學生之成績及本廠之需要分別指定專習一種技能滿一年後到重慶本廠練習專門機器設備之運用

(乙)訓練之方式：

一、精神訓練：於每日升旗後由校長（教育主任大隊長各隊長）訓話一次以二十分鐘為限因學課側重技藝無史地課程故

104

105

訓話時多取史地教材以啟發學生愛國之思想此種訓練一日不可間斷雪雨時在禮堂舉行之降旗時由學生中任擇一人背講當日之訓詞以養成學生注意聽講之習慣

二、術課：在本校操場及校址附近舉行之每年春秋兩季作長途旅行各一星期以資鍛練在此期内並作行軍追蹤方位地形識別露宿烹飪交通斥堠測繪等演習

三、學課：在講堂舉行之每晚自習時間由各中隊派定值星官在講堂督飭一如上課時間以求學課之猛進

四、藝課：在實習工場學習每日四小時練習工具之使用材料之鑑別機器之運用圖樣之識別由淺而深由易而難每件

104-1

工作如未完全學會不可改換他件又必須養成獨自工作之
習慣祇加指導他人不可協助工作藝課之程序因設備工
具材料等項之限制暫難詳爲排定但以變更式樣增加
學生之經驗爲原則相機辦理之

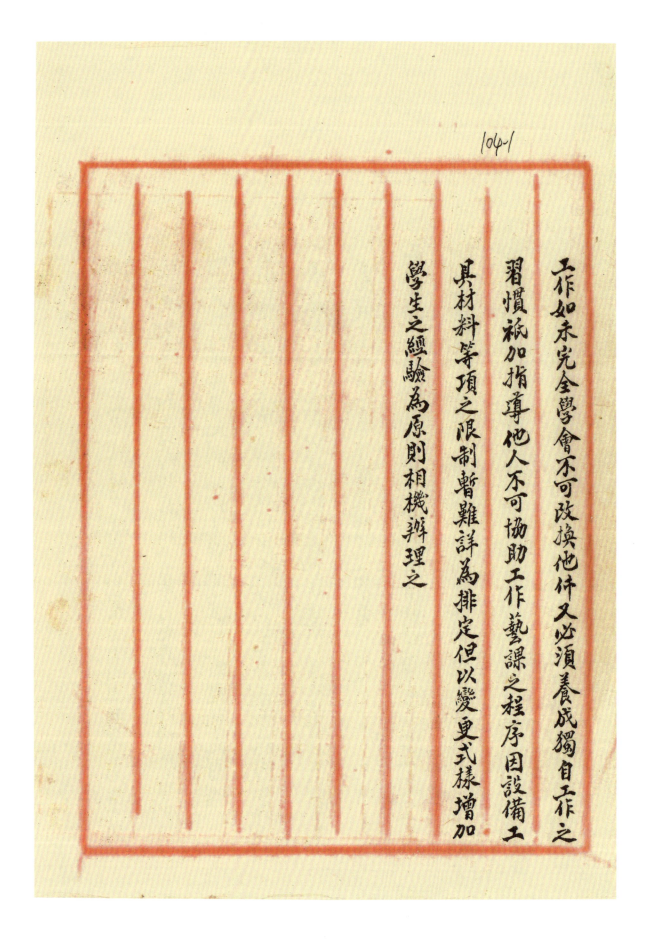

106　107

軍政部兵工署第五十工廠藝徒學校學課科目表

科目 ＼ 學年 學期 每週時數	第一學年第一學期	第一學年第二學期	第二學年第一學期	第二學年第二學期	第三學年第一學期	第三學年第二學期	共授點數	備考
公民	1	1	1	1	1	1	150	商務印書館周淦編共三冊
國文	4	4	3	3	2	2	450	近代白話文及淺易古文油印講義
應用數學	8	8	6				550	商務印書館嚴濟慈等編
幾何畫投影幾何	4						100	商務印書館求是學社薩本棟編
應用力學			3	3			150	
機器畫		4	4				200	
工作法(一)	4	4					200	世界書局金工工作法王時傑編
理化	3	3	3				225	世界書局何守愚編

106-1

材料强弱學			2	2			100
材料學			2	2			100
機器原件				8			200
工作機器				3			75
應用電學				2	2		100
原動機					4		100
兵器概要					2		50
造兵學					2		50
火藥學						2	50
彈道學						2	50

107 ~~108~~

工場管理	專用機器	專用工具	專用材料	工作法(二)	配合學	油漆學	電工設計	鋼鐵學	每週點數
									24
									24
									24
									24
2	4	1	2	2					24
2	4	1	2		4	4	4	4	20
100	200	50	100	50	100	100	100	100	140
					車鉗工專修	木工專修	電工專修	鑄鍛工專修	

107-1

每週課別
6
6
8
8
11
9

說明 一、每學期以二十五週計算六學期共計三千五百小時

二、第四學年之課程另定之

三、應用數學一課包括算術代數幾何三角

四、工作法(一)指工場各種工別之普通工作法(二)指專習某工之工作法

五、工場管理側重成本會計使學生認清副料之重要性而知撙節

六、專用工具機器材料係指車鉗電木鍛鑄各部專用者而言一人限習一種

七、配合油漆電工設計鋼鐵學限一人習一種

八、外國語為選科隨時可於課餘集衆教授之

九、所採取課本概作藍本用教授時視其重要性增減之

本廠職工宿舍規則 二八年三月八日公布施行 同年十一月七日修正

第一條 本廠為職工寄宿安適起見特訂定本規則

第二條 凡職工寄居宿舍須遵守本規則

第三條 凡本廠職工寄住宿舍須先填具申請書呈經主管長官核轉福利處轉呈廠長核准後始准登記編位

第四條 凡寄宿職工非經管理員編定床位不准私自搬入

第五條 凡寄宿職工非經管理員許可不准私自搬移床位致礙秩序

第六條 寄宿職工如欲遷出宿舍須將退住日期通知職工福利處以便轉知管理員登記

(104)

第七條 宿舍內公有物品不准私自搬移室外或移置其他處所

第八條 寄宿職工不准在宿舍內私自延客住宿

第九條 宿舍內不准酗酒賭博

第十條 寄宿職工於吹息燈號後即須就寢不准私自點燈或談話謳歌妨礙他人睡眠

第十一條 寄宿職工須保持宿舍清潔並須謹防火燭

第十二條 寄宿職工不准私自豢養家禽家畜有礙公共衛生

第十三條 宿舍內不准烹茶煮飯飲食

第十四條 宿舍內不准私藏爆炸物或其他違禁物品

53

軍政部兵工署第五十工廠調整運輸辦法草案

94

軍政部兵工署第五十工廠調整運輸辦法草案

一、總則

第一條 本廠廠區遼潤運務紛繁所有運輸事宜着由廠務室劃出設立運輸科負責統籌并直隸本廠長以便指揮而資改進

第二條 運輸科職掌如左

(甲)本廠各種器材之領運及成品之運繳事項

(乙)廠内各所與倉庫及其相互間原料半成品成品廢料之運輸事項

(但祇以運至各所庫門前為限其各所庫内部之應如何堆積排列應由各所庫自行任之)

(丙)本廠廠屋宿舍倉庫之消防事項

一

94-1

(丁)本廠廠路之培養事項

(戊)本廠各種車船及運輸起重消防養路等工具之保管支配檢查及修理等事項

(己)本科員工之管理支配攷核及獎懲事項

(庚)其他有關運輸技術工具之研究設計及改良事項

二、組織

第三條　運輸科設科長一人科員監運員各若干人內分廠內及廠外運輸二股與運輸(兼消防)養路各隊其編制如表(附表二)

三、運輸

第四條　本廠運輸分廠外及廠內兩種

85

(甲)廠外運輸

1.本廠器材之輸出運入概須遵照本廠長運輸令(式一)辦理其無運輸令而要求運輸科運輸器材出廠或入廠時運輸科得拒絕之

2.運輸令由本廠長根據廠外來文或保管科呈請運輸單(式二)批交秘書室填寫并備齊應附文件經本廠長加蓋官章後令行運輸科遵辦并分令會計處保管科知照

3.運輸科奉令後應由廠外運輸股派員與有關各方洽商一面并擬定運輸方法籌備應需車船指定監運人員及運輸隊工人數分別填入領運或運送器材單呈由科長核定蓋章後行之

4.領運器材單(式三)於向廠外提運器材時用之由運輸科廠外運

輸股遵照運輸令複寫三張一張存根兩張連有關文件交監運員前往提運并將経過隨時填註回廠後呈科錄入存根外以一張轉呈本廠長核銷原運輸令一張送會計處計算成本一面并另填乙種驗收單送請保管科會驗（手續仍舊）

5.運送器材準（貳四）於由廠運出器材時用之由運輸科廠外運輸股照運輸令複寫四張一張存根三張交監運員内一張交保管科作據餘兩張隨時登記経過俟銷差時以一張連同交接文件呈由科股錄入存根後轉呈核銷原運輸令另一張由科逕送會計處計算成本

以上兩單實施後其原有甲乙兩種運輸單應即廢止以免重複

96

6.保管科於領運器材到廠經運輸科填送驗收单請予會驗後應於廿四小時內辦畢會驗手續一面并以書面指定囤放器材處所俾便卸載其運出器材時保管科尤應事先准備於運輸科派員洽商時指明應運器材處所俾能儘速起運

(乙)廠內運輸

1.廠內運輸分日常及臨時兩種

a.日常運輸

子.日常運輸以按日利用牛車(未製就前暂用平車)依照工序逐次繳運并以將各所先一日產品運罄為度

丑.行車路線分甲乙兩種

甲線：由S_1經B_{15} J_{32} F_{29}至G_{31}

乙線：由S_1經B_{16} B_{12} D_{23}再由原路至G_1轉B_{15}回S_1

寅、甲線預計用牛車兩輛乙線一輛每輛附輸工四至六名

每早接時開行往復運輸

卯、各所產品派運人應按照所運數量填給廠區運輸單甲（式五）

聯交交運部份收執作為臨時收據俟同單乙聯經接收

部份蓋章後送交交運部份換回甲聯呈科備查

辰、此項運輸無須填運輸通知單惟遇因故停工或增減

出品時須隨時通知運輸科俾資準備

巳、各所廢料應向保管科領取木箱或其他盛器裝置門前

97

听由運輸科利用回空車輛隨時取運取據彙報并經保管科
轉賬後給還存查

乙、臨時運輸

子、廠内大件運輸或遷移廠房應由需要部份複寫呈請
運輸單兩張包行呈請廠長核批後一張退作存根一
張留秘書室備查

丑、船舶到廠應即向運輸科報到并由運輸科填給號單依
次卸載不得爭先但遇所運物料需用急迫時運輸科得
斟酌情形提前行之

寅、請運物料各需要部份應事先與保管科洽取發料單故

9-1

行条并填写厰區運輸通知单（式六）一併送運輸科以便準備
一切定期起運其物料種類複雜不易辨認者應由需
要部份派員領妥後交運以免有誤運須退徒耗人力
之弊保管科物料如須運輸科派工運輸時亦應填厰
區運輸通知单事先送運輸科辦理
卯、小件物料供應仍應由保管科倉庫派工任之
辰、此項運輸所運物料運輸科以運至指定地點附近便
於停放而不碍工作及交通之處為限其應如何堆砌
排整須由各所自行派工辦理以免碍運輸科其他運
輸之進行倘如情形特殊時應呈報厰長另行核示遵行之

58

第五條　為監運[redacted]嚴密調度靈活計運輸科應暫設運輸站三處以便連絡其名稱及地點如左

1. 中碼頭運輸站　設中碼頭（利用現有木屋）
2. 東碼頭運輸站　設廠東路防空洞附近
3. 廠區運輸站　設J32附近

俟將來廠務擴充視乎需要并得增設之

第六條　運輸站每站每日由運輸科派駐官長（運輸隊未成立前則派領班）公役（專司看門及電話或以輕病之輸工充之）各一人隨時巡查負責監運并於每一運輸終了時一面使輸工在適當地點休息待命一面以電話報告運輸科听候續派工作

18-1

第七條　運輸站主要之設備計桌一椅一几一電話一鐵鐘一及文具全份

第八條　保管科應在鑄工所及中碼頭倉庫附近各設過秤處一處每日於發料前約集領發雙方會同過秤以省手續而增效率

四　消防

第九條　消防應由運輸科指導而以運輸隊任之警衛隊於火警時負警戒火場維持秩序之責

第十條　消防指導員及火警監視哨即以各運輸站之官長公役（參照第六條）充之遇有火警時即鳴鐘集合所屬區内之輸工馳往施救不得稍延

98

第十一條　各運輸站應任之消防區如左

中碼頭運輸站　第一消防區　由銅鑼峽至第一稽查所屬之

東碼頭運輸站　第二消防區　落旗寺及廠東路之全部屬之

廠區運輸站　第三消防區　第一稽查所（在內）及第三稽查所之範圍屬之

第十二條　各運輸站之消防工具應分置附近防空洞之兩端每端火鈎三把抓鈎二把十字鎬二把圓匙二把水桶四付竹梯一個

第十三條　遇有空襲而發生火警時則以哨音集合馳往施救

第十四條　空襲時各運輸站及在所轄消防區內工作之輸工集合地點如左

1.中碼頭運輸站及第一消防區內之輸工——懋居防空洞

88-1

2.東碼頭運輸站及第二消防區內之輸工——廠東路防空洞

3.廠區運輸站及第三消防區內之輸工——A防空洞

第十五條 遇有火警得逕用電話通知運輸站運輸站接到通知後應一面用電話報告一面立即集合輸工馳往施救其火場遠者并得乘汽車但不得因待車延滯出發

第十六條 火警為鄰消防區發現亦應立即往救一面報告運輸科并通知該管消防區派輸工馳往施救以收密切合作之效

第十七條 辦公廳倉庫宿舍及各所廠屋等重要建築物附近應就天然地形建池蓄水以利消防

第十八條 輸工之消防不力者酌罰工資其異常出力者以加工論因

十

100

而負傷甚至殞命者除由廠負責療養殮埋外并從優

卹賞以示體卹

五、養路

第十九條 本廠廠路之養護事宜應歸運輸科負責辦理

第二十條 地產科原有之養路員工應即日造册撥交運輸科管

理支配

第廿一條 按本廠道路情形應分作三段每段由養路班派工一組（約四

1.五色担任養路

1.第一段 銅鑼峽至第一稽查所

2.第二段 廠東路全部至落旗寺宿舍

100-1

3.第三段　第一稽查所至射擊場

第廿二條　各養路組對於所任路段須携帶工具按日巡查凸則去之凹則實之偏則正之險則築牆以防之溜則敷磚以覆之尤其在雨雪後須特别注意勿使積潦致壞路面應需材料并得由組長開單呈運輸科送向保管科領用

第廿三條　廠路路基之培修路面之加寬列樹之種植橋樑迴車場之添設仍應由地產科負責辦理[redacted]

六、汽車船舶與各種工具之管理檢查及修理

第廿四條　本廠運輸等項工具之管理檢查及修理應按下列各辦法行之

0101

a. 汽車

1、本廠汽車應以一輛駛行廠區餘概集中南岸汽車房并派領班一人負管理支配之責

2、司機車輛應適當配合常川固定使司機得知車之特性及癖癖而預防矯正惟其車輛因故停駛或其他司機因事離職時得暫派開駛他車不得推諉

3、廠區卡車由各司機按週輪值惟於值班時應携帶行李來廠住宿以便火警時縱在夜間亦能隨時開駛以應急需

4、使用車輛須憑開行証開行用時須將行駛時間燃料數

121-1

量由司機填入乘車或監運人蓋章証明并由司機蓋章繳還運輸科一面并於月終列表彙呈核銷

5各車及所有備份零件應由領班負責登記妥為保管如有遺失并由領用人賠償

6,各車用畢回廠應隨時由司機及助手擦拭潔凈遇有損壞須隨時報請修理并應按月由領班按季由運輸科檢查一次列表呈報以憑考核

七.船舶

1.本廠所有之拖輪木駁渡船概歸運輸科管理支配不敷時得依照需要憑准船通知单酌量僱用船費由運

102

輸科接洽案報核銷其租用者須由運輸科與船方商定合
同呈候核准
2.本廠木駁現由各部份移作囤積彈藥或其他物料用者即
由該使用部份負責管理以一事權其租用者則仍由運輸
科按章付價藉資劃一
3.使用拖輪須憑放行証開行用畢時須由大副及大車將
行駛時間消耗燃料數量填入蓋章并隨乘輪或監運人
蓋章証明繳還運輸科一面并於月終列表彙呈核銷
4.料船到廠須即向運輸科報到領取號籤俾於規定期間
內自按照號数依次卸儎其不能如期卸空者則自第六日

102-1

起依照規定發給圖貨柔完全卸空後憑放船单查驗

放行

5.本廠船舶駛行者應配足水手(計載重廿噸以上者八人

三十噸以上者十人)并於每次用畢時將艙内艙面洗刷

清潔其圖料用者則在洪水時期每船須配足水手三至四

人枯水時則二人已足并至少每十日須將艙内積水淘空

并檢查一次以策安全

拖輪鍋炉應按月由運輸科擇適當日期洗刷一次

6,運輸科所轄船舶應按月派員普遍檢查一次并將檢查

結果列表呈報其應修理者并即時呈報修理以保船齡

103

丙、防意外

C、工具

1.本廠所有運輸起重消防養路等工具應集中歸運輸科保管支配設立工具房貯藏并指派妥人收發登記及整理之

2.起重工具每次使用時須憑起重工之領條發給并於用畢繳回後仍將原條退回之

3.消防工具除按第十二條規定分置各防空洞外餘存工具房備用并於每次繳回時逐一點明以防遺失

4.運輸及養路工具應分班（組）書字使用時班（組）長負責取用用畢後仍繳工具房點收置放原處

103-1

5、以上各種工具繳回時如與原領之數不敷應即由班(組)長或起重工負責查究其確屬遺失者并應由領用人負責賠償

6、運輸科每月終應派員將所有各種工具普遍檢查一次列表呈報其不堪修理使用者應即剔出退還保管科註銷并另領新品應用

七、其他

第廿五條 領運運送及廠區運輸各單應由運輸科分類編號登記妥存并按月列表以資攷核比較而作改善根據

第廿六條 運輸科之員工攷核獎懲適用本廠一般有關之規定運

104

輸隊官長（在正式成立前則為領班）對所屬工作之勤惰及紀律應負責考核維持并注意利用機會加以運輸消防等訓練并隨時注意提高其一般常識及對國家觀念有時并就有關事項舉行有奬競賽以激發其工作之興趣

第廿七條 運輸隊工每名每半年由廠製發「工號背心」一件其工料價值半由廠貼半由其工資項下扣付俟其離廠時由運輸科按原扣数八折收回轉發遞補者并由其工資照数扣還倘有遺失并應按本廠遺失符號手續呈報註銷以杜流弊

第廿八條 本辦法自公布日施行其未盡事宜并得由運輸科隨

694-1

時呈請修正

军政部兵工署第五十工厂防空实施办法（一九四一年四月）

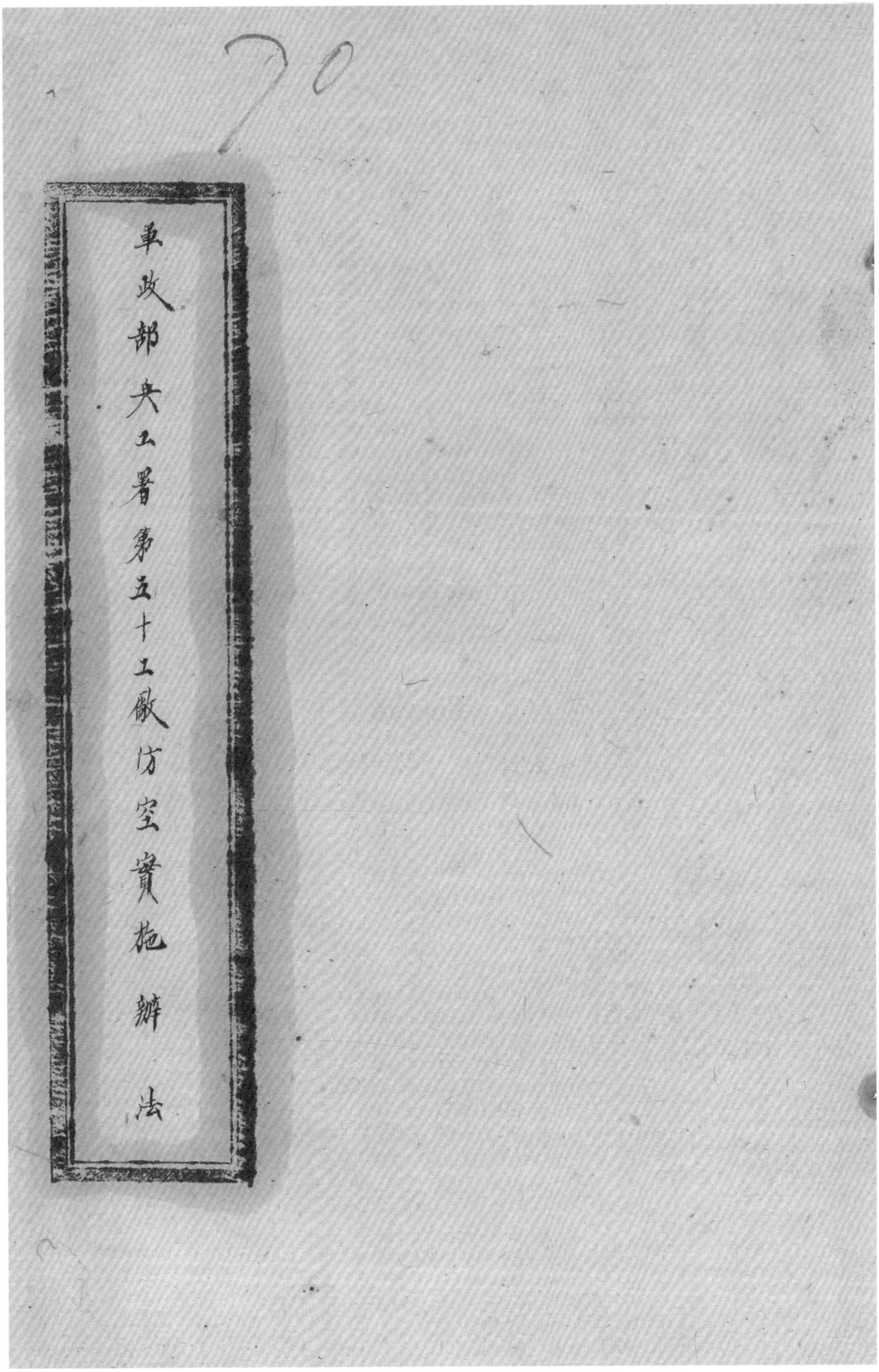
70

軍政部兵工署第五十工廠防空實施辦法

軍政部兵工署第五十工廠防空實施辦法

（甲）總則

第一條 本辦法依據軍事委員會頒發防護分團編組設施綱要及兵工署頒發各廠防空計劃大綱草案訂定之

第二條 凡敵機空襲時本廠職工兵役應遵照本辦法之規定行之

（乙）組織

第三條 本廠設置防空指揮部統籌本廠對空防禦計劃及防空設備指揮訓練等事項

第四條 防空指揮部設指揮官一人指導員一人以下設防空部隊及防護團

第五條 防空部隊分為高空防禦部隊及低空防禦部隊

一、高空防禦部隊由本廠呈請調高射砲兵一連大口徑高射砲四門常川駐廠歸本廠防空指揮官指揮負高空防禦任務

二、低空防禦部隊由本廠警衛隊三中隊內每中隊以分隊長一人士兵十四人輕機關槍四挺編為一分隊共編成三分隊在本廠附近各高地分區擔任低空防禦任務

第六條 防護團團本部設團長一人團副一人綜理本廠一切防護事宜

第七條 防護團設警報、警護、防火、防毒、救護、燈火管制、避難管理、工務等八班分任本廠防護工作每班設班長副班長各一人團員若干人（各班團員之多寡依其任務之需要而定）防護團人員均予本廠

725

職工兵役中選派人員編成各班之任務如左

一、警報班　警報傳達通信聯絡

二、警護班　保護安寧維持秩序防止漢奸暴徒指揮交通實施交通管制

三、防火班　預防火患撲滅火災

四、防毒班　防毒指導清掃受毒地帶施行消毒

五、救護班　中毒及受傷害者之治療

六、燈火管制班　燈火之隱蔽限制熄滅

七、被難管理班　避難室之管理及維持秩序

八、工務班　支撐將傾房屋排除通路障碍修復道路橋梁拆卸挖

72-1

掘已傾房屋消滅不發彈

(丙) 設備

第八條 本廠防空設備有避難室偽裝植樹假目標等之構築裝設及消防器具防毒器材救護器材工作器具等之置備

一、避難室 本廠為空襲時便於職工之躲避起見就各處擇地挖鑿山洞為避難室現在構築中之避難室有五其位置如左

懋居避難室 辦公廳後側 約容二百餘人

臨時廠房避難室 臨時廠房附近約容二百餘人

大溪避難室 大溪附近山麓 約容二百餘人

B廠避難室 B12 B14廠房之側 約容二百餘人

A廠避難室　A10 A8廠房之側　約容二百餘人

二、偽裝　本廠各廠房均建築於山邊位置參差最適于偽裝現各廠房及各宿舍外表之牆壁均塗以保護色並編成綫條狀植物綴于各廠房上使形成山田狀態以適應其環境而避敵機之偵察

三、植樹　各廠房除上述之偽裝外並於廠房四週及其附近栽植各種樹木以資蔭蔽而減少廠房之暴露

四、假目標（現未動工）　本廠假目標擬設在由灣圵至獅子壩一帶之地區內在此地區內開闢馬路構成顯露之偽廠房並於各偽廠房及顯露地點裝置電燈為欺騙敵機之設備

五、消防器具　本廠置備之消防器具如左

731

人力壓水機 一具
尖形滅火筒 十一具
圓形滅火筒 十六具
銅水槍 四枝
帆布水喉 九條
水龍頭 三具
儲水大木桶 十個
小木桶 四十四個
挑水木桶 十擔
竹梯 十八具

74-45

儲水池　四個

六、防毒器材　本廠防毒器材如左

防毒面具　弍十具

漂白粉　三十磅

防毒藥劑　請購中

橡皮手套橡皮靴防毒衣尚缺

七、救護器材　救護班應用器材數量如左

担架床　二副　請購中

紗布　二包

繃帶　四卷

74-1

三角布 六條
棉花 二磅
絆創膏 六瓶
碘酊 一大瓶

八、工作器具 工務班應用器具數量如左
鋤頭 一十把
十字鎬 十五把
圓鍬 十五把
鋼條 二條
斧頭 十把

鋸　二把

(丁)空襲前之處置

其一　防空部隊

第九條　本廠防空部隊之處置如左

一、在本廠附近各高地擇射界廣闊離開廠房且不暴露之地點構築對空防禦陣地并施以偽裝

二、高射砲陣地架設電話配置防空監視哨

三、另擇較為暴露且離廠房及陣地稍遠之處構成偽工事

其二　空襲警報

第十條　本廠空襲警報之規定如左

7571

一、本廠空襲警報由本廠駐渝辦事處得渝市警報消息時用電話報告本廠防空指揮官本廠警報之發出及警報之解除以防空指揮官命令行之

二、本廠警報之傳達及通訊聯絡等工作由防護團警報班負責

三、本廠空襲警報之通信聯絡以電話行之通信聯絡處如左

重慶南岸電話總機

重慶市用電話總機

唐家沱鄉公所

四、本廠以電笛及喇叭為警報器警報號音如左

空襲警報　用電笛鳴放一長聲二短聲連放三次（未開機時用

76-25

緊急警報 六短聲連吹三次

解除警報 用喇叭連吹三長聲

其三、燈火管制

第十二條 本廠燈火管制之規定如左

一、本廠燈火管制由燈火管制班執行

二、本廠夜間發出空襲警報時同時施行燈火管制

三、在發出警報時除本廠辦公廳各廠房各庫房各宿舍施行燈火管制外其他鄰近本廠各商店民居及泊于附近之船舶暨大興場商店民居船舶等均屬本廠燈火管制範圍

四、施行燈火管制時放射手電筒擦燃火柴均在禁例

76-1

其四 進入避難室之規定

第十二條 在工作時間內(由上午七時至下午五時)遭遇敵機空襲時職工伕役規定進入之避難室如左

一、辦公廳職員及C20 C21 C22廠房職工進入 懋居避難室

二、A3 A4 A5 A6 A7 A8 A91 A92 A10 D23 D24廠房職工進入A廠避難室

三、B19 F28 F29 F30 B11 A1 A2 B12 B13 B14 B15 B16 B17 B18及柴油機房職工進入B廠避難室

四、E25 E26 E27廠房職工及各宿舍職工進入 大溪避難室

五、公役長伕及臨時小工進入 臨時廠房避難室

第十三條 在非工作時間內(由下午五時至翌日上午七時)遭遇敵機空襲時職工伕役規定進入之避難室如左

其四 進入避難室之規定

第十二條 在工作時間内遭遇敵機空襲時職工伕役規定進入之避難室如左

一、辦公室職員及在戀居附近工作職工 進入戀居避難室

二、A1 A2 A3 A4 A5 A6 A7 A8 A91 A92 A10 D23 D24場及在第三稽查區林内工作之其他職工 進入A廠避難室

三、B12 B13 B14 B15 B16 B18 B19 F28 F29 F30 J32及在第一稽查區内工作之其他職工 進入B廠避難室

四、B11 B17 E26 E27 E25 G31及在第二稽查區内工作職工暨住第六稽查區内職工眷屬 進入大溪避難室

五、大興場職工及職工眷屬 進入大興場避難室

第十三條 在非工作時間内遭遇敵機空襲時職工伕役規定進入之避難室如左

一、住辦公廳及附近職工伕役暨各宿舍機械士兵 進入戀居避難室

二、住第五稽查區内職員及職工眷屬 進入大溪避難室

771

三、往大興場職工及其眷屬　進入大興場避難室

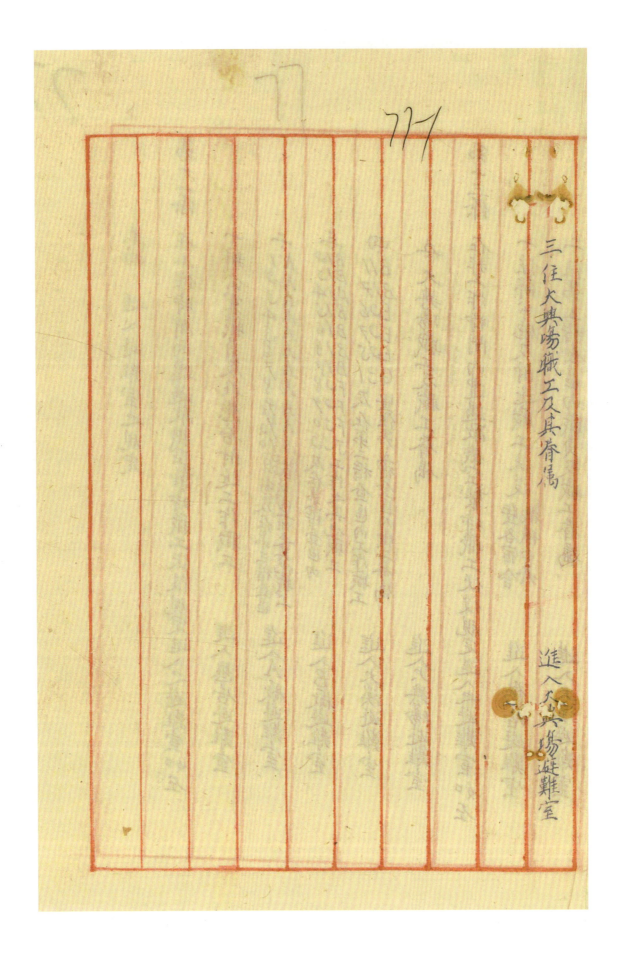

一、辦公廳及宿舍職員進入　樂居避難室

二、各宿舍機械士進入　大溪避難室

三、公役長伕進入　廠房臨時避難室

四、職工在非工作時間內入廠工作遭遇敵機空襲時其進入之避難室照第十二條一、二、三、四、各項之規定

（戊）空襲時之處置

其一　防空部隊

第十四條　本廠發出空襲警報後防空部隊之處置如左

一、迅速進入陣地候命射擊

二、敵機非在有效射界內不得隨意射擊

78-1

三、敵機到達本廠上空時對空監視哨除對空監視外同時注意查察本廠附近各地有無特異徵候隨時報告防空指揮官

其二 防護團各班

第十五條 本廠發出警報時防護團各班迅速到指定地點集合集合後應立即出發者則立即分別出發執行防空職務其不須立即出發者則由該班班長率領暫入避難室候命

其三 警報班

第十六條 敵机空襲時警報班之處置如左

一、警報班於奉到指揮官命發警報時立即通知電笛警報團員以電笛發空襲警報發畢隨將機器關停在未開機時則由

喇叭警報團員以喇叭發空襲警報

二、警報班於空襲警報發出後即派通訊團員一人携電話機一架裝置於懋思居避難室另以通訊團員二人留守辦公廳總機并注意各方之通訊聯絡

三、警報班須派喇叭警報團員分赴指定地點候命

其四 警護班

第十六條 本廠發出警報後警護班之處置如左

一、立派警衛團員據守扼要地點維持廠內外秩序保護安寧防範漢奸暴徒

二、立派交通團員扼守交通要點糾查來往行人及附近之閒雜人等

又凡在本廠附近各處毋論何人均不准其走動敵機到達本廠上空時實施交通管制毋論何人不准擅動

三、警護班於本廠發出警報後如發覺本廠附近各處仍有曬掛白色衣服等物者應立派團員前往着其收拾

四、於本廠發出警報後警護班警衛團員及交通團員如發見有用手電筒當空照射者放火箭及燃火或煙者用鏡反發光物品當空閃動者用白布白旗等物當空搖動或作各種姿勢者着白色衣服作各種姿勢者形跡可疑者均將其人拘拿解辦

五、敵機投彈時警護班各團員暫時避入狐狸孔

80-18

其五　燈火管制班

第十八條　本廠發出警報後燈火管制班之處置如左

一、在日間遇警報時立派團員分赴本廠燈火管制範圍内各處查察及熄滅煙燄火燄

二、在夜間遇警報時立派團員分赴本廠燈火管制範圍内各處查察及熄滅燈光火光

三、大興場則用電話通知派駐該處部隊執行

其六　避難管理班

第十九條　本廠發出警報後避難管理班立即派遣團員分赴各避難室執行職務

80-1

其七 職工

第二十條 本廠發出空襲警報後職工（除有防空勤務者）之處置如左

一、辦公廳職員於聞空襲警報後即將本人工作暫行結束各部份主管職員監督所屬收拾文件並將重要文件圖籍納入置備之提箱然後率同所屬循序魚貫進入規定之避難室其提箱由指定之公役搬入避難室

二、各廠房職工於聞空襲警報後即將本人工作暫行結束各該廠房主管職員監督所屬職工關停機器收拾文件並將重要文件圖籍納入置備之提箱隨將廠門閉鎖然後率同職工携帶提箱循序魚貫進入規定之避難室

8/1-18

三、職工進入避難室時應遵守者如左

1、進入避難室須循序魚貫進入不得擁擠爭先

2、不得在避難室門外徘徊觀望

3、進入避難室後除因防空勤務者外非解除警報不得隨意進出

4、食餘物屑等件不得隨意拋棄於避難室內及避難室門口

5、不得在避難室內隨意便溺及吐痰

6、在避難室內不得吸烟

7、在避難室內不得高聲談話

81-1

（乙）空襲後之處置

其一 解除警報

第廿八條 空襲後警報班之處置如左

一、敵機空襲後警報班通訊團員即用電話向各方探詢如查知敵機確已離境即將情形報告防空指揮官

二、警報班奉到指揮官命令解除警報後即通知剌叭警報團員發解除警報號音

三、警報班發出解除警報後隨命電笛警報團員回廠開機以電笛發上班號音

第廿九條 職工聞解除警報號音循序魚貫出避難室聞上班號音（除有

8.2-58

防空勤務者外）迅即復工

其二 防空部隊

第廿三條 空襲後防空部隊之處置如左

一、查驗人員有無傷亡軍械有無損壞

二、陣地如已被毀速另擇地構築

三、人員如有受傷速即通知救護班治療

四、查明左列各項報告防空指揮官

1、敵機若干架

2、敵機之來去方向及時間

3、有無投彈及投彈若干

82-1

4.投弹地点
5.该队曾否射击及消耗弹药数量
6.射击曾否命中及命中情形
7.城弹有无损坏及损坏程度
8.人员有无伤亡及其姓名人数
9.该队现存各种弹药数量
10.敌机到达本厂上空时本厂附近各地曾否发现特异
徵候
其三 防护团各班
第廿四条 解除警报后警护班之处置如左

一、查點本班有無傷亡

二、拘獲漢奸暴徒及嫌疑人犯解防護團長訊辦

三、敵機空襲中如發見某處有特異徵候應將情形報告防護團長

第廿五條　本廠及本廠附近如有火災情事發生防火班班長應立率全班團員帶備消防器具迅赴災場施行撲滅火災工作如災場不止一處或擇其關係重要者先行施救或各分別派團員施救應斟酌當時情形行之

第廿六條　敵機如已投下毒氣彈時防毒班班長應率全班團員帶備防毒器材迅赴受毒地區施行消毒工作清掃受毒地帶

83-1

警護班在受毒地帶擇扼要地點派出交通團員施行交通管制以免來往行人誤入受毒地帶

第廿七條 如有傷人情事救護班班長應即率領全班團員帶備衛生器材前往救治

第廿八條 廠房或橋梁道路如遭敵機轟炸工務班班長立率本班團員帶備工作器具前往被炸地方施行支撐拆卸或修繕等工作

其四 各處科

第廿九條 廠房車房或辦公廳宿舍如遭敵機轟炸工務處及地產科保管科應即派員查明損失分別開列呈報 廠長

（庚） 附則

84

第三十條　本辦法如有未盡事宜隨時呈請修正之

第卅一條　本辦法自呈奉核准日施行

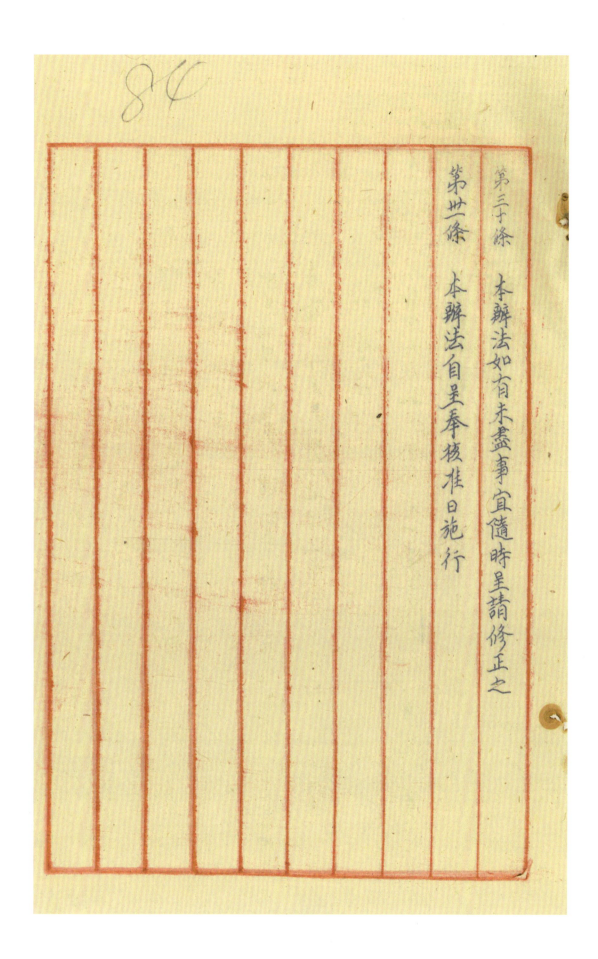

軍政部兵工署第五十工廠防空指揮部

組織系統表

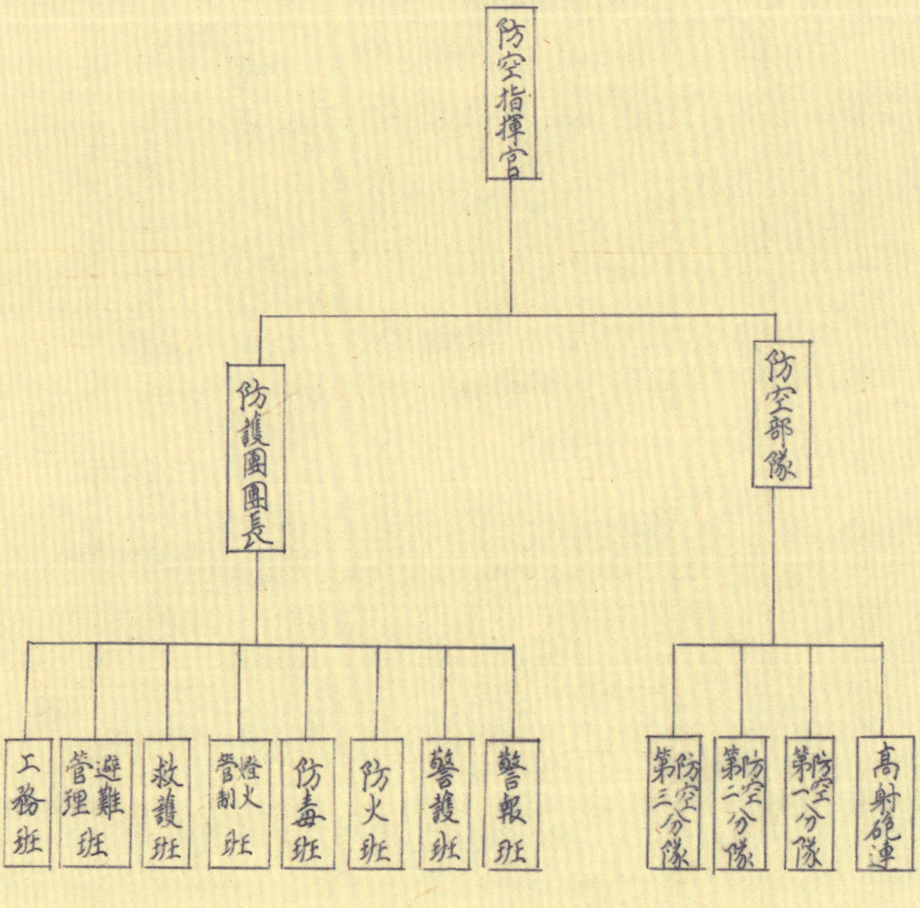

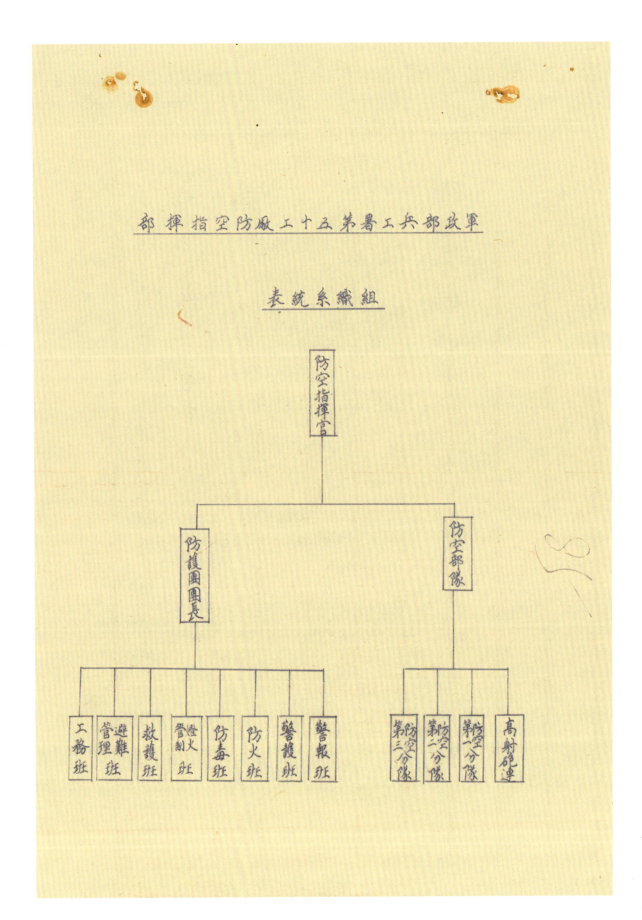

86-1 58

軍政部兵工署第五十工廠防空指揮部人員編成表

防空指揮部

指揮官 由廠長充任

指導員 由工務處長充任

防空部隊

高射砲

警衛隊防空第一分隊 分隊長一士兵十四名輕機關槍四挺

警衛隊防空第二分隊 仝右

警衛隊防空第三分隊 仝右

防護團團本部

86-1

團長　由廠長兼充

團附　由稽查室主任充任

警報班

班長　由水電所主任充任

副班長　由警衛隊隊附充任

聯絡通訊團員　由電話室機械士兵充任

電笛警報團員　由第一稽查所稽查員充任

喇叭警報團員　由警衛隊號目號兵充任

警護班

班長　由警衛隊隊長兼充

87

副班長　由警衛隊隊附兼充

警衛團員　由警衛隊官長三人士兵二十三人充任

交通團員　由警衛隊官長三人士兵十三人充任

防火班

班長　由警衛隊隊長兼充

副班長　由警衛隊隊附兼充

團員　由各中隊官兵充任

防毒班

班長　由醫院院長充任

副班長　由司藥充任

87-1

團員　由醫士助產各一員看護士兵各一名公役二長伕六名充任

燈火管制班

班長　由警衛隊隊長兼充

副班長　由警衛隊隊附兼充

團員　由各中隊官兵充任

救護班

班長　由醫院院長兼充

副班長　由醫生充任

團員　全防毒班

避難管理班

88

班長　由稽查室主任兼充

副班長　由資深之稽查員充任

團員　由各稽查所當值稽查員充任

工務班

班長　由地產科科長充任

副班長　由地產科土木工程室主任充任

團員　由地產科職工充任

85

中華民國三十年四月　日

稽查室主任王　熙

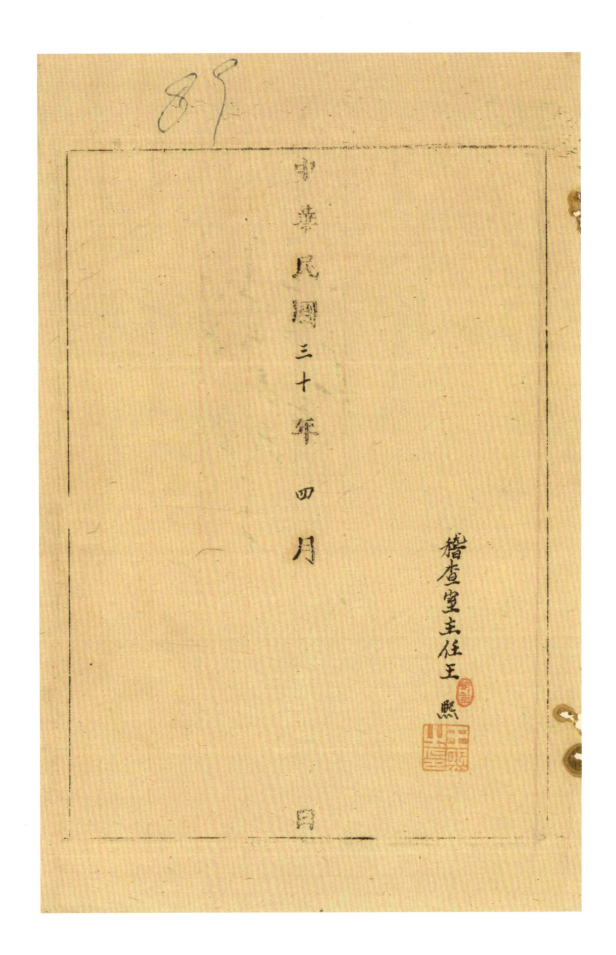

084

軍政部第五十工廠空襲防護團組織條例

第一條：本團定名為軍政部兵工署第五十工廠空襲防護團。

第二條：本團設團長一人，由廠長兼任，副團長二人至三人，由廠長以命令委派之。

第三條：本團依據事實需要設下列各組，每組各設組長一人，副組長一人，由廠長以命令委派之，其組別及職掌如左：

警衛組：司警戒、防衛、偵緝、救護等事宜

消防組：司救火防火等事宜

通訊組：司空襲時全廠聯絡通訊、傳達

84-1

命令等事宜

救護組：司醫療救傷防毒等事宜

運輸組：司運輸、轉送交通等事宜

給養組：司供應茶水粥飯乾糧等事宜

修繕組：司修繕房屋山洞等事宜

清除組：司清理災場及掩埋發掘等事宜

第四條：本團依據事實需要，劃區管理，其區域之劃分如左：

廠房區：第一、二、三機廠所轄界

懸居區：臨時機廠所轄界

銅鑼峽區：第四警察所轄界
廣陽壩區：第五警察所轄界
大興村區：大興、新村

第五條：每區設區隊長一人，副隊長二人，由廠長委任之，執行本區救護、給養、清除諸任務，遇空襲警報，通訊聯絡時得便宜處置。

第六條：每區隊部設防護、警衛、消防、通訊、救護、運輸、給養、修繕、清除等班，其負責人員由團部委派組織指派之，但須得

85-7

壯丁隊經呈報團長核備。各班職員之事務與團部各股組相同，受區隊長直接指揮。

第七條：本條例有未盡事宜，隨時以廠長命令修正之。

第八條 本條例自公佈日施行

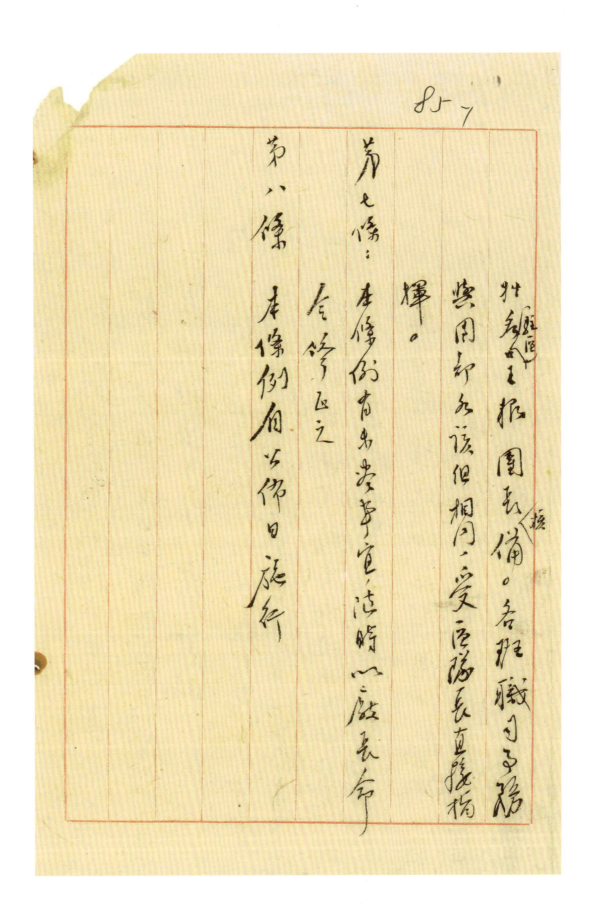

军政部兵工署第五十工厂防护团空袭紧急处置办法（一九四一年八月）

防護團空襲緊急處置辦法

第一條：空襲警報發出後，所有防護團團部各區隊部及各組各班負責人須應迅速集結指定地點，開始執行任務。

第二條：團部各區隊部及各組主官應檢閱所部屬各單位人員是否到齊，未到者應迅速設法召集。凡未經請假而無故不到者，以曠職曠工論，一經報明即從重懲處。

第三條：團長、各區隊長及各組組長因公缺席

87-1

其職務由副團長及副隊長及副組長代理之，各班負責人員因事缺席須予先指定代理人報請區隊長存記之，星期或例假，應輪流值日，其輪流次序須列表呈報團部存查，當值人員照加工資，並益薪（例假照給）

第四條：各區隊部負責人員及臨時雇用人員暨巡邏人等均須絕對服從區隊長指揮節制，不能指揮者得報請從重處罰

第五條：團隊區間及各區隊間聯絡以電話為主，區隊長不得遠離電話裝置地點，萬不得已離開時，應指定副隊長或其他

職員專用電話聯絡

第六條：電話聯絡，萬一失靈，應儘量利用自行車通訊兵及徒手通訊兵，切取相互間聯繫。

第七條：本區如遭遇投彈或火災等，區隊長應一面以最敏捷方法報告團部（及通報鄰近各區請予援助），一面於敵機距離較遠後，立即出動配屬各組，分頭救護輸送及其他一切應行措置事宜。鄰近區域如遇轟炸，亦應立即出動配屬各組前往援救。

第八條：空襲時間（以後白日）超過六小時以上，區隊立即派

88-1

所位置暴露，應立即採取掩蔽之有利地形構造開口及自備假設等備序分散避難人合用

第九條：防空洞秩序應由區隊長維持，有不服從指揮者，應查明其姓名隸屬報請依法懲處

第十條：空襲時間過久，區隊長應保持情報聯絡，於敵機已離去或未投彈威脅範圍時，得令洞內避難人分班外出更換空氣

第十一條：本辦法有未盡事宜隨時以政府
命令修正之
第十二條：本辦法自頒布日施行

军政部兵工署第五十工厂制造工作在厂内过程之规定（一九四一年）

製造工作在廠内過程之規定

本廠製造工作之来源，可分下列三種：

（一）署令飭造或修配之件——飭造令

（二）外方委托代造或修配之件——公函

（三）本廠内部呈請添造或修配之件——請造单

以上三種來文經　廠長批示接受承造後由秘書室辦製造令或修造令，通知有關各主管部份。

凡代本廠範圍以外之机關所施之製造或修配工作，皆應填發製造令，（直接收費者）

凡為本廠範圍以内之各部份所施之製造或修配工作，皆應填發修造令。（增加廠産或消耗者）

製造令或修造令每份應填六張（註一）用製造令或修造令送出簿分送至各收件部份，由其在送件簿上盖章作為收到証明。各種隨文附件應分别按其性資遵合發文書。

1-1

茲將製（修）造令發交部份列下：

（一）秘書室

（二）工程師室

（三）工務處

（四）保管科

（五）檢驗科

（六）會計處

註一、如工作之不需圖樣或材料者，則可免發工程師室及保管科之令。

註二、日後廠中凡屬製造工作，皆應按照工程師室所繪製之圖樣施工，故凡有關設計及繪圖之附件，應即發交工程師室。

各部應辦事項分述如次：

一、秘書室 填發製（修）造令分送各部，一份自留存根，專卷分别保存，修造令之專為製造令而發者應另紙抄録附於該製造令之後，原修造令則仍應歸入修造令卷内

二、工程師室 接到製造令或修造令以及有關設計或繪圖之附件後，即進行設計繪圖工作，並先自行擬定一交圖限期表，通知工作分配課内之臨時股，工作圖完成後，連零件表、藍晒圖四份交工務處（用圖樣件送單送出），由工作準備課圖樣收發股收存備用，複雜大件之圖樣，在短時間内不易完畢者，應先繪一毛胚圖，交工務處以便備料

（其餘工程師室内之各部執掌及辦事細則另詳）

三、工務處 接到由秘書室交下之製（修）造令及由會計處交來之廠賬通知單後，由工務處長交事務課，填承造通知單，通知本處直轄各課及各製造所，茲將本處各課工作分述如下：

二

(一)事務課　填發承造通知單若干份，由收件部份在第一張上蓋章作為收件証明，此份即由事務課收回保存作為存根

(二)工作準備課　製造上所用之藍圖及零件表由工程師室交來○份歸本課圖樣收發股保管收到圖樣之後，立即通知工作分配課之監時股，以免監時股再向工程師室催發，通知之法，即利用工程師室送圖來時所附之圖樣件送單（此單由工程師室填寫三份，同時隨圖送來，由圖樣收發股在第一份上蓋章交工程師室收回作為收據，第二份由圖樣收發股蓋章，送監時股作為收到圖樣之通知，第三份由圖樣收發股自留備查）圖樣收發股隨即將圖樣及零件表發交下列各部，以便準備工作，

①發給本課工序股　由工序股按圖逐件製定工序表，製成之後，複晒若干份備用，

②發給本課定料股　由定料股按零件表填寫定料表草底然後交繕寫室（由寫字工匠及簡易複印机組成）製成、

1. 定料表（正）　一份　（定料股用）

2. 定料表（副）　一份　（保管科用）

3. 定料分单　一份　（材料庫用）

4. 工作分配表　一份　（工作分配課用）

5. 工料登記表　一份　（製造所用）

6. 材料成本表　一份　（成本計算課用）

7. 監時表　一份　（監時股用）

上述七種表格，前半頁完全相同，包含品名、圖號、件數、材料等已定之項，而為各部所必用者，為免除各部单獨抄寫易生錯誤起見，統由繕寫室集中辦理，表格之後半頁，則按各使用部份應行登

三

三

記之事項而定、複製表之時最好採用簡易石印方法、例如鐘靈印字机及相似之設備、每次印製最好每種多印一份以備補充、茲分述如下：

定料表草底　由定料股按照零件表及承造通知單上定造數量逐項填寫所需材料並編定每一零件之工作單號碼登入工作單編號總登記賬上、草底完畢、交繕寫室複製表七種、由定料股負責人在前半頁蓋章、將1、2、3、三種表格彙送保管科、保管科按照表上所定材料尺寸及數量、查閱存料是否足發、如某種材料庫存數量不詳者、應隨時與材料庫取得聯絡確定可發材料、填入表內、缺料之件、應將已否定購情形填入、將第1表送回工務處定料股、第2表留保管科備查、俟請購新料到後、通知定料股辦理補定手續、第3表由保管科再將

4

可發材料之進貨日期批號等等填入，裁開成為分單，按存料庫房分別送出，俾使庫中得知應發某批，而便將來計算成本，庫中接到定料分單後，即將材料準備就緒，並註明其為某製（修）造令某號工作單用者，以待送發，不得再行移作他用，但必要之時，另有移用材料手續，

工務處定料股接到保管料交回之第九號定料表（正）後，即將表內新填之可發材料一欄，分別填入其餘4，5，6，7，各表中，隨即將各表分發各部備用，計

工作分配表，發交工作分配課，由工作分配股按表填寫工作單，數量一項，按可發材料之數量而定，（不足規定之數量者，應在工作單之備註欄內註明第一批字樣，）缺料之件，其工作單暫不發出，定造件數甚多者，應分為若干批，分填若干工作單，同時發出，

四

4-1

工作登記表 發交製造所，用以登記工作之收發日期，

材料成本表 送交會計處交成本計算課備用

監時表 發交監時股，由監時股隨時調查工作進度，填入表中，

俾可一目了然目前工作進至如何程度，以免延誤交貨限期。

各部對於該項製造工作皆已明瞭，並皆得有一明晰之統計

表，庶乎可以不至有遺漏零件之弊矣。

(三)工料預算課 由圖樣收發股取得圖樣一份，工序表一份，按工序

表預算每道工作所需之時間，以便估計全部工作共需之日期，全部

工作所需之材料由材料預算股估計，並由工料之總預算，交報

價股，由其根據各部之攤費率，預算成本，並根據本廠工作情形，

規定交貨期限，辦理報價事宜，

(四)工作分配課 收到由工作準備課交來之工作分配表後，按表填

寫工作單兩份，正頁用工作單送出簿送交製造所，副頁自留
備用（暫時擬不填副頁，只填正頁一份）工作單內工序一項，按工
序表填寫並按本廠各所机器工作情形，妥為分配。製造所
收到工作單後，即將其登記於工作登記表上，然後按照施工程
序將工作單交至第一道施工机場，或主管技術員（例如元車部、
鑽車部、鉗工部……皆有專人負責管理）技術員按目下工作
情形，先期通知工作單上指定發料之庫，請其送發某號工作單
之材料（材料庫預備材料手續已見前）料到之後，由技術員按工序
表預備齒樣、工具、樣板（向工具室領用）等應用物件，暫時彙齊放
在預備工作架上，每一製造部份應另備工作支配牌一塊或數塊
上面註明每部机器之現在工作及預備工作，俾能在机械工完成
工作交工之時立即另行交付新工作，而新工作之一切用件皆備，可以

五

立即施工、免去往復取圖取工具等等消耗時間、發交工作之時由
技術員在工作單上註明開工時刻，交工之時註明完工時刻、共計工
時一項、將來由會計處之薪計算課參照每人之計時應填註（遇
有例假、病假、停電等停工時間、皆在卡上可以確定照數扣除）
當一種工作未完之時、不應插入他種工作以免影響正確總
計工時、每道工作完工之後、由技術員將工作單上對於該道所
填各項登記在工作登記賬上以備存查工件連仝工作單用工件
轉送簿由小工送交半成品檢驗室檢驗、圖樣、工具、樣板等件、
由技術員收回交工具室、半成品檢驗室收到工件及工作單後、
在工件轉送簿上蓋章証明收到交送件部份收回檢驗結果填半
成品檢驗單　如工作合格則填該單兩份一交送驗部份一自留存
根如有作廢或退修情形則多填該單兩份（共四份）一送工務處一……

總管料製造所接到檢驗單後將結果填入工作登記賬上工務處
檢驗單後關於退修之件由工作分配課另填退修工作單發出工作
關於作廢之件由工作準備課重新定料其手續與新定料時相
同退修及補造之工作單其號碼與退工作單相同只在號碼前面
註「退」字或「補」字只在上眉加蓋大字紅印「退修」或「補製」以資識別
作廢件之工及料由工料預算課估定填「廢品估價單」三份一交成
本計算課一交負責部份一自留存根廢品送廢品處理委員會
檢驗合格之半成品隨原工作單由半成品檢驗室至第二道工序
之工作（部份末道工作）完畢後仍先由半成品檢驗室檢驗合格之件再由此轉送成品
檢驗室對於全部主要尺寸作最後之決定檢驗結果填「成品檢驗單」
三份一份送工務處一送保管科一份自留存查如有退收或作廢情形
則由工務處分別辦理退修或補製手續作廢之件由廢品處理委員

6-1

會決定之，該會由成品檢驗室召集工務處工程師室、保管科、採購科
皆派人出席共同討論廢品責任問題、處理辦法及今後之改良，不
能解決之問題，另呈請廠長決定之。合格之件，由成品檢驗室填入
工作單之正面，將成品用成品繳庫單送交保管科存庫，成品繳庫單
共填三份，一由保管科蓋章交成品檢驗室收存，一由保管科自存，一由成
品檢驗室送監時股，工作單則由成品檢驗室逕送工新計算課，再由
工新計算課送成本計算課。裝配工作，由工作分配股另填裝配添
單，裝配間根據此工作單向保管科零件庫領取零件，辦理裝配事
全部完成之後，交成品檢驗室檢驗
宜，局部完成之後，交半成品檢驗室檢驗，合格之後，交保管科成品
庫或軍械庫收存，最後由保管科發出交付定貨者。
工作分配課內，另設監時股，對於各項製造之工作之各件，皆列監時
表，以便時時對於工作進度可以稽考，並可隨時明瞭工作停頓在何部 六

份，而督促之，待全部工作完成，接到成品室送來之成品繳庫单後，即知此項工作已經全部完成交出，不復再有問題，乃代工務處填發完工通報单，送至秘書室、工程師室、保管科、檢驗科、會計處，並同時呈報工務處長，通傳直轄各課、各所知照，清理及結束已發出之圖樣、工具等，交還原領部份。秘書室將完工通報单轉呈廠長，作為工務處完工報告。工程師室清查是否該項工作之圖樣已經由工務處交齊。保管科不再對於此項工作發出材料，並將所發材料結清。檢驗科清理樣板及檢驗用具。會計處結算成本。全部工作至此結束。

四、保管科　接到製（修）造令後，對於主要大件之材料，即應着手籌備，俟接到定料股之定料表後，再按該表正式詳細辦理。（詳見前）

零件完成後，皆交零件庫保存，裝配之時，再由零件庫發交裝配間，以清手續（詳見前）

7-1

係管科本身之組織、及辦事細則另詳、

五、檢驗科　接到製(修)造令後即應對於主要部份之檢驗工作加以考慮(例如製品數量甚大、則應設法多添工作樣板及檢驗樣板等)檢驗科本身組織及辦事細則另詳、

六、會計處　接到製(修)造令後、對於每一命令應開立一廠賬户號(或按定户或按定貨種類)填廠賬通知單通知工務處、以便填入工作單上、而利將來結賬、

已經完工之工作單、由成品檢驗室送交會計處工薪計算課參照、机械士之計時卡或每日各製造所之缺工報告、計算工時填入工作單內、工資計算完畢、將工作單送交成本計算課計算成本、再由此送交工料預算課、存留參攷、

會計處本身之組織及辦事細則另詳、

七

军政部兵工署第五十工厂为报送建议节约办法草案致兵工署的呈（一九四二年十二月二十六日）

附：军政部兵工署第五十工厂建议节约办法草案

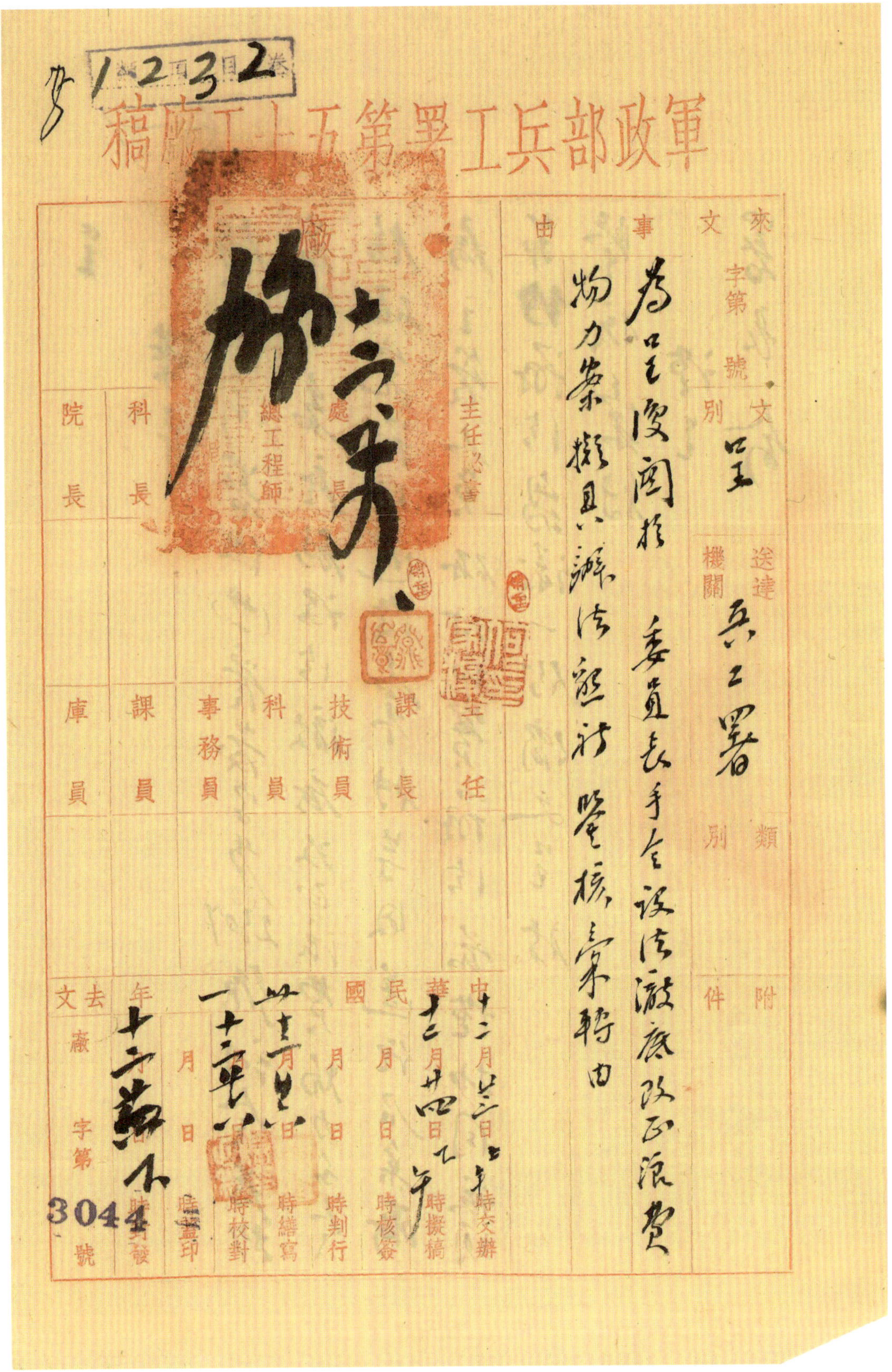

軍政部兵工署第五十工廠稿

來文：字第　號

文別：呈

送達機關：兵工署

事由：為呈復關於委員長手令設法澈底改正浪費物力案擬具節約辦法請鑒核案轉由

呈

案奉

鈞署渝署總（卅一）農發字第2307號訓令為抄

發

委座飭設法澈底改正浪費物力人

力研究辦法迅復等因遵經召集所

屬主管人員研討切實辦法茲謹抄同該項

節約辦法意見一份備文呈祈

鑒核彙轉

謹呈

署長　俞

6

附节约办法商议草案一份

（全衔名）

軍政部兵工署第五十工廠建議節約辦法草案

（甲）機器及工具之節約

一、機器以交由嫻練技工使用為原則，負責管理之技術員，助理技術員或監工等尤須隨時視察其使用是否合度，要求謹慎，勿使濫用。

二、機器之過剩或殘廢棄置者，應隨時報主管機關，使於通盤籌劃下，得調劑挹注，互通有無。

三、工具刃具，使用務求精確，使成品或半成品之廢棄者減至最低率。

7~1

四、工具刀具之損毀或不合用者，應估量改裝及利用，過剩者尤須隨時呈報，以便分配使用。

（乙）材料之節約

五、材料以適用為主，整件材料切裁時之先尤須精密計算，劃清線痕，方可施工，裁餘剩料須分類妥存，隨時利用。

六、金屬下料，及切裁後之邊沿屑末，須設法蒐存，分交專門裝造廠場，從新熔鑄。

七、彈藥因受潮或失去時效者，應儲量交由熟練工匠拆卸利用，彈殼銅殼能再用者再用，不能再用者翻

2、

8

鑄，前者部份能重煉者重煉，不能重煉者改為次要用途，如爆炸山石之類。

八、擦抹機器之棉紗破布，能蒸洗再用者再用，不能再用者改作清潔環境衛生之用，炭末煤屑應揀選團粒，備供燃燒。

（丙）原動力及液體油類之節約

九、電力應極力撙節，機器馬達不用時應立即開閉，電光燈光以適應需求為度，不得濫用燭光過大之燈泡，不用時尤切記開閉。

十、液體燃料及洗擦機件油類，以儘量利用

8-1

代价低廉，量最多者为主，如煤油、机油之可用代用品者，以代用品代替之，汽油、润滑类之易于挥发者，尤须严密封盖，务使无形消耗减至最低限度。

（丁）办公用品之节约

十一、公文纸张册簿，以应用国产品为主，例行公文能利用表格者，尽量设计利用表格，以节省篇幅，并节省誊拟者阅者之时间。

十二、非消耗物品，务须妥慎使用，以求耐久，非必须之器具，尤应禁止用作为装饰，如厚玻璪桌墊、訂書器、鑽孔機、剪筆器等非人人所必須，宜採共同使用原則不核發之。

十三、廢舊圖表之不涉軍事秘密者，應翻用作為書皮卷夾，剩餘紙張或廢棄表格尤應儘量利用其空白之反面。

十四、私人函件，嚴切禁用公文紙張，尤嚴厲禁止以公文紙張抹擦污跡或作便溺之用。

（戊）衛生器材之節約

十五、衛生器材以盡量用於患者為主，嚴切禁止以醫藥用品作為私用，如甘油油膏用作裝飾，紗布

9～1

棉花绽裂衣服，钮镶刀剪，用作制裁物品均应悬为厉禁。

十六、医药用度，以能继患者一日用量为度，剩余药品得处方（医方）卖，当时施用或服用者以当时用量为度，必须携回服用者亦以足一日用量为原则，以杜冒领，并免变卖。

（己）衣生活之节约

十七、衣服以清洁适合卫生为主，破旧者尽量补缀，不堪缝补者改作童服，或裁制衣裹鞋袜补衣

十八、飲食以適應生理需求為主，珍饈精饌，固非所宜，宴會應酬，尤須避免。

十九、居室以適合健康為度，陳設力求清潔簡單，器具應用竹木製品。

二十、出行須根據時間及體力者以步行為主，舟車馱馬，非必要時不用。

庚、其他

二十一、公務人員之眷屬無職業者，應儘量利用空閒時間，作小手工業，農作物，畜牧等生產工作。

10-1

二十二、公務人員，應儘量利用業餘時間作學術之修養，作業之研究，心得之記述，意見之發抒等，務使人盡其才，物盡其用。

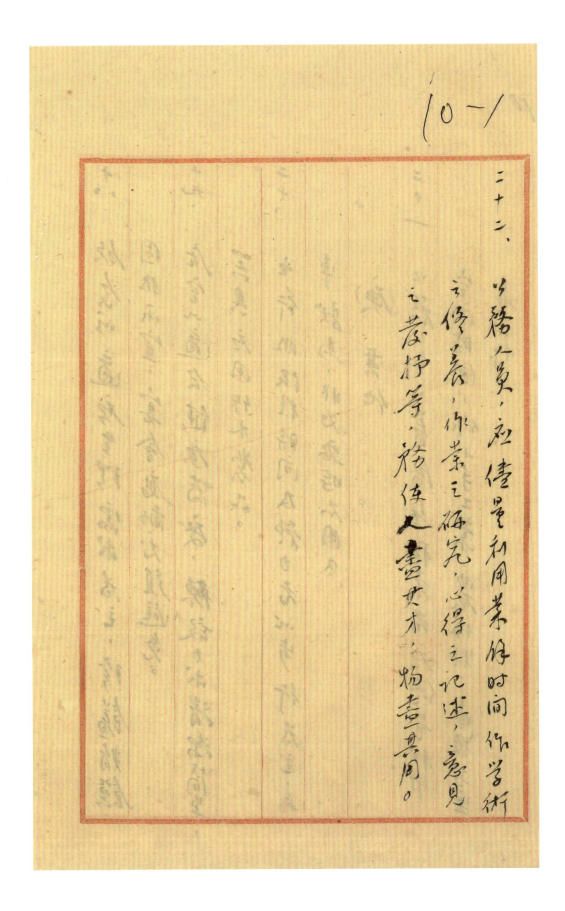

工務處內部組織及執掌草案

工務處長

Ⅰ、事務課

1、廠務股　執掌如左

a、頒發承造通知單通知本處直轄各科及各所

b、机械士之登記、録用、分級、轉廠、辭職、請假、加工等

2、文書股

a、文件往來、收發、登記

3、統計股

a、本處各級製造所之各種統計、例如攤費、生產量、成本、廢品、職工人數等

4、外勤股

87

a，派遣出外安裝技術人員

d，辦理上項人員之出差費，及報告等事

c 主持表演試驗

Ⅱ，工作準備課

1，圖樣收發股（藍圖）

a，由工程師室交來工作圖樣之保管

b，收到新圖通知監時股

c，交付圖樣給定料股，工序股，製造所，以及其他本處範圍內之需圖部份

d，圖樣不足時向工程師室請求補發

e，已更改之圖樣撤回及換發

F，製造令結束時全部圖樣之收回整理並負責交還工程師室

2. 工序股

a、繪製工作程序表

b、編定工具及工作設備之號碼並登記

c、工作設備及工具之建議

d、工作程序之更改

3、定料股

a、按工程師室之零件表填寫定料表（其他前半頁相同之表統由此複製分發）

b、編定工作单之順序號碼

c、作廢工件材料之補定

四、工料預算課

1、工時預算股

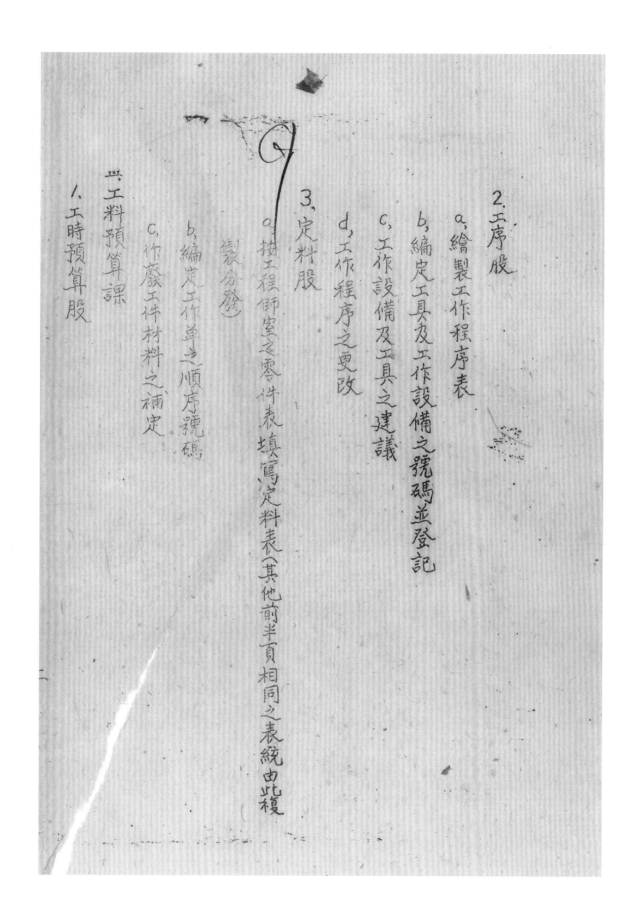

P-1

a、按工序表預算工時
b、製總色工單
c、預估裝配工時
d、工時調查研究及規定
e、估算廢品所消耗之工時
F、處理工時糾紛
2、材料預算股
a、本種材料價值之預算（與採購料取聯絡）
b、製材料價值預算表
3、報價股
a、根據1、2、兩股結果及統計股之攤費率以及其他情形辦理報價事宜
b、製報價單

二

10

Ⅲ、工作分配課

1、工作分配股

a、根據工作分配表填製造單及裝配單

b、根據總包工單填包工單

c、支配工作給各製造所

d、填發退收製造單

2、監時股

a、製（脩）造令交貨期限之監督

b、工程師室應交圖樣限期之監督

c、工具及工作設備完成限期之監督

d、在外訂購材料毛胚零件附件交貨限期之監督

e、出席監時會議

18-1

下、發出完工通報单

三

軍政部兵工署第五十工廠廠內郵差暫行辦法

第一條　本廠因廠址遼濶，文件送遞亦日見增繁，茲為便利起見，試行廠內郵差辦法（以後簡稱廠郵）專責收遞辦公廳內各部份與辦公廳外各部份來往公文，并通傳通報公物等件，如辦公廳以內各部份往來文件，仍由各部份原有公役送遞。

第二條　廠郵暫設二名，由庶務室指派公役充當之。

第三條　廠郵服裝務須整齊，佩帶臂章，公文袋，時錶，私章，以憑收件。

第四條　廠郵工作時間，為每日上午七時起至十一時止，下午零時十五分至四時十五分止，每隔約一小時收遞文件一次。

第五條　送遞文件及公物，以輕簡者為限，其屬粗重不易攜帶者（可交庶務室另派伕役搬送）不予收遞。

第六條　凡各部份送文簿面上須蓋公章或寫明部份名稱，以便識別。

第七條　每部份辦公室各自設置廠郵箱一個或鐵絲籃一個或將文件集中固定位置，書明（廠郵收件

1024

處字樣，將所有應送文件，放置其間，以備按時收遞，急速之件則由各部份原有公役送遞。

第八條 凡遇廠郵送遞文件到達時，其收文部份應立即蓋章接收（抄錄）以免延滯。

第九條 凡交廠郵送遞之文件，事先須將文別、事由、號碼登記送文簿內，由廠郵逐件點收蓋章領去，俟送達收文部份蓋回印章，然後將簿繳還發文部份核對，如發見手續不合之處，應即時追問清楚。

第十條 廠郵祇限收遞公文公物，不得接受私人請託，附帶私人物件，如有違背，由庶務室查察制止，或處罰之。

第十一條 廠郵人數及時間，與收遞次數，得按情況如何，隨時酌量增減之。

第十二條 本條例自核准之日起施行。

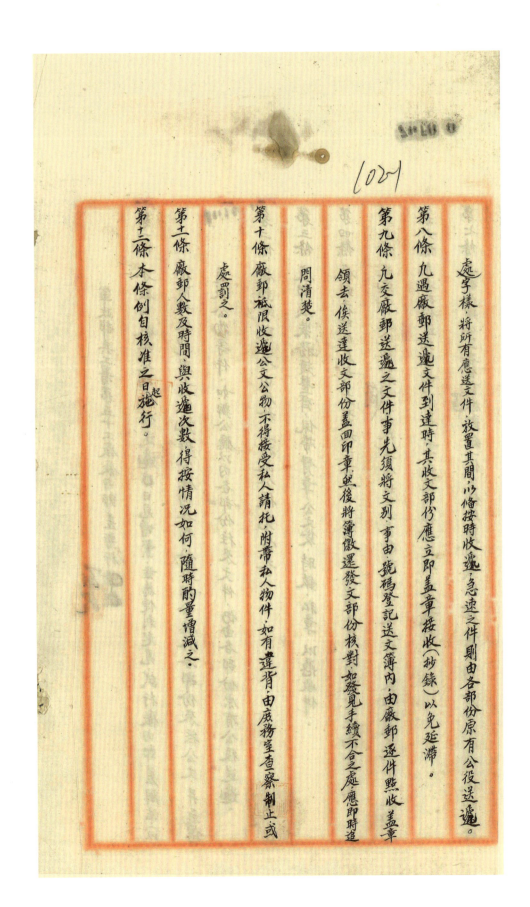

照做十二塊 江杓 五.二

防空山洞公约

(一)一个人跟着一个人進出，不要爭先恐後，不要中途停步。大家就可以很快的進来出去了。

(二)在山洞口萬不要照電手筒，免得發生意外，大家危險。

(三)在洞内說話要低聲，(小朋友哭鬧，要好好撫慰，不要大聲責罵。)免得吵擾，使人討厭。

(四)不要在洞内吸煙或便溺，以保衛生。

(五)唾沫鼻涕自己用手帕擦拭，不要隨便吐在地

26-1

上，以重衛生。
(六)站出靠兩旁，免得擋路，自己也不致被人碰撞。
(七)要接受本防空山洞糾察員△△的指導和勸告；如有故意不接受的，為了大衆安全，可以令他退出。
(八)誰要故意違犯了以上各項，要依照情節輕重予以處罰，或罰款充作清潔費用。

廠長　江　杓

(標皮名章)